海外우리語文學研究叢書 131

고정옥·김삼불 주해
가사집 Ⅱ

한국문화사

고정옥 김삼불 주해

가 사 집

국립출판사

서

 봉건 말기에 조선 인민들은 천재적 음악가인 동시에 재능있는 시인인 판소리 가수들과 더불어 조선 문학의 빛나는 세기적 전형, 춘향을 창조했으며 또 인민의 편에 굳건히 서서 봉건을 반대하는 투쟁으로 청년들을 추동한 선진적 인텔리겐차 박 지원의 산문을 가졌였다.

 이러한 찬란한 민족 문학의 화폭과 첨예한 사상성에 비하여 많은 부분의 가사(歌辭)들이 보여주고 있는 인민 문학으로서의 의의는 일견 높은 단계에 도달하고 있지 못한 것같이 생각되는 것이 사실이다.

 그러나 이것은 주로 그 표현 방식 자체의 제약성에 기인한다.

 가사는 창극, 신가, 시조, 『창가』 및 유구한 전통을 가진 조선 인민들의 노래인 민요 등— 광범한 조선 인민들의 노래들과 긴밀히 련결되여 있으면서, 『향가』에서 현대의 인민 가요에 이르기까지의 장구한 력사적 과정을 걸어 왔을 뿐아니라 거기에는 『춘향전』이나 박 지원의 산문과는 대비할 수 없는 가사 특유의 풍부하며 다양하고도 건실한 인민들의 사상 감정이 담겨 있다.

 가사에는 열 손가락으로 물을 투기면서 『고대광실』에서 거들거리고 사는 지배 계급에 대한 인민들의 치렬한 분노가 표현되여 있으며 봉건적 가부장 제도의 온갖 모순들이 폭로되여 있

三

당 가사는 또한 의적 방위에 결기한 인민들의 애국적 정신을 노래하고 있으며 조국의 력사와 명승, 고적에 대한 무한한 긍지를 노래하고 있다. 뿐만 아니라 가사는 특히 중세기적 암흑과 구속을 반대하여 사랑의 노래를 드높이 불렀고 『극락』과 『안빈락도』로 생활 의식을 마비시키려는 지배계급의 종교 정책을 박차고 최대한도로 현실 생활을 즐기려는 락천주의적 생활감정을 구가했다.

오늘날 우리의 전통적인 노래에는 적지 않은 낡은 사상 감정들이 담겨 있다. 그럼에도 불구하고 인민들은 왜 그 노래들을 사랑하며 당과 정부는 그것을 장려하는가? 재능있는 시인들에 의해서 창작되였으며 보다 많이는 인민들이 공동으로 창조한 이 노래들에는 이와 같이 풍부하며 다양하고도 절실한 인민들의 사상 감정이 넘쳐 흐르고 있기 때문이다.

그러나 우리 선조들이 물려준 노래들이라고 해서 언제까지나 그대로 소중히 간직하고만 있을 수는 없다. 그러기 때문에 전통적 선률은 현대 인민들의 미적 감정과 현대 악기에 맞도록 개편되여 일부 남은 사상과 언어는 지금 전후 인민 경제 복구 건설을 위한 三개년 인민 경제 계획의 영광스러운 기한전 초과 달성에 총결기한 조선 인민들을 고무 추동하는 새로운 내용으로 교체되고 있는 것이다.

가사의 연구는 인민 예술의 초소에 선 시인 작곡가들의 긴요한 과업으로 된다.

본 『가사집』에는 十五、十六세기에 개인에 의해서 창작된 단편 가사들과 十七세기 내지 十九세기의 여러 종류의 장편 가사들, 그리고 十七세기 이후 인민 대중들 중에서의 허다한 재능있는 무명 시인들의 입에서 입으로 전승하는 과정에서 여러가지 변화를 가져온 잡가, 속요들을 정선해서 수록하고 거기에 해설과 주석을 가했다. 민요의 일종인 속요를 가사로서 취급한 데는 이론이 있을 수 있으나 그것은 가사가 인민들의 전통적 구전문학인 민요와 어떻게 합류하고 있는가를 보이기 위한 것이며 동시에 인민 대중의 문학 생활에서 잡가와 속요의 구별은 전연히 의식되지 않기 때문이다.

극히 적은 부분이기는 하나 대본 자체의 결함에 기인하여 또 교주자의 력량의 부족으로 말미암아 석연히 해명되지 못한 어구들이 있다는 것을 자인하는 동시에 작가와 작품의 해설에서는 이 책이 자료집인 까닭으로 이미 공인된 사실만을 최소 한도로 이야기하려는 필자들의 용의에도 불구하고 해설자들과 약간 다른 견해가 있을 수 있다는 것을 미리 짐작하며, 적지 않은 작품들은 처음으로 대중 앞에 제공되느니만치 그러한 작품들에 대한 평가가 과연 타당한지 여부는 금후에 결정될 성질의 것이다.

이러한 문예학상의 의견 상위는 특히 十九세기 이전의 조선 문학 연구의 현 단계에 있어 불가피한 것이다.

끝으로 본 『가사집』을 공동으로 엮음에 있어 그 일부분은 필자가 그 한 성원으로서 사업하고 있는 김 일성 종합 대학 어문학부 조선 문학 강좌의 직접 간접의 방조로서 이루어졌다는 것을 부기한다.

一九五五년 四월 八일

고 정 옥

로계집　　　　박인로 저
고산유고　　　윤선도 저
청구영언　　　김천택 편
농가월령가　　정약전 저
해동악
가사 六종
악부
고금기사
북천가　　　　김진형 작
한양가
초당문답가　　한산거사 작
낙훈태평가
가곡보감
잡지『청춘』창간호
가사집　　　　중앙인서관 관
조선무속연구
조선민요연구　고정옥 저
조선민요곡집　조선작곡가동맹 채집

례언

1, 본 『가사집』은 세개 부분으로 나누어진다.

제1부는 보통 단편 가사집이다. 그중 작자가 명확한 것 및 다소의 문헌이 있기는 하나 여하간 작자가 알려진 것을 먼저 내여 세우고, 다음에 작자 불명의 작품을 배렬했다.

제2부는 장편 가사집이다. 작자가 명확한 작품 또는 작자를 추정할 수 있는 작품을 앞에 싣고, 작자 불명의 작품을 뒤에 실었다.

제3부는 잡가집이다. 잡가들은 보통 단편 가사의 전통을 계승한 잡가, 민요적 잡가(즉 속요) 그리고 창극적 잡가(마디소리)의 순서로 배렬했다.

2, 본 『가사집』의 자료는 다음과 같은 문헌들 가운데서 선택된 것이다.

악장가사 박 순 편
불우헌집 정 국 인 저
송강가사 정 철 저

타령류 국립 고전예술극장 조사연구실 편

기타

三, 선택된 자료는 이본과 대조되여 교정(校訂)되였으며, 때로는 교주자의 자의에 의해서 정정되였다. 일반 독자 대중에게 대해서 그렇게 하는 것이 친절하다고 생각되였기 때문이다.

四, 기사는 현행 철자법을 따랐다. 다만 현행 철자법으로 고침으로 해서 도리여 알기 어렵게 될 우려가 있다고 인정되는 경우에 한해서는 옛날 관용 철자 그대로 남겨 두기로 했다.

五, 가사 작가에 대한 해설 및 매개 작품에 대한 해설, 교주는 대부분 고 정욱, 김 삼불이 담당했다. 일부 작품의 주석은 정렬모의 협력에 의한 것이다. 해설—교주자들은 최대한도로 통일을 기했으나 주석을 요하는 개소의 판단과 주석 방법에는 약간의 개인적 차이가 생기지 않을 수 없었다.

六, 해설자와 교주자가 동일인인 경우에는 작품 말미에 그리고 해설자, 교주자가 다른 경우에는 각각 그 부분의 끝에 해설자와 교주자의 이름을 밝혔다.

목차

서 ···
례언 ·· 三
해설 ·· 六

제1부

송강가사 ·· 三
　관동별곡 ···································· 四○
　사미인곡 ···································· 五七
　속미인곡 ···································· 七三
　성산별곡 ···································· 八二
　로계가사 ···································· 一〇
　태평사 ······································ 一二
　선상탄 ······································ 一三五
　주막당 ······································ 一四八
　사제곡 ······································ 一五七
　무하사 ······································
　령남가 ······································ 一六八

고산가사 ······································ 一七六
　어부사시사 ·································· 一九七
　도산가 ······································ 二一八
　모제가 ······································ 二二五
　신도가 ······································ 二三○
　상춘가 ······································ 二三五
　환산별곡 ···································· 二四三
　강촌별곡 ···································· 二五二
　봉선화가 ···································· 二四○
　선루별곡 ···································· 二九八
　춘면곡 ······································ 二六○
　유산가 ······································ 二六七
　사시풍경가 ·································· 二六九
　백구사 ······································ 二七七
　상사곡 ······································ 二八六

전정록 · · · · · · · · · · 三0
황계사 · · · · · · · · · · 二六六
사미인곡 · · · · · · · · · 二0三

제二부

표해가 · · · · · · · · · · 三一
체녀가 · · · · · · · · · · 五三
석별가 · · · · · · · · · · 六二
사친가 · · · · · · · · · · 六五
로처녀가 · · · · · · · · · 六一
북천가 · · · · · · · · · · 五七
추풍감별곡 · · · · · · · · 四0
한양가 · · · · · · · · · · 四一
농가월령가 · · · · · · · · 七一
초당문답가 · · · · · · · · 七四
성주본풀이 · · · · · · · · 八一
황제풀이 · · · · · · · · · 八六

제三부

수심가 · · · · · · · · · · 八三

엮음수심가 · · · · · · · · 八六
단가(八편) · · · · · · · · 八七
난봉가(六편) · · · · · · · 八四
제전 · · · · · · · · · · · 九五
매화가 · · · · · · · · · · 九九
흥타령 · · · · · · · · · · 九八
천안삼거리 · · · · · · · · 一00
닐리리야 · · · · · · · · · 一0二
이팔청춘가 · · · · · · · · 一0三
배따래기 · · · · · · · · · 一0八
기나리 · · · · · · · · · · 一0五
도라지타령 · · · · · · · · 一0七
담방구타령 · · · · · · · · 一0九
사발가 · · · · · · · · · · 一0三
어랑타령 · · · · · · · · · 一0三
연분홍저고리 · · · · · · · 一0四
십장가 · · · · · · · · · · 一0四
새타령 · · · · · · · · · · 一0四八
토끼타령 · · · · · · · · · 一0五五

북 천 가

『북천가(北遷歌)』는 귀양살이를 주제로 한 기행체 가사의 대표적인 작품의 하나이며, 一九세기 중엽 김 진형(金鎭衡)의 작으로 된다.

당시 귀양 고장으로 유명한 함경도 명천을 왕복한 정배생활의 전 과정을, 작자는 숨김있는 붓끝으로 묘사하여, 벌써 곪아빠진 봉건체제의 내부 모순과 부패성을, 봉건적 분위(分義)의 가식성과 비인도적 잔인성의 정체를 스스로 십분 폭로하고 있다.

작자 김 진형은 자(字)를 덕종(德種)이라 하며, 경상도 안동 가산(嘉山)에서 一八〇一년에 출생하여 그가 쉰살 되던 一八五〇년에야 늦지막히 과거에 급제하였다. 그는 오위(五衛)의 부사과(副司果) 벼슬을 지냈으며, 一八五三년 六월, 당시의 리조판서·서 기순(徐箕淳)의 배공당사(背公黨私)를 론척하다가 동년 七월 남 종순(南鍾順)의 상소 끝에 명천에 정배되어 동년 十월에 풀리여 고향에 돌아갔다. 이 작품은 그가 四개월 동안의 귀양살이를 끝마치고 고향에 돌아가 집안 부녀들을 위하여 지었다는 사실은 가사에서 명시된 바와 같다.

귀양살이를 취재한 작품으로는 또 하나 十八세기 말엽 안 조환(安肇煥)의 적객만언사(謫客萬言詞)를 들지 않을 수 없다. 안 조환은 당시의 대방(大房) 안 상궁(安尙宮)의 오빠로서 정조(正

祖)의 옥새를 도적하여 국가 문서를 위조하다가 제주도에 귀양 가서 그곳의 류적생활을 가사로 엮은 것이다. 만언사의 주인공은 그곳 인민들로부터 『귀양다리』로 불려 조소와 증오를 받으면서 갖은 고생을 겪었다. 때의 궁녀들이 청성맞은 만언사를 궁중에서 읊조리는 것을 정조가 이윽히 듣고 드디여 안 조환을 귀양살이에서 풀어줄만치 만언사의 내용은 참담하였다. 그러나 북천가는 이와는 반대로 호화로운 생활을 겪고 있다.

작자는 북천가를 다만 비작가 의식으로써 일개인의 생활의 회상기로 썼으며, 자기 죄목을 종시 거부하면서도 죄를 뒤집어 써야하는 그런 모순의 사회적 근거를 들여다 보려는 비판적인 태도가 준비되지 않은 까닭에 당시의 사회생활을 선전적 립장에서 분석 제기하며 형상하지를 못하였다.

그러나 우리는 북천가의 레알한 묘사 수법에서 몇가지 문제들을 간취할 수 있다. 『김교리 이번정배 죄없이 오는줄은 북관수령 아는배요』라든가, 『적소로 치행하니 관해풍과 고이하다』 등은 세도정치의 내부알력을 표시하는 빠로메터로 된다. 영흥 길주의 수령들이 국가 죄인을 기악(妓樂)과 금연(錦筵)으로써 맞이하며, 명천 수령이 죄인을 모시는데 삼현륙각(三絃六角)을 잡히고, 칠보산 단풍놀이에 기생 군산월로써 대접하는 일련의 줄거리는 리조 말기의 봉건 체제의 부패성을 싱싱하게 그린 것이다. 작품 전편을 통하여 작자는 분의(分義)를 입으로만 치례하였으며, 고향으로 돌아갈 때 군산월을 게발 물어 던지듯 박차버리는 장면은 봉건 륜리의 허위성과 잔인성의 생활적 표현이다.

북천가의 결구인 『글지여 기록하니 부녀들 보신후에 후생에 내노릇 하소서』는 『일동장유가』(日東壯遊歌), 화성일기(華城日記)의 결구들과 함께 가사의 주된 창작동기가 내방에 가치여

있는 부녀들에 있음을 말해 주며, 이는 부녀들의 가사 문학에 있어서의 높은 비중을 증명하여 주는 것이다.

세상 사람들아 들어보소.
이내 말삼 들어보소.
과거를 하거들랑
청춘에 아니하고
오십에 등과하여
백수홍진 무삼일고.
공명이 늦이나마
행세나 약바르지.
무단히 내달아서
소인의 척이되여
부월을 무릅쓰고
천문에 상소하니
이전으로 보게되면

이내…내. 자기를 낮추는 말. 백성이 관청에 청원을 할 때, 또는 죄인이 자기를 말할 경우에 썼다.
과거…科擧.
등과(登科)…과거(科擧)에 급제(及第)하는 것.
백수홍진(白首紅塵)…백수풍진(風塵)이라도 하며, 늙바탕에 매슬살이에 분주한 것.
공명(功名)…공을 세워서 이름을 나타내는 것. 또는 벼슬.
행세(行世)…몸 처신.
내달아서…뛰어나와.
척(戚)…배척에서 전하여 원한 원수의 뜻이 된다.
부월(斧鉞)…왕의 의장구(儀杖具)의 하나이나, 제왕(帝王)의 위연을 뜻한다.
천문(天門)…왕의 거처.
상소(上疏)…신하가 왕에게 글을 올리는 것.

빛나고도　옳건마는
요요한　이세상에
남다른　노릇이랴.
소한장　오르면서
만조가　울컥한다.
어와　황송할사
천위가　진노하사
삭탈관직　하시면서
엄치하고　꾸중하니
운박한　이신명이
고원으로　도라갈새
추풍에　배를타고
강호로　향하다가
남수찬　상소끝에
명천정배　놀랍도다.
적소로　치행하니

요요(擾擾)…뒤숭숭한 것.

소한장…疏一張.
만조…滿朝.
황송…惶悚.
천위(天威)…왕의 위엄이나, 여기서는 왕.
진노(震怒)…매우 노하는 것.
삭탈관직(削奪官職)…벼슬을 빼았는 것.
엄치(嚴治)…죄를 엄중히 처단하는 것.
운박한…運薄한.
신명…身命.
고원(故園)…고향. 즉 경상도 안동(安東)에 있는 가산(嘉山).
추풍에 배…장한(張翰)이 벼슬을 그만두고 추풍에 배를 타고 오강(吳江)으로 돌아간 것에 자기를 비한 것.
강호(江湖)…벼슬을 내논 산림처사(山林處士)가 사는 전원.
남수찬(南修撰)…남 종순(南鍾順). 수찬은 홍문관(弘文舘)의 정 六品 벼슬.
명천정배(明川定配)…함경도 명천에 귀양 보내는 것.
적소(謫所)…귀양살이 땅.
치행(治行)…길을 떠날 준비를 하는 것.

환해풍파

고이하다。
창망한 행색으로
동문에서 대죄하니
고향은 적막하고
명천이 이천리랴
두루막에 흰띠띠고
북천을 향해서니
사고무친 그뉘알리。
죽난줄 당케되면
사람마다 나련마는
우름이 값으리라
군은을 쾌할시고。
쾌할도 되였다가
인신이 잡아먹고
소인을 봉승하야
엄지를

환해풍파(宦海風波)…정계(政界)의 소동。
고이하다…이상하다。
창망(悵惘)한…실심하여 넋을 잃은。
행색(行色)…모양。
동문…東門。
흰머…되인은 벼슬을 빼앗고 백의(白衣)를 입혔다。백의에 띠는 띠。
북천(北遷)…북으로 귀양가는 것。
사고무친(四顧無親)…의지할 곳이 없는 것。
고독단신(孤獨單身)…일가 친척이 없이 혼자 몸인 것。
군은…君恩。
쾌(快)할도…시원하기도。
인신…人臣。
소인…小人。
엄지(嚴旨)…왕의 명령。
봉승…奉承。

절역으로 가는사람
천고에 몇몇이며
아조에 그뉘런고
칼짚고 일어서서
술잡고 노래하니
이천리 적객이라
장부도 다울시고
좋은듯이 말을하니
명천이 어떠메냐
더위는 홍로같고
장마는 거악한데
라장이 뒤에서고
청노를 앞세우고
다락원 내달아서
익경원 잠간쉬여
축성령 넘어가니

절역(絕域)…아주 멀리 떨어진 곳.
아조(我朝)…리씨 조선.
그뉘런고…그 누군가.
적객(謫客)…귀양사는 사람.
다울시고…남자답다는 뜻.
홍로(洪爐)…큰 화로.
거악한데…그악한데. 매우 사나운데.
라장(羅將)…왕이 직접 죄인을 다스리던 의금부(義禁府)의 하례(下隷).
청노(廳奴)…청직이, 사환하는 하인.
익경원…지명.
다락원(樓院)…양평 서쪽에 있다.

북천이 멀어간다.
슬프다 이내몸이
영주각 신선으로
나날이 책을끼고
천안을 뫼시다가
일조에 정을띄고
천애로 가겠고나.
구중을 첨망하니
운연이 아득하고
종남은 아아하여
몽상에 막연하당
밥먹으면 길을가고
잠을깨면 길을떠나
문건느고 재를넘어
십리가니 백리가니
양주따 지난후에

북천…北遷.

영주각(瀛洲閣)…홍문관(弘文舘)의 별명.

천안(天顔)…임금의 얼굴, 즉 왕.

정을띄고…임금과 정을 떼고.

천애(天涯)…하늘가 멀리 떨어진 곳.

구중(九重)…대궐.

첨망(瞻望)…바라보는 것.

운연(雲烟)…여기서는 산수(山水).

종남(終南)…종남산. 서울 남산(南山).

아아(峨峨)…산이 높은 모양.

몽상(夢上)…꿈 속에.

막연(漠然)하다…몽롱하다. 희미하다.

양주(楊州)따…경기도 양주땅.

포천읍   길가이오
철원지경 밝은후에
영평읍   건너보며
금화금성 지낸후는
회양읍   막죽이랑
강원도   북관길이
들기보기 같으고나。
회양서   중화하고
철령을   향해가니
험험한   청산이오
촉도감은 길이로다
요란한   운무중에
일색이   그지난다。
남여를   잡아타고
철령을   넘난고냥。
수목은   울밀하여

포천읍(抱川邑)…경기도에 있다。
철원지경(鐵原地境)…강원도 철원 경계。
영평읍(永平邑)…경기도에 있다。
금화금성(金化 金城)…다 강원도의 지명。
회양(淮陽)…강원도의 지명。
막죽이라…마지막이라。철령을 들어서는 마지막 고을이다는 뜻.
이다。
북관(北關)…함경남북도를 말한다。
갈으고나…「갈고나」의 사음절어(四音節語)。
중화(中火)…점심하고。
철령(鐵嶺)…회양(淮陽)북쪽에 있는 재。
천험(天險)…천연(天然)의 험한 곳。
촉도(蜀道)…중국 촉군(蜀郡)의 동량옥철(銅梁玉壘)의 협한 산
길。이곳을 귀양가는 사람이 많이 지났다。
요란한…조정의 알덕을 말한다。
일색(日色)…해빛。왕을 비유했다。
그지난다…끝난다。철령을 넘으면 왕을 보지 못하는 것。
남여(藍輿)…뚜껑이 없는 의자처럼 생긴 교장。

울밀: 鬱密。

五二七

암석을　가리우고
암석은　총총하여
엎더지락　자빠기락
중허리에　못올라서
황혼이　거의로다。
상상봉．　올라서니
초경이　되았고나。
일행이　허기저서
기장떡　사먹으니
떡맛이　이상하여
향기롭고　아름답당
햇불을　신칙하여
남북을　나려가니
화광중　몰랐거든
산형을　어이알며
삼경에　산을나려

총총(叢叢)하여: 빽빽히 모여서。
황혼·黃昏。
상상봉(上上峰) 맨 웃봉우리。
초경(初更)…오후 여덟시 경。
허기저서…시장해서。
신칙(申飭)하여…여기서는 준비시켜。
화광중…火光中。
산형(山形)…산 모양。
삼경(三更)…밤 열두시 경。

탄막에　잠을자고
새벽에　떠나서니
안번읍　어디멘고
할일없은　내신세야
북도적객　되었고냥
함경도　초면이요
아태조　고토로다
산천이　광활하고
수목이　만야한대
안번읍　들어가니
본관이　나오면서
포진병장　신칙하고
음식을　공궤하니
시원케　잠을자고
북향하여　떠나가니
원산이　여기런가

탄막(炭幕)…길가에 있는 주막.

안번읍(安邊邑)…강원도 지명.

할일없는…속절없는, 어쩔 수 없는.

북도적객(北道謫客)…북도 귀양사리. 북도는 함경도를 말하니, 옛날의 귀양고장의 하나다.

초면(初面)…여기서는 함경도의 첫 땅이라는 뜻.

아태조(我太祖)…리성계(李成桂)의 고향을 말한다.

만야(滿野)…들판에 빽빽히 들어선 것.

본관(本官)…그 골 원님.

포진병장(鋪陳屏帳)…자리와 병풍차.

신칙(申飭)하고…며령하여 준비 시키고.

공궤(供饋)…바치는 것.

북향…北向.

원산…元山.

인가도   굉장하다
바다소래   요란한데
물화도   장할시고。
덕원을   중화하고
문천을   숙소하고
영흥읍   들어가니
웅장하고   가려하다。
아태조대왕   태지로서
총총가기   뿐이로다。
금수산천   그림중에
바다같은   판새로다。
본관이   즉시나와
위트하고   판대하며
점심상   보낸후에
채병화연   뭉대하니
최명이   몸에있어

물화(物貨)…여기서는 주로 해산물. 옛날부터 元山
景三 法聖이라 하였다.
덕원…德源。
중화(中火)…점심。
문천…文川。
숙소(宿所)하고…잠을 자고。
영흥…永興。
가려(佳麗)하다…아름답다。
태조대왕…리 태조(李太祖)。
태지(胎地)…출생지。
금수산천(錦繡山川)…수 놓은 비단처럼 아름다운 산천。
총총가기(葱葱佳氣)…싱싱한 상서스러운 기운。
판새(關塞)…변방을 지키는 성。
판대(款待)…정성스럽게 대접하는 것。
채병화연(彩屛花筵)…채색으로 그린 병풍과 꽃을 놓은 화문석
등대(等待)…기다리는 것。

치하하고　황송할훅

고읍을　들어가니

본수령　옥공선은

세의가　자별키로

날보고　반격하며

천리객지　이어문

이어문　뿐이로다

음식을　공괴하며

위모하고　닥정하니

객회를　잊겠구낭

북마주고　사령주고

행자중고　위복주니

잔읍행세　생각하고

붕안하기　구적없당

능신하고　발행하니

황송(惶悚)…몰라 보내는 정.

고원…高原.

본수령(本守令)…본읍 수령.

세의(世誼)…집안끼리 대대로 사괴는 정의.

자별(自別)…특별, 남다른 것.

책방(冊房)…고을 원의 비서 사무를 보던 방.

공피(供饋)…바치는 것. 주는 것.

객회(客懷)…나그네의 수삼.

북마(北馬)…북토산이라도 하마, 함경북도에서 나는 말.

사령(使令)…관아(官衙)의 하인.

행자(行資)…러비.

잔읍행세(殘邑行勢)…피폐한 시골 고을의 형편.

능신(凌晨)하고…새벽을 무릅쓰고.

발행(發行)하니…건 떠나니.

운수도 고이하다.
갈길이 몇천리며
온길이 몇천리고.
하날갈은 저철령은
향국을 막아있고
저승갈은 귀문관은
울연히 섰것구나.
표풍갈은 이내몸이
지향이 어디메뇨.
초원역 중화하고
함흥감영 둘어가니
만세교 건다리는
십리를 뻗혀있고
무변대해 창망하여
대야물 불러있고
장강은 도도하야

귀국(悶國)…향국지심. 나라(왕)를 생각하는 건 (마음).
귀문관(鬼門關)…중국 용주(容州)의 북쪽에 두 바위가 서로 맞섰는 곳이 있는데, 이곳을 지나간 귀양군님은 살아서 돌아가는 사람이 없었다고 한다. 그러므로 험한 곳을 말한다. 선의 귀문관은 저천 북쪽 ○리에 있다.
울연(兀然)히…울뚝히.
표풍(漂風)…떠도는 바람.
지향(志向)…갈곳이.
초원…草原.
함흥감영(咸興監營)…함경도 감사가 있는 판앙.
마째교(萬歲橋)…성천강(城川江)에 건 七百척이 되는 걸다릭.
무변대해…無邊大海.
창망(蒼茫)…아득한 것.
대야(大野)…큰 벌판.
장강(長江)…성천강(城川江).
도도(滔滔)하야…물이 철철 굵이적 끌머.

만고에 흘렀구나.
구름같은 성첩보소
락민루 높고높다.
만인가 저녁연기
추강에 그림이오
서산에 지는해는
원객의 시름이랑.
술잡고 루에올라
칼만지며 노래하니
무심한 뜬구름은
고향으로 도라가고
유의한 강적소래
객회를 더첬에라.
사향한 이내눈물
장강에 먼저두고
백척루 나려와서

성첩(城堞)…성가퀴.
락민루(樂民樓)…성천강(城川江)우에 있는 다락. 경치가 좋은 것
으로 유명하다.
만인가…萬人家.
추강(秋江)…가을 강.
원객(遠客)…먼 길 가는 나그네.
루(樓)…락민루.
유의(有意)한 유심한, 뜻깊은.
강적(江笛)…강가에서 부는 피리.
객회(客懷)…나그네의 수심.
더첬에라…「더치다」는 아픈 곳을 쑤셔서 더 아프게 하는 것. 자동사로도 쓴다.
사향(思鄕)…고향을 생각하는 것.
백척루…百尺樓.

성내에서 잠을자니
서울은 팔백리오
명천은 구백리랑
비맞고 유삼쓰고
함관령 넘어가니
령퇴도 높거니와
수목도 더욱장탕
남여는 날아가고
대로는 서렷고나。
로번에 섯는비셕
비각단청 요조하다。
태조대왕 미하실제
고려국 승전하고
말갈애 여제같。
풍덕이 갈아타고
역말을

유삼(油衫)…기름에 걸은 비옷。
합관령(咸關嶺)…함흥 동쪽 七十리에 있는 령。
령퇴…령(嶺) 마루。
남여:藍興。
날아가고…나는 듯이 가고。
서렷고나…구불구불 감겨 있구낭。
비각단청(碑閣丹靑)…비를 세운 집의 붉고 푸른 색칠。 디 태조의
이모ㆍ봉씨(峯氏)집 언덕에 세운 디 태조 기적비(李太祖紀蹟
碑)。 영흥 동쪽에 있다。
요조(窈窕)하다…눈부시다。
미하실제…왕위에 오르기전、 평범한 사람으로 있을 때
장수(將帥)…대장。
말갈(靺鞨)…녀진족(女眞族)의 하나。
승전(勝戰)…고려말에 디성계가 녀진군을 펴를써서 크게 무찌른
싸옴을 말한다。
역말…역마(驛馬)。

五三四

홍원읍 들어가니
무변회색 둘렀는대
읍양이 절묘하다。
중화하고 떠나서니
명포역 숙소보다。
내온길 생각하니
천리만 되였고나。
실갈은 몸숨이오
거미같은 근력이다。
천천이 길을가며
살고저 불넛인대
염지를 피졌으니
일치를 지체하야
죽기를 가리찮고
추화를 불분하고
만신에 땀뻐돋아

홍원…洪原。
무변회색(無邊灰色)…사방이 회색으로 뒤덮인 것。
읍양(邑樣)…고을의 생긴 모양。
절묘…絶妙。
청포…卞浦。
천디만…천리쯤。
근력(筋力)…힘。
염지(獵旨)…엄한 왕명。
지체…遲滯。
수화…水火。
불분(不分)…가리지 않는 것。

성종지경 되여있고
끌수에   든더위는
자고새면 설사로다。
라장이   하는말이
나으리   거동보니
엄엄하신 기력이오
위태하선 선관이랑。
하로만   조리하야
북청읍에 목사이다。
무식하다 네말이야
엄지중   일신이라
생사를   생각하야
일신들   류체하랴。
사람이   죽고살기
하날에   달렸으니
네말이   기특하나

성종(成腫)…종기가 곪는 것。
끌수(骨髓)…뼈 속。
라장(羅將)…의금부(義禁府)와 하례(下隷)。
엄엄(奄奄)…숨이 끊어지려는 것。
선관…얼굴의 존대。
조리(調理)…몸을 쉬여 기운을 돋우는 것。
북청…北靑。
엄지중…嚴旨中。
류체(留滯)…머무르는 것。

가다가   보자구나.
북청서   숙소하고
남송정   돌아드니
무번대해 망망하여
동천이   가이없고
만산은   첩첩하여
남향이   아득하다.
마곡역   중화하고
마천령   다달으니
안밖재   륙십리라.
하날에   마처있고
공중에   걸린길은
참바같이 서렸고나.
다래덤불 얽혔으니
천일이   밤중같고
충암이   위태하니

숙소 宿所.
남송정: 南松亭.
망망(茫茫)하여... 넓고 아득하여.
동천 東天.
가이없고...변두리가 없고. 끝이 없고.
만산...萬山.
남향(南鄕)...남쪽 고향.
마곡(麻谷)...단천 북쪽 五〇리에 있다.
마천령(摩天嶺)...단천과 김책 사이에 있는 령. 이판령(伊板嶺)이라도 한다.
마처있고...대였고. 닿고.
다래...산과(山果)의 하나로, 열매는 물리여서 먹는다. 藤梨.
천일(天日)...해.
충암...層巖.
위태...危殆.

머리우에 떨어질듯.
하날인가 땅이런가
이승인가 저승인가
장장봉 올라서니
보이는기 "바다이오
녀른멋이 바다이랑
몇날을 길에있어
이해를 넘어든고.
이령을 넘은후에
고향생각 다시없네,
천원간 은근하여
두상에 비워띠나.
은평읍 중화하고
길주를 들어가니
정곽도 장커니와
며염이 더욱좋다.

상상봉…上上峯.
이승…이 세상.
은근(慇懃)하여…숙이 갚고 정이 두터워.
두상…頭上.
은평…院坪.
길주…吉州.
성곽(城郭)…성.
려염(閭閻)…인가가 있는 거덕.

비올바람 일어나니
떠날길이 아득하다.
읍내서 묵자하니
본관폐 불안하다.
원나오고 책방오니
초면이 친구같다.
음식은 먹거니와
엄지를 미셨으니
꽃자리 불관하고
죄명을 가졌으니
기생이 호화롭다.
운박하온 신명보면
분상하는 상주로다.
기생을 물리치고
금연을 권어내니

본관폐(本官弊)… 고을 원에게 끼치는 폐단.
불안(不安)하다… 민망하다. 미안하다.
책방(册房)… 책실(册室)이라도 하는데 원님의 비서.
포진기생(鋪陳妓生)… 자리를 차리고 기생을 동대한 점.
불관(不關)하다… 인연이 없다. 소용이 없다. 당치않다.
엄지…嚴旨.
죄명…罪名.
신명(身命)… 목숨과 몸. 일신.
분상(奔喪)… 먼곳에서 부모의 장사를 만나 급히 돌아가는 것.
금연(錦筵)… 아름다운 돗자리.

본관이　하는말이
령남량반　고삽도다.
모우하고　떠나서니
명천이　묵섭리라.
이땅을　생각하면
묵특의　고로다.
황사의　일본토는
왕소군의　청총이오
팔십리　광연못은
소무의　간양도라.
회홍총　이릉퇴는
지금의　면역이오
백룡퇴　귀문관
앞재같고
고점역마　잡아타고
배소로　들어가니

명남량반…嶺南兩班. 고삽도다…성질이 꼿꼿하고 강직(强直)하다.
모우(冒雨)…비를 맞는 것.]

묵특(冒頓)…혹흥국강가에 사는 종족명. 흉노(匈奴)족과 같이 살여자기를 흉노가 나오므로 흉노에게 관련되는 옛이야기를 인용하였다.

황사(黃沙)…몽고의 사막.

왕사군로…王昭君. 한(漢)나라 원제(元帝)의 궁녀. 화공(畵工)모연수(毛延壽)에게 뇌물을 안주어 모연수가 왕소군의 초상을집치 추하게 그린탓으로 사막에서 오직 왕소군의 무덤에만 풀이났다 한다.

청총(靑塚)…풀이 난 무덤.

광연못(筐鵉못)…길주와 명천 사이에 비흥호(飛鴻湖)가 있고호가에 전설을 가진 광석연암(筐石鷰岩)이 있으므로 비흥호를광연못이라 했다.

간양도(看羊島)…결부시켜 소무의 간양도라 했다.

면역(緬憶)…독한 추억.

백룡퇴(白龍堆)…중국 신강에 있는 사막.

귀문관(鬼門關)…중국 용주(容州) 북쪽에 있는데 귀양가는 사람이 이곳을 지나가면 살아 돌아오는 사람이 없었다고 한다. 그후부터 힘한 곳을 비겨 말하게 되었다.

고점古站。귀양사는 곳.

이흥퇴(優紅堆)…왕소군의 무덤인가.

이릉퇴(李陵堆)…이릉은 소무와 함께 흉노에게 잡혔으나 번절하고 그곳에서 죽었다. 이릉의 무덤.

배소(配所)

인민은 번성하고
성곽은 웅장하다.
려각에 들어앉아
패문을 부친후에
맹동원의 집을물어
본관다려 전하니
본관 전갈하고
공형이 나오면서
병풍자리 주물상을
주인으로 대령하고
륙각소래 앞세우고
주인으로 나와앉아
처소에 전갈하여
피서오다 전갈하네.
슬프다 내입이야
꿈에나 물었던가.

성곽: 城郭.
려각(旅閣)…객사(客舍).
패문(牌文)…왕의 명령서.
맹동원…孟東園.
전갈(傳喝)…하인을 보내여 안부를 전하는 것.
공형(公兄)…고을 아전의 호장(戶長) 리방(吏房) 수형리(首刑吏)를 말한다.
주물상(周物床)…큰 상이 나오기 전에 대접하는 간단한 술상.
대령…待令.
륙각(六角)소래…삼현(三絃)이라도 하는 태북, 장고, 해금, 대평소 한쌍, 피리를 말하며 륙자비라도 한다.
처소(處所)…작자가 있는 려각.

이곳이 어데메냐 찾아가니
주인의집 넓은사랑
높은대문 너른사랑
잔치석군 집이로다.
본관과 초편이라
서본인사 다한후에
본관의 하는말이
김교리 이번정배
죄없이 오는줄을
북관수령 아는배요
만인이 울었나니
조곰도 슬퍼말고
나와함께 노사이다.
참현기생 다불러라
오날부터 노잣구나.
호반의 규모런가

삼천석…三千石.

북관수령(北關守令)…함경도의 원들.

김교리…金校理.
정배…定配.

삼현기생(三絃妓生)…북잡이와 기생.

호반(虎班)…무관(武官)의 딴 이름.
규모(規模)…본보기를, 솜씨, 태도.

활협도
그러냐
귀적한
화광빈객
기악이
극구에
혼자않아,
성내의
문풍하고
하나요
룩끼고
채끼고
글제내고
북화에
판장만
문관의

장하모다。
대얄산이
사람이라
꽃자리에
무엇이냐。
퇴송하고
소일하나
선비들이
모여둘이
두셋오니
되얐구나。
청학하며
꿀여지다。
였는수명
보았다가
풍성들고

활협(瀾俠)…마음이 크고 활달한 것。
귀적(歸謫)…귀양살이。
화광빈객(華光賓客)…여기서는 이름이 높은 존귀한 손님。
기악(妓樂)…여기서는 기생과 풍류。
극구(極口)…발을 여머가지로 다하여。
퇴송(退送)…물러 보내는 것。
소일(消日)。
문풍(聞風)…소문을 듣는 것。
가약(歌樂)
청학(請學)…배워 할라고 청하는 것。
글제…시제(詩題)。
꿀여지다…선택합시다。
판장…판진(關鎭) 즉 국경을 지키는 장수。
풍성…風聲。

五四三

한사하고 달려드니
내일을 생각하면
남가르칠 공부없어
아모리 사양한들
모면할길 전혀없네.
주야로 끼고있어
세월이 글이로다.
한가하면 풍월짓고
심심하면 글외우니
절세의 고종이라.
시주에 포부부처
불출문외 하오면서
편케편케 날보내니
춘풍에 놀란꿈이
변산에 서리온다
남천을 바라보면

모면(冒免)…면하는 것.

풍월(風月)…음풍영월(吟風咏月)이 준 것으로, 한시(漢詩)를 말한다.

고종(孤踪)…외로운 신세.

포부(抱負)…희망.

불출문외…不出門外.

놀란꿈…몸에 벌을 받고 멀찌막이 건떠난 것을 말한다.

변산(邊山)…관진(關鎭)이 있는 국경 지대를 말한다.

남천…南天.

기러기 처량하고
북방을 굽어보니
오랑캐 지경이라
개가죽 상하착은
상놈들이 다입었고
조밥피밥 기장밥은
기민의 조석이랴
본관의 성덕이오
주인의 정성으로
실갑은 이내목숨
달밤을 길렷더니
천만의 뜻
명녹이 가신오며
왔단말가 반가워라
놀랍고 되얏구나
미친놈 있던사람
절세에

오랑캐…두만강 일대에 살면 종족.

상하착(上下着)…아래 웃벌.

기민(饑民)…주린 백성.

성덕…盛德.

가신(家信)…집소식. 여기서는 고향에서 온 편지라는 뜻.

명녹…明錄이. 종의 이름.

절세(絕世)…아주 먼 곳.

五四五

항간에 도라온듯
나도나도 이럴망정
고향이 있었덜가
서봉을 떼어보니
정찰이 몇장인고
폭폭이 천척이오
면면이 가향이랴
지면의 자자회
자질의 눈물이오
우주에 그림빛은
안해의 눈물이라
소동파의 초운인가
양대운우 불상하다
그중에 사람죽어
돈물이 되란말가
면녹이 댓코앉아

향간(鄕間)…시골.

서봉(書封)…겉봉.

정찰(情札)…정다운 편지.

면면(面面)이…편지 쪽마다.

가향(家鄕)…여기서는 고향 사람.

자자회회 字字回回.

자질(子姪)…아들과 조카.

그림빛…보내여 온 옷우의 어룽진 무늬.

소동파 초운(蘇東坡 楚雲)…초운은 동파가 사랑한 의기생. 동파가 강남으로 귀양 갈때 전망(錢塘)에로 동파에게 보낸 편지를 초운전(楚雲牋)이라 하여 기생요 하다.

양대운우(陽臺雲雨)…초양왕(楚襄王)이 꿈에 만난 무산선녀(巫山仙女)의 고사에서 실지에는 만나지 못하고 꿈에 만나는 자기처의 처지를 말한 것이다.

돈물(頓沒)…아주 없어지는 것.

대코앉아…맞대하여 앉아.

눈물로 문답하니
집떠난지 오래거든
그후일을 어이알리。
만수천산 멀고먼데
네어찌 도라가며
덤덤이 쌍인회포
다이룰수 없겠구냥
명녹아 말들어라
무사히 도라가서
우리집 사람다려
잘았더라 전하여랑。
죄명아 개가우니
운명아 쉬우리랑
거연히 추석이라
가가이 성묘하네。
우리곳 사람들도

만수천산(萬樹千山)…여기서는 많은 나무와 많은 산이 가령。
이룰수…말할 수。
덤덤이…데미 데미로。
운명(恩命)…용서하는 왕의 명령。
거연(居然)히…어언간애。
추석…秋夕。
성묘(省墓)…조상의 산소에 가는 것。

소분을 하나니라.
본관이 하는말이
이곳의 칠보산은
북관중 명승지라.
금강산 다들지니
칠보산 한번가서
방피심산 어떠하뇨.
나도역시 좋거니와
도리여 난처하다.
원지에 꽃인몸이
경승에 노는일이
문의에 미안하야
마암에 좋건마는
못가기로 작정하니
주인의 하는말이
그렇지 아니하다

소분(掃墳)…산소에 가서 제사를 지내는 것.

칠보산(七寶山)…명천 동쪽 七十리에 있다. 원래 일곱산이 있는데, 여섯산은 동해 물에 잠기고 지금은 하나만 남았다는 전설에서 이름지었다.

방피심산(訪披深山)…깊은 산을 헤쳐서 찾는 것. 즉 산놀이.

꽃인몸…꽃건몸. 정배된 몸이라는 뜻.

경승(景勝)…경치 좋은 곳.

본의…신분에 맞는 의리.

五四八

악양루 황강경은
왕등의 사적이요
적벽강 추석노름
구소의 풍정이니
김학사 철보노름
무삼협 있으리오.
그말을 반겨듣고
나귀에 일어나서
황황히 술을신고
철보산 들어가니
구름같은 천만봉은
화도강산 광경이랑。
박달령 넘어가서
금장동 물어가니
곳곳이 물소래는
매옥을 깨쳐있고

악양루(岳陽樓)…중국에 있는 다락 이름。
황강경(黃崗景)…악양루가 있는 황강의 좋은 경치。
왕등(王滕)…왕우(王禹)와 등자경(滕子京)。 왕우가 황강(黃崗)에 죽루(竹樓)를 지었다。 등자경이 악양루를 중수했고。
적벽강(赤壁江), 소(宋)나라 소동파(蘇東坡)가 임술년(壬戌年)가을 칠월 十六일에 적벽 강에 선유(船遊)하고 적벽부(赤壁賦)를 지은 것을 말한다。
구소(歐蘇)…당송 팔대가(唐宋八大家)의 무 사람인 구양수(歐陽修)와 소동파(蘇東坡)를 말함。
김학사(金學士)…작자를 말함。 학사는 홍문판(弘文館)과 규장각(奎章閣)의 벼슬이름。
칠보(七寶)노름…철보산 놀이。
무삼협…무슨 허물。

황황(惶惶)히…조급하게

화도강산(畵圖江山)…그림같이 고운 강산。

금장동…金藏洞。

깨쳐있고…깨뜨렸고。

五四九

봉봉이 단풍빛은
금수장을 둘렀에라.
남여를 높이 타고
개심사 들어가니
원산은 그림이오
근봉은 물형이랑.
육십명 선비들이
앞서고 뒤에서니
풍경도 춤거니와
광망이 더욱장타.
창망한 지난희포
개심사 들어가서
밤한경 새운후에
미명에 일어나서
소쇄하고 문을여니
기생들이 앞에와서

금수장(錦繡帳)…비단에 수를 놓은 장막.

남여(籃輿)…우를 덮지 않은 의자 모양으로 생긴 교자(轎子).

개심사(開心寺)…함경도의 사찰(寺刹)을 총활했던 본산(本山).
약 五〇〇여년 전에 세웠다.

근봉(近峯)…가깝게 있는 봉우리

물형(物形)…물건의 모양.

창망(蒼茫)한…넓고 아득함.

밤한경…깊은 밤

미명(未明)…세벽.

소쇄(掃灑)…깨끗하게 청소하는 것.

현신하고 하는말이

본관사도 분부하되

검교리님 철보산에

너없이 노름되랴。

당신은 사양하되

내도리에 그럴소냥

산선도 섭섭하고

원학도 슬프러랴

너의들을 송거하니

나으린들 어찌하랴

부대부대 조심하고

철보청산 거행하랑

샷도의 분부곧에

소녀들이 대령하오

우읍고 부고럽다

본관의 정성이여。

현신(現身)…아랫 사람이 어른을 첨 뵈읍는 것。여기서는 인사를 드리는 것。

본관사도(本官使道)…그 고을의 수령(守令)의 존재。

분부(吩咐)…명령。

교리(校理)…홍문판(弘文館)의 정오품(正五品) 벼슬, 승문원(承文院)과 교서판(校書館)의 종오품(從五品) 벼슬。

망신(罔身)…제삼자에게 손위 어른을 높여서 하는 말。여기서는 작자。

나으리…작자를 가리킨다。

송거(送去)하니…보내니。

거행(擧行)하랴…행하랴。

원학(猿鶴)…잔나비와 학。

대령(待令)…명령을 기다리는 것。

우읍고 우습고。

풍류남자　　시주객은
남관에　　　나뿐인대
선선의　　　곳에와서
너를어찌　　보내리오
이상에　　　너이들이
칠십리를　　등대하니
풍류남자　　방탕성이
매물하기　　어려왜라
방으로　　　돌라하여
이름묻고　　나물으니
한년은　　　매향인대
방년이오　　십팔이오
하나혼　　　군산월이
십구세　　　꽃이로다
화상불러　　음식하고
노래시켜　　들어보니

풍류남자…風流男子。
시주객(詩酒客)…시와 술을 좋아하는 사람。
남관(南關)…남쪽 지방。
이상…已往。
등대(等待)…못 어른을 모시려 온 것。
매물…무정、탱정。
어려왜라…어렵구나。
매향(梅香)…기생 이름。
방년(芳年)…꽃다운 나이。
군산월(君山月)…기생 이름。
화상(和尙)…중을 높이는 것。

매향의 평우조는
운우가 흘어지고
군산월의 해금소래
만학천봉 푸르도다
지로승 앞세우고
두기생 옆에끼고
련화만곡 깊은곳에
개심대 올라가니
단풍은 비단이오
송성은 거문고라
상상봉 로적봉과
만사암 천불암과
타자봉 주작봉은
그림으로 둘러지고
물형으로 높고높다
아양곡 한곡조를

평우조(平羽調)…가곡(歌曲)의 조명(調名), 평조와 우조.
해금(奚琴)…속이 빈 둥군 나무 바탕에 가죽을 씌우고 긴 나무줄 끝은 다음 줄을 활시위 모양으로 건 현악기.
만학천봉(萬壑千峯)…수많은 구멍과 봉우리들.
지로승(指路僧)…길잡이하는 중.
련화만곡(蓮花滿谷)…온 골짝에 뗜꽃이 핀 것.
개심대(開心臺)…개심사 뒤에 있으며 여기 오르면 온 산이 한눈에 모여든다.
송성(松聲) 바람을 받은 소나무 소리.
로적봉…露積峯.
만사암…萬寺巖. 천불암…千佛巖.
타자봉…卓子峯. 주작봉…朱雀峯.
그림으로…그림처럼.
물형으로…物形.
아양곡(峨洋曲)…백아(伯牙)가 지은 금곡(琴曲).

두기생 불러내니
만산이 더 높으고
단풍이 더 붉도다.
옥수로 양금치니
송풍인가 물소랜가
군산월의 손길보소
곱고도 고을시고.
춘산의 풀손인가
안동밖골 금낭인가
양금위에 노는손이
보드랍고 알시롭다
남여타고 전향하여
한마루 올라가니
아까브던 산모양이
홀지에 환형하여
모난봉이 둥그려고

양금(洋琴)∶나무판에 철사줄을 건 고(琴)의 하나.

춘산(春山)의 풀손∶봄날에 갓 자란 풀앞과 같이 연한 손길.
안동(安洞)∶서울 안국동(安國洞).
금낭(錦囊)∶시(詩)를 넣는 비단 주머니.
알시롭다∶탐스럽다.
전향(前向)하여∶앞으로 나아가서.
홀지(忽地)에∶갑자기
환형(幻形)∶형태를 바꾸는 것.

회면바회 푸르고나。
절벽에 새긴일홈
만조정 물색이라。
산을안고 들어가니
금강굴 이상하당
차아한 높은굴이
석색창태 새로와라。
연적봉 구경하고
회상대 향하다가
무기생 간데없어
찾노라 풀몰터니
어비서 일성가곡
충천으로 일어나니
놀라여 바라보니
회상대 올라앉아
일지단풍 꺾어줘고

바회…바위의 옛말。

만조정(滿朝廷物色)이라…여기서는 온 궁정의 만조 대관의 이름을 쓴 안색처럼 물에 새긴 이름이 많다는 것。 개심사에 서 동으로 一디쭈 되는 곳에 있는 바위에 『제일강산』(第一 江山)이라고 씨여 있고 그 주위에 많은 사람의 이름이 새겨 져있다。

차아(嵯峨)한…높고 아묵한。

금강굴(金剛窟)…칠보산의 금강암에 있는 굴 이틈。

석색창태(石色蒼苔)…이끼가 끼여 물이 푸른 모양。

연적봉(硯滴峯)…연적 모양으로 생긴 칠보산 곁에 있는 봉우리。

회상대(虎像臺)…칠보산 곁에 있는 봉우리。

일성가곡(一聲歌曲)…한 가락 노래。

충천(中天)으로…공중에서、하늘 중간에서。

일지단풍(一枝丹楓)…단풍나무 한가지를。

록의홍상
만장석
사람을
어와
이몸이
신선의
평생의
천조에
바람에
이광경
연적봉
선녀를
련화봉
배바회
청천에
안전에

고은몸이
구름우에
놀랠시고
기절하다
이른곳이
지경이랑
연분으로
득죄하야
부친듯이
보겠고냐
지난후에
딸아가니
저바회는
솟아있고
서책봉은
벌어있고

록의홍상 : 綠衣紅裳.
만장석(萬丈石)‥‥까마묵하게 높이 솟은 바위.
지경(地境)‥‥곳.
천조(天朝)‥‥하늘, 옥황상제의 조정.
바람에 부친듯이‥‥신선처럼 바람에 불려 다니듯이.
련화봉 : 蓮花峯.
배바회‥‥舟岩.
서책봉‥‥冊冊峯.

생황봉 보살봉은
신선의 굴혈이랑
매향은 술을들고
만장운 한곡조에
군산월 앉은거동
아조분명 꽃이로다
오동복판 거문고에
금사로 줄을메와
대쪽으로 타는양이
거동도 곱거니와
섬섬한 손길끝에
오색이 령롱하다
비거동 보고나니
군명이 엄하여도
반할번 하겠구나
영웅절사 없단말은

생황봉…笙簧峯。
보살봉…菩薩峯。
굴혈(窟穴)…굴。

만장운(萬丈雲)…노래 이름。

아조분명(分明)…틀림없이, 명백히。

오동(梧桐)복판 거문고…오동나무로 복판을 한 거문고。

금사(金絲)…금철사。

대쪽…거문고 술。

군명(君命)…임금의 명령。 여기서는 정배받은 명령을 말한다。

五五七

사책에 있나니라.
내마음 단단하나
네게야 큰말하랴
본것이 큰병이요
안본것이 약이런가
이친리 절세중에
단정히 몸가지고
기적을 잘한것이
아조모다 네덕이랑
양금을 파한후에
현집에 나러오니
산중의 찬물보소
청결하고 향기있다.
이튿날 도라오니
회상대 노던일이
저승인가 몽중인가

사책(史册)…역사 책.

절세중(絶世中)에…여기서는 변방에서.

기적(跂謫)…귀양살이가 끌려서 돌아오는 것.

국은인가 천은인가。
천애의 이행객이 알았드냐。
이별줄
훈진하고 도라와서
수노를 분부하되
철보산 유산시는
본관이 보내기로 다렸으나
기생을 생각하니
도라와 불안하다。
호화한중
다시는 지휘하야
기생이 못오리랑
선비만 다리고서
심중에 기록하니
청산이 그림되어
술잔에 떨어지고

국은…國恩。
천은…天恩。
천애(天涯)…하늘 맨 끝, 궁벽한 곳。
행객(行客)…긴손。
훈진(薰盡)하고…홀을 다하고。
수노(首奴)…종의 우두머리。
다렸으나…다리고 눌앉으냐
지휘(指揮)하야…명하여。
기록하니…새기니, 여기서는 회상하니。

록수는　길이되여
조회우에　단청이라.
군산월의　룩의홍상
깨고나니　꿈이로다.
일월이　언제런고
구월구일　오날이라.
왕한림　리적선은
룡산에　높이쉬고
조선의　김학사는
재덕산에　올랐구나.
맥주향화　앞에놓고
남향을　상상하니
북증산　단풍경은
김학사외　차지요
리하에　황국화는
주인이　없었고야.

조회⋯중이.
단청(丹靑)⋯여기서는 울긋불긋한 단풍 경치.
왕한림(王翰林)⋯당(唐)나라 시인 왕유(王維). 구월 구일에 객지에서 산동(山東)에 있는 형제를 생각하는 시를 썼다.『獨在異鄕爲異客 每逢佳節倍思親 遙知兄弟登高處 偏揷茱萸少一人』.
리적선(李謫仙)⋯당나라 시인 (李白). 구월 구일에 룡산(龍山)에서 술마시는 시가 있다.『九日龍山飮 黃花笑逐臣 醉看風落帽 舞愛月留人』.
재덕산(在德山)에⋯명천 북쪽에 있는 산.
백주향화(白酒香花)⋯명천 박걸디와 국화꽃.
남향(南鄕)⋯여기서는 작자의 고향인 명남(鎭南).
북증산(北甑山)⋯북쪽에 있는 증산(甑山). 길주와 명천 사이에 있다.
리하(籬下)⋯여기서는 작자의 고향집의 울타리 밑.
주인(主人)⋯작자.

과리한
술을돌고 술푸던강
추월이 낮갑으니
조운의 희포로다
철보산 반한놈이
소무굴 보며하고
구경차로 길을떠나
청연히 물어가니
북해상 대택중에
한가하고 외로와랑
추광은 가없는데
갈곳이 슬프도다
창파는 망망하여
회색을 련하였고
락엽은 분분하여
청공에 날았고나

조운(趙雲)…한(漢)나라 조자룡(趙子龍). 류현덕(劉玄德)이 장한 싸움에서 조조에게 패하여 남으로 달아나자 현덕의 부인을 후위하여 무사하였다.

소무굴(蘇武窟)…명천과 경성 사이에 있는 비흥호(飛鴻湖)의 간 양도(看羊島)에 있다. 한무제(漢武帝)때 소무가 흉노(匈奴)에 사신으로 갔다가 항복치 않고 굴속에 가치였다가 다시 북해상의 무인도인 대택(大澤)에 감금된 일이 있었다. 지방의 전설에 소무가 이 소무굴에 가쳤다고 하고, 비흥호를 북해상의 대택이라고 하며, 소무를 위하여 비석까지 세웠다.

망망…茫茫.

련(連)하였고.

분분(紛紛)…락엽이 많이 지는 모양.

충신의 놉흔자최
어데가서 찾아보랴.
어와
소중랑 거룩할사
거룩할사 소중랑
나도또한 이런망정
주상님 멀리떠나
절역에 몸을던져
희포도 슬프더니
오날날 이섬우에
정성이 갇았고나
락일에 칼을잡고
후리처 도라서니
중산의 풍설중에
우리쳐 걸이로다.
쇽도갑은 도라서니
귀문관 송구하다.
일선이

충신…忠臣.
소중랑(蘇中郞)…소무(蘇武). 중랑(中郞)은 버슬 이름.
절역…絕域.
후리쳐…뿌리쳐.
증산…甑山.
쇽도(蜀道)…험한 산길.
귀문관(鬼門關)…험한 산길. 전주.
송구(悚懼)하다…무렵도다.

모방에 일분로는

왕소군의 청총인가

처량한 어린혼이

백야에 슬프도다,

춘풍에 한을먹고

쟁쟁한 울렸고나

월야에 환패소리

술한잔 우나니라

방혼을 가득부어

우정으로 위로하고

명천읍이 들어오니

탄막에 들었다가

경방자 달려드니

무산기별 왔다던고

방환기별 나렸도다.

일분로…一墳土。
왕소군…王昭君。전주。
청총(靑塚)…푸른 풀이 난 왕소군의 무덤。
백야(白野)…사막。사막의 풀색이 희므로 백야라 했다。
홍협(紅頰)…붉은 뺨。
환패(環珮)…노리개。
방혼(芳魂)…미인의 명혼。
명천읍…明川邑。
탄막(炭幕)…숯막、술막、즉 로상의 주점(酒店)。
경방자(京房子)…각 고을에서 서울에 파견한 자기 고을에 문서 련락을 시키는 하인。경주인(京主人)이
무산기별…무슨 통지(通知)。
방환(放還)…풀어 물려 보내는 것。

천은이 망극하야
눈물이 맞망하다。
문적을 손에쥐고
남향하여 백배하니
동행의 거동보소
치하하고 거룩하다。
식전에 말을달려
주인을 찾아가니
만실이 경사로다
광경이 그지없다。
죄명이 없었으니
평인이 되였구나
천은을 덮어쓰고
양계를 다시보니
삼천리 고향땅이
지척이 아니런가

천은(天恩) 왕의 은혜。
문적(文籍) 명명서, 문건。
백배…百拜。
치하(致賀)…축하하는 것。
만실(滿室) 온 집안。
평인…平人。
양계(陽界)…밝은 세상。

행장을 재촉할제
군산월이 대령한다.
선연한 거동으로
옷으면서 치하하네.
나으리 해배하니
작히작히 감축할가.
칠보산 우리인연
춘봉이 아득하다.
이날에 녀를보니
그것도 군은인가
그렸다가 만난정이
맛나고도 향기롭다.
본관의 거동보소
삼현륙각 거나리고
이곳을 나오면서
치하하고 손잡으며

행장…行裝.
선연(嬋娟)한…어여쁘고 고운.
나으리…잔자를 말함.
해배(解配)…정배(定配)에서 풀리는 것.
작히…얼마나 오죽이냐.
감축(感祝)…감격하여 축하하는 것.
춘몽…春夢.
그렸다가…그리워 했다가.
삼현륙각…三絃六角.

,김교린가 김학산가
정군의 은택인가
나도이리 감축커면
임재야 오직할가
홍문교리 정든사람
일시라 쥔켸하랴.
지금으료 제안하고
그길로 나왔노랴.
이더지 생각하니
감사하기 그지없다.
군산월을 다시보니
새사람 되았구나.
형극중에 쉬인란초
옥분에 음겼구나.
진애의 야광주가
박물군자 만났구나.

임재야…임자야, 즉 작자.
홍문교리(弘文校理)…홍문관의 교리
일시마…한때, 일이다고.
제안(除案)하고 리인의 명부에서 때고.
이더지…이다지, 이럴뜻.
형극(荊棘)…가시.
옥분…玉盆.
진애(塵埃)의…띠끌 속에.
야광주(夜光珠)…밤에도 빛난다는 구슬.
박물군자(博物君子)…지식이 넓어 사물을 잘 아는 사람」주 작자.

신풍에 물한칼이
뉘를보고 나왔드냥
풋다운 어린자절
임자물 만나고냥
금병화촉 깊은밤에
광풍재월 달밝은날
굴지으면 화답하고
술가지면 동배하니
정분도 갚거니와
호사도 그지없다.
시월에 말을타고
고향을 찾아가니
본관의 성덕보소
남복짓고 종보내여
이백량 행재내여
저하나 딸아주며

신풍…풍성(豊城)의 갈못인가. 옛날 뢰환(雷煥)이란 사람이
     성명(豊城令)이 되여 그곳 옥방(獄房) 밑을 파서 룡천검(龍
     泉劍)과 태아검(太阿劍)의 무보검을 얻은 고사가 있다.

금병화촉(金屛華燭)…금박 울린 병풍과 그림 촛(불).

광풍재월(光風霽月)…비 온 뒤에 부는 맑은 바람과 달.

동배(同盃)…술잔을 같이 나누는 것.

성덕(盛德)…어진 덕. 무터운 인정.

남복(男服)…남자가 입는 옷.

행재(行資)…려비.

림행에 하는말이
뫼시고 잘가거라
나으리 유경시에
네게야 내외할가
천리강산 대도상에
김학사 꽃이되여
비위를 맞초면서
층게층게 잘가거랑
승교를 앞세우고
풍류남자 뒤따르니
오던길 넓고넓어
귀흥이 그지없다
길주읍 들어가니
본관의 거행보소
금연화축 녀른방에
기악이 가득하다

림행(臨行)…출발에 다달아서。
나으리…자작。
유경시(遊京時)…서울서 놀때, 서울에 계실 때에。
대도상…大道上。
승교(乘轎)…교자(轎子)。
풍류남자(風流男子)…멋있는 사나이, 즉 자작。
귀흥(歸興)…돌아오는 길의 흥취。
거행(擧行)…행동、태도。
길주…吉州。
금연(錦筵)…비단으로 꾸민 까는 자리。
기악(妓樂)…기생과 악공(樂工)。

군산월이 하나이나
풍정이 가득하다.
연연한 군산월이
금상첨화 되였구나.
신조에 발행하여
림명에 중화하고
창해는 망망하여
동천이 그지없고
병산은 중중하여
면면이 섭섭도다
추풍에 채란들고
성진을 들어가니
북병사 마조나와
부군관 합석하니
사읍관가 군병이오
길주관청 홍안이랑

풍정(風情)…풍치(風致) 있는 분위기.
연연(姸姸)한…아릿다운.
금상첨화(錦上添花)…비단옷에 꽃을 더 꽂은 것, 즉 좋은 것이
덧겹친 것.
신조(晨朝)…이른 아침. 새벽.
발행(發行)…길을 떠나는 것.
림명(臨冥)…길주읍 동북쪽에 있는 곳.
중중(重重)하여…집첩히 둘머 싸여.
병산(屛山)…병풍갈이 험하고 높은 산.
면면(面面)이…보는 곳마다. 봉우리마다.
채란(彩鸞)…귀양이 풀릴 때 란새를 그번 기를 주었다. 중국에
서는 금계(金鷄)를 주었다.
성진…城津.
북병사(北兵使)…함경도 경성(鏡城)에 있는 북병영(北兵營)에 있
던 병마절도사(兵馬節度使).
군판(軍官)…각 군영와 지방 판청에 소속된 무관 벼슬의 하나
합석(合席)…자리를 같이 하는 것.
사읍관가(朔邑官家)…변방에 있는 지방 판청. 여기서는 김책읍.
군병…軍兵.
홍안(紅顔)…꽃다운 얼굴. 여기서는 기생.

금촉이　령롱한내
병사의　호강이랑
본관이　하는말이
학사에　달린사람
얼골이　기이하다
서울겐가　북도겐가
청직인가　방자인가
일홈은　무엇이며
나후지금　몃살인고
남중일색　처음보내
얼굴보고　눈매보니
웃으며　대답하되
북도아해　다려다가
남중에　음긴후에
장가들여　살리랐소
종적을　감추고

금촉(金燭)···촛의 심어.

령롱(玲瓏)···빛이 밝고 찬란한 것.

달린사람···때디고 온 사람.

청직(廳直)이···고관의 수종을 들거나 그집 살림을 맡아 보는 남장.

남중일색(男中一色)···사나이 가운데서 매우 고운 사람.

남중(南中)···남모와 같다.

종적(蹤跡)···자취.

풍악중에 앉았드니
병사가 취한후에
소래를 크게하되
김교리 청직이야
내곁에 이리오랴
위령을 못하여서
공손히 나아드니
손내여라 다시보자
어찌그리 기이한고
총모피 턴토수에
옥수를 반만내여
덮석드며 쥐랴할제
빼치고 일어서니
계집의 좁은소견
미련코 매몰하다
사나히 모양으로

풍악…風樂.

위령(違令)…명령을 어기는 것

총모피(驄毛皮) 털로수(吐手)…모피로 만든 토수.

옥수…玉手.

손잡거든 손을주고
흔연하고 천연하면
위여위여 하련마는
가뜨기 수상하여
치보고 나리보고
군관이나 기생이나
면면이 보던차에
매몰히 빼치난양
제버릇 없을소냐
병사가 눈치알고
몰랐노라 몰랐노라
김학사의 안해신출
내정영 몰랐노랑
만당이 대소하고
묻기생이 달려드니
아까섰던 남자몸이

흔연(欣然)하고…좋아하고.
위여위여…귀여워 하는 모양
치보고…쳐다보고.
나리보고…아래를 흝어 보고.
면면(面面)이…사람마다.
빼치난양…뻗치는 태도.
정영…정말.
만당(滿堂)이…온 방안의 사람들이.

계집통정 하겠구나.
양색단 두루막이
옥판달아 애암쓰고
꽃밭에 쉬어앉아
노래를 받고주니
청강에 옥동인가
화원에 범나비냥
닭술머 일출구경
망양정 올라가니
금촉에 꽃이피고
옥호에 술을부어
마시고 취한후에
동해물 건너보니
일출이 오르면서
당홍바다 되는구나
부상은 지척이오

통정(通情)…사귐을 주고 받는 것.
양색단(兩色緞)…청백, 청홍, 홍백들의 무가지 색으로 짠 비단.
옥판(玉板)…잘게 새김을 적은 얇은 옥으로 된 조각. 옥으로 만든 화판(花瓣).
애암…아얌. 부인이 머리에 쓰는 방한구(防寒具)의 다낭. 액엄(額掩)의 와음.
일출구경(日出求景)…해돋이를 보는 것
망양정…留洋亭.
옥호(玉壺)…옥으로 만든 작은 병.
부상(扶桑)…해가 뜨는 동쪽.
지척(咫尺)…아주 가까운 것.

일광은 술회로다
대풍악 잡아쥐고
해상을 굽어보니
부유갈은 이내몸이
성은도 망극하다
북관을 몰랐드면
군산월이 어찌올가
병사를 리별하고
마천령 넘어간다
구름우애 길을두고
남여로 올라가니
군산월이 앞세우면
안전에 꽃이피고
군산월이 뒤세우면
후면에 선동이라
단천에 중화하고

술회(述懷)…생각과 회포를 말하는 것. 여기서는 몰는 햇빛이 바로 자기 감정을 상징한다는 뜻이다.

대풍악(大風樂)…피리, 저, 장고, 해금으로 연주하는 음악. 대풍류(流)라도 한다.

잡아쥐고…풍악을 잡게 하고 죽 들으면서.

부유(蜉蝣)…하루살이.

망극(罔極)…끝이 없는 것.

마천령…摩天嶺.

남여…藍輿.

안전…眼前.

선동…仙童.

단천…端川.

북청읍 숙소하니
반야에 깊은정은
금석같은 언약이오
태산같은 인정이라.
홍원에 중화하고
영흥읍 숙소하니
본관이 나와보고
밥보내고 판대하네.
고을도 크거니와
기악도 끔직하다.
대풍악 과한후에
행절이만 잡아두고
행절이 거동보소
곱고도 명신이오
청수부용 태도로다.
운우양대

북청읍…北靑邑.
반야(半夜)…한밤중.
금석(金石)같은 언약(言約)…군고 단단하기가 쇠나 돌과 같다는 것. 꼭은.
홍원…洪原.
영흥읍 永興邑.
판대(款待)…정성껏 대접하는 것.
행절이…기생 이름.
청수부용(淸水芙蓉)…맑은 물에 핀 련꽃.
명신…미상(未詳). 정신(精神)의 잘못인가.
운우양대태도(雲雨陽臺態度)…무산선녀(巫山仙女)의 태도.

효두에 발행하야
고원을 들어가니
주수의 반기는양
내달아 손잡으며
경사를 만났고나.
문천에 중화하고
원산장터 숙소하니
명천이 천여리오
서울이 륙백리라.
주막집 깊은밤에
밤한경 새운후에
계명시에 소쇄하고
군산월을 깨와내니
몽롱한 해당화가
이슬에 휘지는듯
피코도 아름답다.

효두(曉頭)… 첫 새벽.
고원…高原.
주수(州守)…웃(州)자가 든 고을의 원, 수령(守令).

경사…慶事.
문천…文川.

계명시…鷄鳴時.
소쇄…掃灑.
몽롱(朦朧)한…노을이나 안개 같은것이 끼어 어렴풋한.
휘지는듯…뚝뚝 떨어지는듯.
피코도…고이코도, 즉 사랑스럽고도.

五七六

유정하고 무정하다
옛일을 이를케니
네잠간 들어봐라
이전에 장대장이
제주목사 과만후에
청들였던 수청기생
바리고 나왔더니
바다물 건넌후에
차마잇지 못하여서
배잡고 다시가서
기생을 불러내여
비수빼어 버힌후에
도라와 대장되고
만고명인 되얐으니
나본대 문관이라
무변과 다르기로

이를케니…이를 것이니, 말할 것이니.

장대장…張大將.

목사(牧使)…주(州)의 수령.
과만(瓜滿)…임기(任期)가 차는것.
수청기생(守廳妓生)…고판에게 수종드는 기생.

배잡고…배타고.

비수(匕首)…잘 드는 단도.
버힌후에…벤 후에, 죽인 후에.

만고명인(萬古名人)…역사에 이름있는 훌륭한 사람.

나본대…나는 본래.

무변(武弁)…무판, 군사일꾼.

너를도로
보내는것
이것이
비수로다。
내말을
들어봐라
내본대
령남있어
선비의
졸한몸이
이천리를
기생실고
천고에
없는호강
하였으니
끝나게
협기하고
분의에
황송하고
모양이
고약하다。
부대부대
잘가거라
다시불날
있나니라。
군산설이
거동보소
잡작이
놀라면서
원망으로
하는말이

령남(嶺南)…춘퐁령(秋風嶺) 이남。

졸(拙)한 몸…못난 몸。

끝나게…끝아 나도록, 즉 더 할나위 없이。

협기(挾妓)하고…기생을 데리고。

바릴심사 계셨드면
중간에 못하여서
어린사람 호며다가
사무친척 외론곧에
게발물어 던진닷이
이런일도 하나니까
나으리 배부르나
사랑이 성덕으로
나으리 무정키로
풍전락화 되얏고나
오냐오냐 나의뜻은
그렇지 아니하여
십리반 가잣던기
천리나 되얏고나
저도부모 있난고로
원리한 심회로서

바릴심사…버릴 생각.
사무친척(四無親戚)…사방에 친척이라고는 없는 것.
게발물어 던진닷이…갖고 놀다가 필요치 않은 때 내쳐버리는 것.
사랑이 배부르나…사랑으로 무한한 만족을 느꼈으나.
풍전락화(風前落花)…바람을 맞고 지는 꽃.
가잣던기…가자고 했던 것이.
원리(遠離)한…멀리 떨어진.
심회…心懷.

五七九

웃으며 그리하오
눈물로 고리하요
효색은 은은하고
추강은 명랑한대
홍상에 눈물나며
학사두발 희겠구나
숭교에 담아내여
저먼저 회송하니
천고에 악한놈
나하나 뿐이로다
말타고 도라서니
이목이 삼삼하다
남자의 간장인들
인정이 없을소냐
이천리 장풍류를
일조에 놓쳤구나

효색…曉色。은은하고, 곁에 보이지 않으나 안에 있는 것이 보일듯 느껴지는 모양。
추강(秋江)…가을 강。
홍상…紅裳。
학사두발(學士頭髮)…학사(작자)의 머리털。
회송(回送)…돌려 보내는 것。
천고…千古。
장풍류…長風流。
일조(一朝)…하루 아침에。

풍정도　　잠깐이라
홍진비래　　되었구나
안변원이　　하는말이
어찌그리　　무정하오
판관삿도　　무섭던가
남의눈이　　무서운가
장부의　　　헛된간장
상하기　　　쉬우리다
내기생·　　 봉선이를
남복시켜　　앞세우고
철령까지　　동행하여
회포를　　　잊게하소
봉선이를　　불러들여
딸아가라　　분부하니
자색이　　　옥골이랑
군산월의　　고은모양

안변…安邊.

홍진비래(興盡悲來)…재미가 다 지나가면 슬픔이 오는 것.

판관삿도(判官使道)…여기서는 집안의 벼슬하는 하는 듯 하다. 판판은 로판직(土官職)의 순위 사람을 말 종九품까지 있다. 파찰부에 속한다. 정五품소五부터

헛된간장(肝臟)·믿기 어려운 마음. 걷잡지 못하는 마음.

철영(鐵嶺)…회양읍 북쪽. 오리허에 있다.

옥골(玉骨)…회고 아름다운 몸맵시.

심중에　깊었으니
새낯보고　잊을소냐
풍설은　아득한대
북천을　다시보니
춘풍에　나는꽃이
진흙에　구으는가
추천에　외기러기
작없이　가느니라
철령을　넘을적에
봉선이를　하직하고
역곳은　이내몸이
하는것이　리별이다
조히잇고　잘가거라
다시어찌　못만나랴
남여로　재넘어니
부도산천　그지난다。

새낯 : 새사람。
나는꽃 외기러기…군산월을 말한다。
가느니라; 잘 것이다。
역곳은…매우 굿은。
조히잇고…아주 잊고。
그지난다 끝이 난다。

서름도 그지나고
인정도 그지나고
주류도 그지나고
남은것이 귀흥이랑
회양에 중화하고
금화금성 지난후에
영평읍 들어가서
철원을 밟은후에
포천읍 숙소하고
왕성이 어데메뇨
귀흥이 도도하다。
갈적에 록음방초
올적에 풍설이오
갈적에 백의러니
올적에 청포로다
척객이 어제러니

주류(周流)…돌아 다니는 것。

귀흥…歸興。

회양…淮陽。

금화…金化。

금성…金城。

영평읍…永平邑。

철원…鐵原。

포천읍…抱川邑。

왕성…王城。

록음방초(綠陰芳草)…우거진 나무잎과 향기로운 풀。늦봄과 초여름을 형용하는 말。

풍설…風雪。

백의…白衣。

청포(靑袍)…당하판(堂下官)이 입던 공복(公服)의 웃옷。

적객(謫客)…귀양사는 사람。

영주학사 오날이야
술먹고 말을타며
풍월도 절로나고
산넘고 물건너머
노래로 예왔구나.
만사여생 이몸이오.
천고호걸 이몸이라
축성령 넘어가니
삼각산 반가와라
충천에 솟았으니
귀흥이 높아있고
만수에 춘광이라
설상이 상화피니
삼각에 재배하고
다락원 들어가니
환주인 마조나와

영주학사(瀛洲學士)…홍문관 학사.
예왔구나…여기 왔구나.
만사여생(萬死餘生)…죽을 고생을 겪고 살아났다는 뜻.
상화(霜花)…나무가지가 서리에 꽃처럼 희게 된 것.
설상(雪霜)이 춘광(春光)이다…서리와 눈이 왔으나 그것이 꽃처 럼 핀 봄설다는 뜻.
재배…再拜.
다락원…多樂院.
판주인…원주인.

우름으로 반길시고.
동대문 들어가니
성상님이 무강할사
행장을 다시차려
고향으로 가올적에
새재를 넘어서니
명남이 여기로다.
오천서 밤새우고
가산에 들어오니
일촌이 무양하야
이전있던 행각이랑
어린것들 반갑고나
이끌고 방에드니
해쓰든 늙은이 안해
부그러워 하는구나.
어여쁠사 수둑어미

무강(無疆)할사…만수(萬壽) 무강하시고나.
가을적에…갈 때에.
새재(鳥嶺)…경상도 문경에 있다.
무양(無恙)…무사한 것.
가산…嘉山.
오천…梧川.
행각(行閣)…몸채 좌우에 길게 벌은 집요.
수둑어미…작자의 첩인듯 하다.

군산월이 네왔드냐
박잔에 술을부어
마시고 취한후에
삼천리 남북풍상
일장춘몽 깨였구나
여와 남북풍상
남자의 천고사업
여와 김학사야
다하고 왔느니라
강호에 편케누어
태평에 놀게되면
무삼한이 또있으며
구할일이 없으리라
글지어 기록하니
부녀들 보신후에
후생에 내
하소서 노릇

남북풍상(南北風霜)…남북으로 다니면서 겪은 고생.

박잔…박으로 만든 소박한 술잔.

천고사업(千古事業)…후대에 남을 일.

강호(江湖)…여기서는 벼슬 길에서 먼 시골.

구할일…풍진세상에서 내게 필요한 일.

후생(後生)에…여기서는 죽어서 남자로 태여나서.

내 노릇 하소서…나와같이 하십시오.

【 김 삼 불 】

추풍감별곡

추풍감별곡은 향토적인 시취와 감흥을 풍부히 담은 가사이며 세련된 필치로써 사랑에서 개성을 주장하는 서정가사다.

1 9세기에 들어서서 애정문제는 문학의 주된 소재로 되여 숙영랑자전, 옥단춘전, 옥주호연 등의 일련의 문학작품이 속출하고, 이러한 작품 가운데서 추풍감별곡은 수심가며 단가의 가락으로 널리 대중들이 애창한 가사이였다.

최영년(崔永年)의 저작으로 되는 해동죽지(海東竹枝)는 본 가사의 작자를 연연홍(姸姸紅)이라 하여, 『평양기생 연연홍이 관찰사와 사랑을 맺었으나 그후 관찰사로부터 소식이 없었다. 연연홍이 이 곡을 지여 평생토록 절개를 지켰다』라 하였고, 가사 三十三편을 수록한 一八六六년에 편찬된 고금기사(古今奇詞)에 추풍감별곡이 들어 있음을 보아 一九세기 초기의 작품이 아닌가 한다. 본 가사는 여러 이본이 있으나 여기에 실은 대본은 전날 평양에서 간행한 가곡보감(歌曲寶鑑)에 의거하였다.

五八七

어제밤 부든바람
금성이 완연하다。
고침 단금에
상사몽 훌처깨여
축창을 반만열고
막막히 안자보니
만리 장공에
하운이 흘어지고
천재 강산에
찬기운 새로워라。
심사도 창연한데
물색도 유감하다。
정수에 부는바람
리별한을 아뢰는듯
추국에 맺힌이슬
눈물을 머금은듯

금성(金醒)…가을바람。
완연(宛然)하다…뚜렷하다。
고침단금(孤枕單衾)…외로운 베개에 덮은 홀이불。
상사몽(相思夢)…그리던 임을 만나는 꿈。
훌처깨여…놀라서 급히 깨여。
축창(竹窓)…대로 결은 창。
막막(寞寞)히…고독하게。말없이。
만리장공(萬里長空)…넓고 끝없는 하늘。
하운(夏雲)…여름철의 구름。
천재강산(千載江山)…천년이나 묵은 옛산천。고도(古都) 평양을 발한다。
심사(心思)…마음。
창연(愴然)…구슬픈 것。
물색(物色)…물건。여기서는 자연의 풍경。
유감(有感)…느낌이 많은 것。
정수(庭樹)…뜰에 심은 나무。
리별한(離別恨)…해여진 원한。
아뢰는듯…이야기하는듯。
추국…秋菊。

잔류 남교에
춘앵이 이귀하고
소월 동령에
추원이 슬피운다
님여의고 썩은간장
하마하면 끊치리랑
삼춘에 즐기던일
하우사창 꿈이런가
세우사창 묘적한데
야월삼경 예런가
백년사자 사어시에
단봉이 굳은언약
패수가 높고깊어
문허질줄 갚고갚어
끊처질줄 알았으랴
　　　　몰랐으니

잔류(殘柳)…쇠잔한 버들. 가을에 잎이 떨어지게 된 버들.
남교…南郊
이귀하고. 春鶯…봄 꾀꼬리
이귀(已歸)하고. 벌써 돌아가고.
소월 동령(素月東嶺)…가을 달빛이 밝게 비친 동녘 산마루.
추원(秋猿)…가을 잔나비.
여의고…티별하고, 잃고.
끊치리라…다 없어질듯.
삼춘(三春)…봄 석달.
예런가…옛날 일이던가.
세우사창(細雨紗窓)…가는비 뿌리는 사로써 바른 창문.
묘적(窈寂)…쓸쓸하고 고요한 것.
흡흡(洽洽)히…흔백 사모치도록.
야월삼경사어시(夜月三更私語時)…달빛 어렴한 밤중에 가만가만 속삭일 때.
단봉(丹峯)…모란봉(牡丹峯).
패수(浿水)…대동강(大同江).

양신에 다 마함은

예로부터 있것마는

지이· 인하는

조물의 탓이로다.

훌연히

화총을 이는바람

웅연히

애연히 요동하니

전장에 자접이

도적할길 홀단말가.

금롱에 감춘호구

다시회롱 바이없고

지척동서 잠긴앵무

바라보기 어려워라

은하작교 천리되여

건너갈길 묘연하고

끊첬으니

아득하다.

양신(良辰)‥‥좋은 때.

다마(多魔)‥‥불행한 일이 많은 것.

지이인하(地邇人遐)‥‥땅은 가깝고 사람은 먼 것. 즉 가까운 곳에 있는 사람을 만나지 못하거니 먼 곳에 있는 사람과 같다는 것.

조물(造物)‥‥이 세상을 만들었다는 신. 조물주.

훌연·홀연.

화총(花叢)‥‥꽃들이 우거진 것.

웅봉자접‥‥雄蜂雌蝶.

애연(哀然)히‥‥아깝게도.

전장(奉贐)에 감춘 호구(狐裘)‥‥맹상군(孟嘗君)이 진(秦)나라에 사로잡혀 죽게 되자, 진왕의 행희(幸姬)에게 살길을 청하였다. 행희가 말하기를 전에 진나라에 바친 원여우털옷을 주면 살 도리가 있겠다 하였다. 마침 맹상군에게는, 전에 바친 창고 속에서 도적질을 잘하는 부하를 시켜 훔치게 하여 겨우 살았다는 이야기가 있다.

금롱(金籠)‥‥금으로 아로새긴 새장.

앵무(鸚鵡)‥‥앵무새.

희롱(戲弄)‥‥가지고 노는 것.

지척동서(咫尺東西)‥‥거리가 가까운 지역.

묘연(杳然)‥‥아득한 것.

은하작교(銀河鵲橋)‥‥은하수에 걸린 오작교. 견우(牽牛)와 직녀(織女)를 만나게 하기위하여 은하수에 까막까치가 만든 다리.

인정이 끊쳤거든
찰하리 잊히거나
아리따운 자태거동
이목에 매양있어
못보아 병이되고
못잊어 원쑤로다。
천수만한 가득한데
끝끝이 느껴워라。
하물며 이는추풍
별회를 부쳐내니
눈앞에 온갖것이
전혀다 수심이랑
바람앞에 지는닢과
풀속에 우는짐승
무심히 듣게되면
관계할바 없것마는

―――――――――――

잊히거나…잊어 버리거나。
자태∶姿態。
이목∶耳目。
매양…每樣。
천수만한(千愁萬恨) 많은 시름과 끝없는 원한。
느껴워라…느낌이 많도다。
추풍…秋風。
별회(別懷)…이별의 회포。
수심∶愁心。
짐승…여기서는 벌레의 소리를 의미함。
무심…無心。

유유별한 간절한데
소래소래 수성이랑
구곡에 맺힌시름 풀처볼고
어찌하면 판회할가
아희야 술부어라
행여나 가득부어
잔대로 먹은후에
취토록 산로로
석양 올라가니
을밀대 예와달라
풍광은 소연하다
만물이 쇠한버들
능라도
성긴가지 소슬하고
금수봉 꽃핀남에
상엽이 표불하다.

유유(唯唯)…오직, 다만.
별한(別恨)…리별한 원한.
수성(愁聲)…수심겨운 소리.
구곡(九曲)…구곡간장(肝腸)의 준말. 마음 속 깊이라는 뜻.
풀처볼고…풀어서 볼가.
판회(寬懷)…그리워 애타는 마음을 누기는 것.
석양산로(夕陽山路)…저녁 햇별이 비치는 산길.
을밀대(乙密臺)…모란봉에 있는 사명정(四靈亭). 약 오백년 전에
지였다.
풍광(風光)…경치.
소연(蕭然)…쓸쓸한 것.
능마도(綾羅島)…모란봉 밑 택은단 복쪽에 있는 성천(成川)서 떠내려 왔다는 전설이
있다.
쇠(衰)한…쇠약해진, 빛이 열어진.
성긴가지…나무잎이 떨어져 드문드문한
소슬(蕭瑟)…쓸쓸한 것.
금수봉(錦繡峯)…을밀대가 있는 봉우리. 금수산이라도 한다.
꽃진남에…꽃이 진 나무에.
상엽(霜葉)…서리맞은 잎사귀.
표불(飄拂)…잎이 바람에 한들거리는 것.

인간이 변화함을
측량하야 이를것가.
애연히 눈을들어
원근을 살펴보니
룡산에 늦은경은
창울함이 심사갈고
마란에 이는물결
탕양함이 회포갈다.
보통문 송객정에
리별아껴 설어마라
초패왕의 장한듯도
죽기로 리별섞어
옥장 비가에
지었으나
눈물을 풍우에
오강 풍우에
우단말은 못들었네.

측량하야…사실 그대로를 재여서.
이룰것가…말할 수 있겠는가.
원근…遠近.
룡산…龍山.
늦은경…景. 늦은 경치.
창울…蒼鬱… 나무가 무성하여 빽빽한 것.
심사…心思… 마음, 즉 작자의 복잡한 심정.
마란…馬欄… 평양 동쪽 약 오리허에 있는 대동강 줄기.
탕양…湯洋… 넓고 밀어 아득한 것.
회포…懷抱… 여기서는 아득한 추억.
보통문…普通門… 본시 평양성의 북문. 보통강가에 있다.
송객정…送客亭.
초패왕(楚霸王)…楚(초)나라 항우(項羽).
옥장비가(玉帳悲歌)…항우가 우희(虞姬)와 리별할 때 옥장에서 마지막 술잔을 들어 노래한 것을 말한다. 옥장은 장막 트는 휘장.
오강풍우(烏江風雨)…항우가 한나라의 추격을 받아 오강에서 자살하였다.
우단말은…운다는 말은.

천지는 몇몇해며
리별은 누구누구。
세상리별 남녀중에
날갈은이 뉘있는가
수로문에 떴는배는
행하는곳 어드메고。
만단수회 짆은후에
천리약수 건너가서
우리님 게신곳에
수이수이 늦은경을
성두에 풀고지고
장탄 단우로
곡란을 비겼드니
바람결에 오는종성
묻나니 어느절고

수로문(水路門)…륙지에 들어오는 뱃길 어구。

행(行)하는곳…가는 곳。

만단수회(萬端愁懷)…얼만 가닥이나 되는 많은 시름과 회풍。

약수(弱水)…중국에 있다는 전설의 강。이 강은 나무잎도 가라앉아 건너가는 사람이 없다고 한당。

성두(城頭)…성머리, 성가。

늦은경(景)…여기서는 늦가을의 풍경。

장탄단우(長嘆短吁)…긴 탄식과 한숨。

곡란(曲欄)…굽은 란간。

비겼드니…의지하였더니。

종성…鐘聲。

초혜를 삼가신고
삼가히 일어걸어
영명사 찾아가서
중아 물어보장
인간리별 삼긴부처
어느탑상 앉으신고
불전에 발원하야
님을다시 못볼망정
차라리 죽어저서
백골은 진토되나
령혼은 눈이날아
님앉으신 탑간앞에
얼우와 보리로다
다시금 생각하니
리한 별수도
이또한 천수로다.

초혜(草鞋)…짚신.
삼가히…조심스럽게.
일어걸어…일어서서 걸어.
영명사(永明寺)…금수산 중턱 부벽루 서쪽, 기린굴 우에 있는 절.
삼긴부처…만들어 낸 부처.
탑상(榻上)…부처를 앉히여 둔 곳.
발원(發願)…소원을 비는 것.
백골…白骨
진로…塵土
얼우와…사피여.
리한별수(離恨別愁)…리별의 원한과 시름.
천수(天數)…하늘이 준 운명.

五九五

죽장을 고쳐짚고
부벽루 올라보니
들밖의 점점봉은 숫아있고
청강에 흐르는물
구름속에 한빛이라
추천과 뜨는명월
이윽고 비쳤는데
교교히 지리한중
그린상사 반겼드니
옥면인가 뜬구름이
어이한 가리웠네
광명을 이원일고
어화 탓이로다
조물의 언제걷혀
저구름 다시볼고
밝은빛

죽장(竹杖)…대파대。
부벽루(浮碧樓)…모란대 아래 영명사 동쪽에 있다。
들밖에 접접봉 평야 저쪽에 있는 산무데기들。 黃元의 시에 『大野東頭點點山』이다 하였다。 고려 김황원(金)
청강 淸江。
추천(秋天)…가을 하늘。
교교(皎皎)…달빛이 밝은 것.
그린 상사(相思)…님 그리워 하여 생각하는 것。
옥면(玉面)…구슬같이 어여쁜 얼굴, 여기서는 님의 얼굴。
어이한…어찌된。
뜬구름…떠돌아 다니는 구름。
광명(光明)을…밝은 햇빛을。
이원일고…이것이 어찌된 일인가。
조물…造物。
밝은빛…님。

송지문의 명하편을
기리읊어 배회하니
한로상풍 소슬한데
취한술 다깨였다
막여을 갈아앉아
금준을 다시열고
일배일배 부일배에
몽몽히 취했서라
저른탄식 긴한숨에
발을밀어 일어걸어
지향없이 가는길에
애련당 드단말가
부용일지 꺾어쥐고
유정히 도라보니
수면에 비천꽃은
임이나를 반기는듯

송지문(宋之問)…당(唐)나라의 유명한 시인. 송연청(宋延淸).
명하편(明河篇)…명하는 은하(銀河). 글제의 이름. 『明河可望不可親, 願得乘槎一問津』이라 하여 은하를 보기만 하고 수 없음을 탄식했으니, 끝 작자의 심정을 이에 비하였다.
배회(徘徊)…서성거리는 것, 거니는 것.
금준(金樽)…술독.
깔아앉아…깔고 앉아.
부일배(復一盃)…술에 다시 한잔 더 하는 것.
몽몽(濛濛)…술에 취해서 정신이 어렴풋해진 것.
지향(志向)없이…목적하는 곳 없이.
애련당…愛蓮堂.
드단말가…들었단 말인가.
부용일지(芙蓉一枝)…련꽃 한가지.
유정(有情)히…정답게.
수면…水面.

五九七

엽간에　물는비는
내심정　아뢰는듯。
탕탕　백구는
홍료변에　왕래하고
짱쌍　원앙은
록수중에　부침한다。
이인생　가련함이
미물만　못하도다。
홀연히　다떨치고
백마에　채를던져
산이야　구름이야
정처없이　현황하여
내담이　아득하다。
갈곳이　란식하여
허희
초로　돌아오니

엽간(葉間)…잎사이。
듣는비…떨어지는 비。
아뢰는듯…말하는 듯。
탕탕백구(兩兩白鷗)…짝을 지어서 나는 갈매기들。
홍료변(紅蓼邊)…여귀꽃이 핀 물가。
원앙…鴛鴦。
부침(浮沈)한다…물에 떴다 잠겼다 한다。
미물(微物)…하찮은 짐승。
가련…可憐。
다떨치고…다 던져버리고。
백마…白馬。
산이야 구름이야…산이며 구름이며。
현황(眩慌)…정신이 산란한 것。
허희탄식(嘘唏嘆息)…매우 탄식하는 것。
초로(草路)…풀사이 길。

간곳마다 뵈는물색
어이그리 심란한고.
울밑에 피는황국
담안에 섰는단풍
임과함께 보량이면
경개롭다 하렷마는
도도심사 울울하여
도로혀 수심이랑.
무정세월 여류하여
나날이 깊어간다.
가기는 절을찾아
구추에 늦었어랑
상아래 우는실솔
너는무삼 나를미워
지난달 새는밤에
잠시도 끊지않고

뵈는물색(物色)…보이는 풍경.

황국…黃菊.

보량이면…볼것 같으면.

경개롭다…경치가 좋아 볼만하다.

하렷마는…하겠지마는.

도도(陶陶)…마음이 화락한 모양.

여류(如流)…물이 흐르는듯이 빠른 것.

가기(佳期)…좋은 때.

절(節) 철.

구추(九秋)…구월달.

실솔(蟋蟀)…귀뚜라미.

너는무삼…너는 왜.

나를미워…나를 미워하는가.

지난달…서산에 지는 달이 새면서 지는 달을「지새는달」이라 한다.

긴소래 저른소래
경경히 슬피울어
적이나 남은간장
어이마자 썩이는고
촌계가 녀더우니
밤도자못 길었에라
상풍에 놀란홍안
운소에 높이떠서
옹옹한 긴소래로
작을불러 슬피우니
춘풍화월 저믄날에
두견성도 느껍거든
오동추우 단장시에
차마어이 들을것가
네비록 미물이나
자정은 날파갈당

경경(耿耿)히…시름겨워.
적이나…조금.
어이마자…어쎄 마자, 썩이는고…속을 태우는가.
촌계…村鷄.
자못…몸씨, 매우.
상풍(霜風)…서릿바람.
홍안(鴻雁)…기더기.
운소(雲霄)…구름갓의 높은 곳.
옹옹(雝雝)한…다정스더운 기더기 우는 소리.
춘풍화월…春風華月.
두견성…杜鵑聲.
오동추우단장시…梧桐秋雨斷腸時.
미물…微物.
날파…나와.

일폭화전 펼쳐놓고
세세사정 그며내여
월명사창 묘적한데
임계신곳 전하며문
인비목석 아니어든
임도응당 느끼리라.
지리한 이리별이
생각사록 끝이없다.
인연없어 못보는가
유정하여 그리는가.
인연이 없었으면
유정인들 어이하며
유정함이 없었으면
그리긴들 어이할가.
인연도 없지않고
유정도 하것마는

―――――――――――

일폭화전(一幅花牋)…한폭의 꽃 편지지.
세세사정(細細事情)…모든 사정. 자상한 사연.
월명사창…月明紗窓.
묘적…窈寂.
전(傳)하며든…전하여 주려므나.
인비목석(人非木石)…사람이 감정없는 나무나 돌이 아니다.
인연…因緣.
유정(有情)하여…다정해서.
유정인들…정이 많다 한들.

六〇一

일성중

"어이 그리 함께있어 못보는가
오호명월 밝은때와
초산운우 성길적에
설전심중 무한사도
황연한 꿈이로다
무진장회 강잉하야
문을열고 바라보니
끊쳤다 뜬구름은
무심한 다시잇네
우리님 계신곳은
저구름 아래엇만
오며가며 두사이에
무삼약수 막혔관대
량처가 막막하여
소식조차 끊단말가

일성중(一城中)…같은 성 안에.
오호명월…五湖明月.
초산운우(楚山雲雨)…양배운우(陽臺雲雨). 무산선녀(巫山仙女)가 꿈에 초양왕(楚襄王)과 자고 가면서, 나는 아침에는 구름이 되고 저녁에는 비가 된다고 한 고사가 있다.
성길적…비가 부덕부덕 떨어질 때에.
설전심중무한사(說盡心中無恨事)…꿈에 님을 만나 마음에 맺힌 일을 다 푸니 여한이 없다는 뜻.
황연(恍然)한…허황한, 근거없는.
무진장회강잉(無盡長懷强仍)하야…끝없이 긴고 긴 회포를 억지로 참아서.

약수…弱水.
막혔관대…막혀 있기에.
량처…兩處.
막막(漠漠)하여…아득하여.

둔데없는 이내심사
어데다가 지접할고.
벽상에 걸린오동
강잉하여 나려놓고
봉구황 한곡조를
한숨쉬어 기리타니
여음이 요요하여
원하는듯 한하는듯
상여의 옛곡조는
의연히 있다마는
탁문군의 맑은지음
심심히 자최없다.
결연한 이러별이
엊이기도 어렵도다.
전생차생 무삼죄로
우리두리 생겨나서

지접(支接)할고…의지할고.
벽상…壁上.
오동(梧桐)…여기서는 거문고를 말함.
강잉(强仍)하여…억지로.
봉구황…鳳求凰. 곡조 이름.
기리타니…오래도록 타니.
여음(餘音)…끝을 이어 호르는 소리.
요요(搖搖)하여…혼들미여.
원…怨. 한…恨.
상여(相如)의 옛곡조(曲調)…한(漢)나라 사마상여(司馬相如)가 과부가 된 탁문군에게 정을 고(告)로써 끌었다는 고사가 있다.
의연(依然)히…여전히, 그대로.
탁문군(卓文君)…한(漢)나라때 녀류시인. 그는 상여의 고음(琴)을 듣고 밤에 상여의 방에 물어갔다 한다.
지음(知音)…음률에 밝은것.
심심히…아주 깊이.
결연(缺然)한…서운한, 시름겨운.
전생차생…前生此生.

인간백년 얼마관대

각재동서 그리는고

황천후토 이뜻알아

리별없이 원이로다.

진시황 분시서할때

어느틈에 숨었다가

지금까지 류전하여

나의일선 병이된고.

수양매월 흠썩갈아

황모필 덤석풀어

월매초죽 그리기는,

울전마는

명월 사창앞에

나는무엇 그리는고.

상사곡 옛글귀는

날위하여 지였는가.

각재동서(各在東西)…서로 동서에 나누어 있어서.

황천후토(皇天后土)…하늘과 땅을 말아 보는 귀신.

분시서(焚詩書)…진시황(秦始皇)이 유교에 관한 모든 책을 불사룬것.

류전(流傳)…흘어져 숨어 전하는 것.

수양매월(首陽梅月)…황해도 해주에서 나는 먹 이름.

황모필(黃毛筆)…쪽제비 털로 만든 붓.

월매초죽…月梅草竹.

명월사창…明月紗窓.

그리는고…그림을 그리는 것과, 념을 그리는 것이 접처저 있다.

상사곡…相思曲.

창해월 령두운은
임계신데 비치것만
심중소회 안전수는
나혼자 뿐이로다
가도록 심란한데
해는어이 쉬이가노
잘새는 깃을찾아
무리무리 도라들고
야색은 창망하야
먼데남이 희미하다
경경히 흐르는빛
절기찾는 형화로다
적막한 빈방안에
천연히 홀로앉아
지난일 다풀치고
오는시름 생각하니

창해월(滄海月)…푸른 바다에 비친 달.
령두운(嶺頭雲)…영마루에 걸린 구름.
심중소회안전수(心中所懷案前愁)…마음에 회포가 쌓여 책상머리에 앉아도 또한 시름이마는 뜻.
가도록…갈수록.
심란. 心亂.
깃…새깃, 보금자리.
무디무티…떼를 지어 끼리끼리.
야색(夜色)…밤빛, 밤 풍경.
창망. 蒼茫.
경경(耿耿)…빛이 깝박거리는 것.
형화(螢火)…반딧불.
다풀치고…다 단념하고.

산밖에 산이있고
물밖에 내해로다.
구의산 구름같이
바라도록 묘연하다.
단장추야 긴긴밤에
이리하니 어이할고.
아모쪼록 잠을들어
꿈에나 보자하나
원앙침 서리차고
비취금 냉락한데
효월 잔등에
꿈이루기 어려워라.
일병잔촉 벗을삼아
전전불매 잠못들어
금강령 새벽달에
오경인줄 깨닫겠다.

구의산(九疑山)…창오산(蒼梧山). 순(舜)임금이 죽은 곳으로, 작자자신을 순임금의 이비(二妃)인 아황여영(娥皇女英)에 비하였다.
바라도록…바라볼수록.
묘연(眇然)…넓고 멀어서 끝이 없는 모양.
단장추야(斷腸秋夜)…창자를 끊을듯한 쓸쓸한 가을 밤.
원앙침(鴛鴦枕)…베개모에 원앙새둘 수놓은 베개.
서리차고…차디 차고.
비취금(翡翠衾)…초록빛이 나는 비단으로 지은 이불.
랭락(冷落)…차고 쓸쓸한 것.
효월잔등(曉月殘燈)…새벽 달과 쇠잔한 등불.
일병잔촉(一柄殘燭)…한자루 타다 남은 촛불.
전전불매(輾轉不寐)…몸을 뒤척이면서 잠을 이루지 못하는 것.
금강령…金剛嶺.
오경(五更)…새벽 네시경.

앉었다가 누었다가
다시금 일어앉아
이리혜고 저리혜도
아마도 원쑤로다.
고진 감래는
이윽히 알것마는
명천이 도우시고
귀신이 류의하여
람교에 군센풀로
월노승 다시맺어
소상강 어느날에
고인을 다시맞나
봄바람 가을달에
거울갈이 마조앉아
이런일 저런말슴
청회중예 넣어두고

혜고…헤아리고. 생각하고.

고진감래(苦盡甘來)…피로움을 이겨내면 즐거움이 온다.

이윽히…익히, 충분히.

명천(明天)…뜻은 밝은 하느님.

류의(留意)…뜻을 두는 것. 배려하는 것.

람교(籃橋)…당(唐)나라 때 배항(裵航)이 람교를 지나다 억새를 이여 옥봉(玉峯)에 들어갔다.

꿈센풀…운영의 집이 억새로 이은 것을 말한다.

월로승(月老繩)…월하로인(月下老人)의 붉은 줄이라는 뜻. 월하로인의 붉은 줄로 부부의 다리를 묶으면 평생 인연이 없어지지 않는다고 한다.

소상(蕭湘)…순임금을 좇아서 아황 여영이 소상강에 따겨 죽었다.

고인(故人)…문맥으로는 순임금이나 뜻으로는 그리는 사람.

거울갈이…한점 티글 없는 거울과 같이 즉 아무 군심걱정 없이.

정회(情懷)…사랑과 회포.

백년외 다진토록
가이없이 즐기다가
유자 생녀하여
한없이 지낼적에
인심이 교사하여
뉘라서 시비커든
추풍오호 저문날에
금범을 높이달고
가다가 아모데나
산좋고 물좋은데
자좌오향 제법으로
수간초옥 지은후에
집터를 불작시면
평생에 소원이랑
경태룡모 입수에‘
고두안산 더욱좋다.

유자생녀(有子生女)…아들 딸을 낳는 것。
교사(狡邪)…교활하고 간사한 것。
시비(是非)커든…말썽을 부리거든。
추풍오호(秋風五湖)…한(漢)나라 장한(張翰)이 가을바람에 고향 생각이 나서 벼슬을 그만두고 배를 타고 오강으로 돌아갔으며, 월(越)나라 범려(范蠡)가 오(吳)를 멸하자 벼슬을 내놓고 오호(五湖)에 돌아간 것을 말한다。
금범(錦帆)을 단다고…길을 떠나서, 려행길을 떠나는 것을 답범을 단다고 한다。
자좌오향(子坐午向)…자방(子方)에서 오방(午方)을 향한 것, 즉 남향。
제법(制法)으로…풍수(風水)의 법식대로。
수간초옥(數間草屋)…두세간 초가집。
소원(所願)이마…바라던 좋은 터라는 것。
경태룡모입수(鯨態龍貌入首)…고래가 물을 뿜고 룡의 모양으로 된 입수。풍수(風水) 용어。
고두안산(叩頭案山)…머리를 숙여 절하는 모양으로 생긴 안산。안산은 풍수(風水) 용어。

창송은 울울하니
울매여 무엇하며
벽계는 유유하니
우물파서 무엇하리。
감천에 토후로다
농업을 하여보세。
석전을 갈이갈고
초식을 먹을망정
백년이 다진토록
리별없게 원이로다。
다시금 생각하니
쭐데없는 한별일세。
리회별한 피갈은비
단장초훈 뿐이로다。
악수환연 맛나보와
적조기정 하고지고

창송 蒼松。
울매여…울타리를 엮어。
벽계(碧溪)…맑고 푸른 시냇물。
유유…悠悠。
감천(甘泉)…물맛이 좋은 샘。
로후(土厚)…땅이 건 것。
석전(石田)…돌이 많은 밭。
초식…草食。
다진(盡)토록…다 하도록, 끝나도록。
한별…恨別。
리회별한(離懷別恨)…리별의 회포와 한。
단장초혼(斷腸招魂)…창자가 끊어질듯 피로우며 헛되게 님을 찾는 것。
악수환연…握手歡然。
적조진정(積阻陳情)…쌓이고 묵은 정을 푸는 것。

님리별—

나는어찌 하던날에 못죽었노.
대천바다 깊은물에 풍덩실 빠지련만
지금까지 살아있기는
부모와 맞날런지 정든님
창천도 미워하고
조물에 시기로다.
성음이 귀에쟁쟁
불사이자사 하며
태도가 눈에암암
욕망이 난망이라.
상사에 중한병을
어찌하면 고쳐낼고
신농씨 갱생하고

대천(大川)바다…큰 바다.

창천: 蒼天.

시기: 猜忌.

쟁쟁: 錚錚.

불사이자사(不思而自思)…생각지 말자는 것이 어느덧 또 생각케 되는 것.

암암: 渰渰.

욕망이난망(欲忘而難忘)…잊고저하나 잊어지지 않는 것.

신농씨(神農氏)…중국의 고대 전설적 인물로써 머리는 소고 몸은 사람인데 풀을 먹어 보고 약초를 가려냈다 한다.

편작이 부생한들
상사에 깊은병을
어이하며 고칠손가
상사도 곤한몸이
상우에 잠간누어
죽은듯이 잠을드니
호접이 나를몰아
그리던 우리님을
꿈가온데 잠간만나
비회가 교집하여
별래사정 다못하여
수가 옥적성이
추풍에 쉬여불어
처량한 한소래로
잠든나물 깨우노나

편작(扁鵲)…중국 전국 시대의 이름난 의원(醫員).
부생(復生)…다시 살아나는 것.

호접…蝴蝶.

비회(悲喜)…슬픔과 기쁨.
교집(交集)…서로 번갈아 몰아 드는 것.
별래(別來)…리별한 이후.
수가옥적성(誰家玉笛聲)…어느 누가 부는 피리 소리냐.
쉬여불어…가을 바람에 풍기여 흘리는 것을 말한다.
한소래로…한 곡조.

두어라 리산이
유수하니
후일다시 불가하노라.

―――― 리산(離散)…떠별하여 떨어져 지내는 것.
―――― 유수(有數)…정해진 운수가 있는 것。여기서는 한도(限度)。

【김 삼 불】

계녀가

『계녀가(誡女歌)』는 울산산성으로 시집가는 열일곱 난 딸에게 주는 시집살이에 관한 친어머니의 자애로운 애정으로서 엮은 五八六구의 장편가사다.

가사의 내용은 사돈집과 사위를 소개하며, 혼인을 하게 된 경로를 이야기하고, 딸이 시집에서 시부모를 섬기는 례절과 식구들을 대하는 의리와 접빈객과 살림을 다스리는 도리등, 녀자가 지켜야 할 전반적인 례의 품행 례절 등에 걸쳐 있다. 작자 어머니는 자기의 경험을 토대로 하여 생활감정이 숨어 들은 인정의 이폭 저폭을 살살이 헤치며 순박하고 직설적인 붓끝으로 그리며 설명하며 인도하였다.

본 가사는 경상도 영천(永川) 정모(鄭某)의 집안 부녀들의 한지 속에 간직한 것이다. 문헌에서는 정조(正祖)때의 편찬으로 믿어지는 해동악(海東樂)과, 고종 三년에 편찬된 고금기사(古今歌詞)라는 사본에 수록되여 있다. 봉건사회에 있어 조선 녀성들은 이러한 가사를 통하여 문학을 생활에서 찾았으며, 신해 날 시집으로 갈 때 신부는 바느질 고리와 보선작과 피륙과 함께 이런 가사를 자기 재산의 일부로 간주하여 각기 적어야 두루말이 몇개씩은 가지고 갔다.

규방가사는 조선 녀성들이 장구한 세월을 두고 축적한 지식과 경험과 인생관의 문학적 표현

六一三

으로 되다. 봉건 녀성들이 한문으로부터 제외되였다 하더라도, 여기에는 설혹 막대한 교양들이 안받침 되여 있었다. 한(漢)나라 때의 반고(班固)의 녀계(女誡), 당나라 송약초(宋若昭)의 녀론(女論)이며, 명나라 왕절부(王節婦)의 녀범(女範)과 문황후(文皇后)의 내훈(內訓)이며, 리조성종 때의 인수왕후(仁粹王后)의 내훈(內訓)과 영조 때의 녀사서(女四書)등이 실로 실천을 겪은 생활내용으로 되여 있었을 뿐만 아니라, 사서삼경, 제자백가서까지 폭넓어서적까지 광범하게 섭투 흡수되여 있음을 알게 되다. 다만 그것이 재주로써 발표될 기회가 적었을 따름이였다. 그러기 때문에 동국여지승람(東國輿地勝覽) 선산(善山)조에 『밥 짓는 지어미도 능히 시를 하며 방아를 찧는다』라고 하였다.

그러나 계녀가의 특징은 고사나 옛이야기를 들어 과장하는 번문욕례의 내용을 삼가하면서 실제적인 교훈을 세련된 당시의 도덕적 품성과 애틋한 애정으로써 다듬었는 예가 있으며, 그것이 생활과 유리되지 않고 바로 생활의 교과서라는 점에 있었다. 그런 까닭에 규방가사는 조선 봉건 녀성들의 문학으로서 오래 계승되였으며 녀성들이 쌓아 올린 문화재산의 커다란 일부로 되고 있다.

자녀자정　　　바이 없어

범사에　　　　등한하고

내본래　　　　소루하야

아해야　　　　물어바랍.

―――――――――

내…신부의 어머니를 말한다.
소루(疎漏)…조심과 주의가 모자라는 것.
범사(凡事)…온갖 일
등한(等閒)…주의 돌리지 않고 무심한 것.
자녀자정(子女慈情)…자식에 대한 인자한 애정.
바이없어…진혀 없어.

오남매	너하나를
십칠년	생장토록
일언반사	교훈없이
자행자장	길렀으니
견문이	바이없어
일무가관	되얐으니
년기장성	하얐으매
매작이	구혼하니
울산산성	염씨댁에
길연이	거기런가
김벌도	좋거니와
문벌이	장하시고
가법이	인심인물
층층분	칭찬하리
뉘아니	과협하야
사섬에	결낙이라。
일언에

오남매(五男妹)…아들 딸 형제가 다섯인 것。
너하나 단자식은 너하나뿐。
일언반사(一言半辭)…한마디의 말。
자행자장(自行自長)…마음대로 교양없이 자라는 것。
견문(見聞)…지식。
일무가관(一無可觀)…하나도 보잘 것이 없는 것。
년기장성(年旣長成)…나이가 벌써 들어 다 자란 것。
매작(媒酌)…혼사를 중매하는 사람。
울산산성(蔚山山城)…경상도 울산。울산에 왜적을 막기 위하여 산 우에 쌓던 산성이 있다함。『산성』은 적을 막기 위하여 산 우에 쌓은 성이。
길연(吉緣)…좋은 인연。
문벌(門閥)…대대로 내려 전하는 그 집안의 지위와 지체。
가법(家法)…그 집안의 메법과 규률。
장(壯)하시고…엄숙하시고。
층층(層層)분…이미 들아가거나 또는 살아 있는 부모 조부모 증조부모 치오르는 역대의 어른분。
사심(私心)에…내 마음에。
과협(過浹)하야…아주 만족하여。
결낙(結諾)…승낙, 허락하는 것。

,무오지월   념륙일에
 도요지절   쇠였구나
전안청에   빈주석에
현서를   맞아보니
표연한   저거동이
계군에   서봉일세。
심충개제   군자태오
공명헌달   부귀상이
택서고망   맞쳤으나
의기가인   어찌할고
내념에   생각하니
좋은중에   격정이다
너비록   미거하나
자질이   방사하니
교훈이나   하여볼가
오날날   하난말이

무오지월(戊午至月)…무오년 동짓달。
념륙일(念六日)…二十六일 이후, 그믐은
하고, 보름은 망(望), 十일 이후는 순(旬), 초하루는 회(晦)다
도요지절(桃夭之節)…혼인할 때。
전안청(奠鴈廳)…혼인식에 신랑이 부부화합을 빌기 위하여 기러기
를 「전안」은 신부집에 갖이고 가서 상에 놓고 재배하는 텟석。
빈주석(賓主席)…손님과 주인의 자리。
표연(飄然)…사위。
계군(鷄群)…닭의 떼。여기서는 뭇사람의 뜻에서 소인들이라는 뜻이 된다。
서봉(瑞鳳)…상서로운 봉새。여기서는 군자라는 뜻이다。
심충개제(沈冲愷悌)…침착하고 화락한 것。
내념(內念)…속마음。
택서고망(擇壻高望)…사위를 가리는 높은 희망。
의기가인(宜其家人)…시집사람들에 화순하다는 뜻으로, 시집살
이를 말한다。
미거(未擧)…사리에 암둔하고 몽매한 것。
자질(姿質)…타고난 성품。
방사(倣似)…방불 근사하다는 뜻도 있으나, 여기서는 무던한 것
을 말한다。

녀해듣기

인성이 본선하니
깨처나면 되나니랑
고사에 실린말삼
력력히 있건마는
장황하야 다못하고
대강으로 기록하니
자세히 들어두고
명념하야 잊지말아
태임태사 착한사적
만고에 유훈이오
그나문 녀중군자
녀자중에 몇몇인고
지금도 짐작하면
옛사람 뿐이로다
인문이 생긴후에

꿈같으나

인성(人性)…도학자가 말하는 사람이 타고난 천성이라는 뜻。

본선(本善)하니…본래 착하니。

력력(歷歷)히…수다스럽고 긴것。번거로운 것。

장황(張皇)…뚜렷이。

명념(銘念)하야…마음에 색겨。

태임태사(太姙太姒)…태임은 중국 주(周)나라 왕계(王季)의 비(妃)요 문왕(文王)의 모이며, 태사는 문왕의 비현비(賢妃)의 모범으로 불리웠다。

사적(事蹟)…남겨는 사실。

유훈(遺訓)…남겨준 가르침이요。

그나문…그 의외。

녀중군자(女中君子)…녀자중의 군자。

인문(人文)…인물과 문물이나 여기서는 곧 문물제도를 말한다。

六一七

오륜이 쫓아나니
규중에 녀자로서
다 알수야 있나마는
철거지악 옛법이라
삼종지도 모를소냐
그중에 사친지도
백행중에 으뜸이라
효자의 애일지심
백년이 순식이니
순식간 사친사를
일시인들 잊을소냐
온공이 뜻을두고
지성으로 봉양하되
혼정신성 석달사관
대체로 하련마는
사실이 있으나마

오륜(五倫)…부자(父子) 군신(君臣) 부부(夫婦) 장유(長幼) 붕우(朋友) 사이의 도덕.

칠거지악(七去之惡)…처(妻)를 쫓는 일곱가지 조목. 즉 시부모에 불순할 때, 자식을 못낳거나, 행실이 음탕한 것, 질투가 심한 것, 중한 병을 가진 것, 구설(口舌)이 사나운 것과 물건을 훔치는 버릇이 있는 것을 말한다.

삼종지도(三從之道)…어릴 때는 부모를 쫓고, 시집 가서는 남편을 쫓고, 남편이 죽은 후는 자식을 쫓는 것을 말한다.

사친지도(事親之道)…부모를 섬기는 도덕.

백행중: 百行中.

애일지심(愛日之心)…세월을 아끼는 마음. 즉 부모가 늙는 것을 안타깝게 여기는 마음.

순식(瞬息)…잠간 사이.

사친사: 事親事.

온공(溫恭)이…온순하고 공경하는 것에.

혼정신성(昏定晨省)…아침 저녁으로 부모께 문안드리는 것.
석달사관…석달 동안 시부모를 섬기는 일을 말한다. 혼인 후 몇달 동안 부부가 떨어져 살다가 신부가 신행하여 석달 동안 시집 살이를 하고 그 후에 근친 간다.

사실(事實)이…사정이.

냉철없이 잊지말고
자주자주 나아가서
기운을 살핀후
안색을 화케하며
소리를 낯초와서
문안을 드린후에
식음을 문자오며
잠죽히 기다려서
묻는말삼 대답하고
음식을 공궤하되
구미를 맞초와서
찾기를 기대말고
대맞초와 드리오며
없다고 칭탁말야,
성효가 지극하면
어름속에 리어나고

―――――――――――――――――

냉철없이…아주 깜박.
기운…기색(氣色).
확(和)케…부드럽게.
잠죽히…말없이.
식음(食飮)…먹는 것과 마시는 것.
공궤(供饋)…바치는 것.
기대(期待)말고…기다리지 말고.
칭탁(稱託)…구실. 핑계.
성효(誠孝)…참된 효성.
어름속에…왕상(王祥)이는 극진한 효자로서 부모가 병이 나면 옷을 벗지 않고 시중을 하였다. 어머니가 병중에 있어 (鯉魚)가 먹고 싶다 하니 추운 겨울에 옷을 벗고 얼음을 깨뜨려 고기를 구하니, 그 효성에 감동하여 얼음이 전로 갈라져 있어 두마리가 뛰여 나왔다 한다.

설중에도 죽순이라,
의복을 받드오되
한서를 살펴봐서
철철이 때를찾아
생각전에 바치오며
품맞고 기리맞기
일념에 조심하고
기운이 첨상되야
환후가 계시오면
황황한 이모양이
주야에 전읍이랑
잠시도 잊지말고
탕로를 친집하며
급한중 정신차려
약물을 조심하랑
효성이 극진하면

설중(雪中)에도…맹종(孟宗)이란 효자가 있었는데 어머니가 죽순(竹筍)을 좋아하여 한겨울에 죽순을 구하지 어가 죽순을 찾으니 맹종이 대밭에 순이 돋았다 한다.
한서…寒暑.
일념(一念)에…전심으로, 한마음으로.
첨상(添常)…예사롭지 못하고 덧붙는 것.
환후(患候)…몸병.
황황(惶惶)…놀라 어쩔줄 모르는 것.
전읍(煎泣)…걱정하여 우는 것.
탕로(湯爐)…약을 달이는 화로.
친집(親執)…손수 들고 일하는 것.
약물…藥物.

복상어　퇴신후에
　명신와　갈삼기든
　안색도　화케하며
　몸수렴도　있삽거든
　시키신일　하나니랑
　물러가　
　동동촉촉　조심하야
　민첩키를　생각하며
　하다가　
　다시금　의커던
　불안키　사려하되
　　　　알지말고
　자망으로　하지말아
　내난것이　자망이오
　내난것이　병통이랑
　먹던술도　떨어지니
　아난길도　물어가랑。

　복상(復常)…회복하는 것。
　갈삼거든…갈으시거든。
　몸수렴(收歛)…몸차림。
　있삽거든…으시거든。
　민첩(敏捷)…빠른 것。
　동동촉촉(洞洞燭燭)…매우 조심하는 모양。
　진작…바로。
　의(疑)커던…의심이 있으면。
　사려하되…사뢰되, 묻되。
　불안(不安)…미안케。
　자망(自妄)…잘난체 하며 버릇없는 것。
　내난것…제가 젠체 하는 것。
　술…술가락。

꾸중이 나리거든
황공히 들어보면
무비다 교훈이와
교훈없이 사람되랴
그러거든 발명말고
속히 차퍼하되
두번허물 개파하여
한두번 첫지말아
홈면일도 글러지고
한두번 율운뒤는
용서가 쉐우니라
한두번 자정으로
하해같은 하시거든
사랑을 자정하야
더구나 감격하야
다시금 존심하랑

황공(惶恐)히… 공손머요
무비(無非)다… 다 아닌 것이 없단말
교훈: 敎訓
발명(發明)… 변명
자퍼(自퍼)… 자퍽
개과(改過)… 잘못을 고치는 것
하해(河海)같은… 바다와 같이 넓은
자정(慈情)… 인자한 마음

쓰시난 기물등도
애중히 녀기거든
하물며 친동기야
부모일신 갈났으니
그아니 관중하며
그아니 친애할가
소소한일 허물말고
내도리나 극진하면
남이라도 화합커든
동기야 이를손가
형제가 기흡하번
화락차담 하나니하
인간에 우애보전
내간에도 해였으니
우애가 끊어지면
화기가 다시없어

기물(器物)ː 그릇, 기명.

친동기(親同氣)ː 친 형제.

관중(關重)하다ː 관계가 깊다.

친애ː 親愛.

이를손가ː 말할 겻이 잇겟는가.

기홉(旣翕)ː 화합하는 것. 의가 좋은 것.

화락차담(和樂且湛)ː 화락하고 즐거운 것. 시전(詩傳) 소아(小雅) 편에 『처자가 호합하기 금슬을 고루는 것갈고 형제가 화합하여 화락하고 즐겁도다.』(妻子好合 如鼓瑟琴 兄弟旣翕 和樂且湛)라 하였다.

우애보전(友愛保全)ː 형제 사이의 애정을 지키는 것.

내간(內間)ː 집안 녀자.

가도가 비색하면
그아니 한심하랴.
일척포 일승곡을
있는대로 갈라하고
우애만 생각하니
재물을 의론말아.
재물끝에 의상하면
형제가 남과같다.
천륜으로 생긴우애
나날이 숫아나니
형우제공 각각하면
목족도 되리니와
차차로 추원하면
봉선지심 절로난다.
례수를 다알소냐
칭가유무 형세대로

비색(否塞)……막히는 것.

일척포(一尺布)……한자의 베니, 적은 베.
일승곡(一升穀)……한되의 곡식이니, 적은 량식.

의론(議論)……서로 따지는 것.

천륜(天倫)……부자 형제의 도.

형우제공(兄友弟恭)……형은 사랑하고 아우는 공경하는 것.
목족(睦族)……일가가 화목하는 것.
추원(追遠)……조상을 따르는 것.
봉선지심(奉先之心)……조상을 존경하는 마음.
례수(禮數)……여러가지 례절.
칭가유무(稱家有無)……집안 살림의 형편.

제일이 당하거든
전기에 조심하야
의복을 씻어입고
재계를 정히하되
부정지색 보지말고
부정지성 듣지말고
갓가지 제수등물
정결토록 조심하야
한가지나 잊일세랴
차차로 생각하야
정성이 지극하면
군고처창 그가운데
선도가 흠향하고
여음이 있나니라
조선의 기천문호
그아니 극중한가。

천기(前期)에…미닥, 앞서。

재계(齋戒)…부정을 피하고 몸을 깨끗이 하는것。

부정지색(不正之色)…좋지 못한 색。

부정지성…不正之聲。

제수등물(祭需等物)…제사에 쓰는 음식물。

정결(精潔)토록…정하고 깨끗하도록。

잊일세랴…잊을가 두렵도다。

군고처창(君臯悽愴)…슬프게 향불이 라오르는 것。

선도(神道)…신을。

흠향(歆饗)…귀신이 제물을 받는 것。

여음(餘蔭)…선조의 보호하는 덕。 조상의 공덕으로 인하여 받는 복。

기친…뒤 물린。 남겨준。

六二五

문호를 수호하며
접빈객 잘할세라.
외당에 통기있어
손님이 오시거든
없다고 눈속말고
있난것 사념말아.
반가움 볼지라도
조심을 다시하여
반찬이 유무간에
도라가 대접하며
먹도록 홍문인사
아모첩 아모댁이
안흡세도 없거니와
밖에서 생색이라.
접빈객 하자하면
사령없어 되겠냐o

문호(門戶)…집안.
접빈객(接賓客)…손님 대접.
잘할세라…여기서는 잘하여다.
외당(外堂)…바깥사랑.
눈속말고…눈을 속이지 말고.
사념(邪念)말아…아끼지 말고
반(盤)가음…밥상에 차릴 음식.
볼지라도…만들지라도.
공론인사(公論人事)…비평하는 탓.
안흡새…집안 부인이 가진 허물.
생색(生色)…낯을 내는 것. 면목.
접빈객(接賓客)…손님 대접.
사령(使令)…선부름군.

비복은 사령이라,
수족과 같은이랑
귀천이 다르나마
그도또한 혈류이니
살들이 거두우되
은위를 병시하랴
위엄이 지중하면
충성이 절로없고
은애를 과히하면
버릇없기 쉬우니랑
의식을 살펴보와
기한이 없게하며
외심커든 쓰지말앙
시킨후에 의심말앙
랑반이 의심하면
수일눈을 드나니랑

비복(婢僕)… 남녀종.
수족…手足.
혈육(血肉)…자기가 낳은 자식. 여기서는 한집안 식구.
은위(恩威)…은혜와 위엄.
병시並施…함께 베푸는 것.
지중(至重)…여기서는 매우 장한 것. 무거운 것.
수일눈…틈만 있으면 수이자는 마음.

죄가있어 구짖어도
사정을 촌탁하야
위령을 새우나마
의리로 타이르면
감복도 하려니와
위우가 없나니라
인간에 대부귀난
운수에 관계하나
안치산 잘못하면
손핸들 없을소냐
근검이 으뜸이나
일바가며 할것이며
절용이 좋다해도
쓸때야 안쓸소냐
범백을 묘량하야
중도에 맞게하라.

촌탁(忖度)…헤아려 참작하는 것.
위령(威令)…위엄이 있는 명령.
위우(危虞)…뒷걱정.
안치산(治産)…부인의 살림살이.
근검(勤儉)…부지런하고 아끼는 것.
절용(節用)…절약하여 쓰는 것.
범백(凡百)…온갖 일.
묘량(料量)…생각하는 것.
중도(中道)…지나치지도 않고 모자라지도 않는 알맞은 목티.

못할일을 한다하면
남에게 천히뵈고
쓸때쓸 아니쓰면
남에게 득담한다.
조션의 셰젼지업
한푼인들 허비하며
근로이 지은농업
일렴인들 허용할가
직임조슌 주식시의
녀자의 본사로다
치산에 쓰난기물
졔자리에 졈해두고
문호를 단속하며
실당을 졍히하랴
여인수작 할지라도
언어를 조심하랑.

득담(得談)…비평을 듣는것.

셰젼지업(世傳之業)…대대로 물려온 가업.

근로(勤勞)이…부지런히.

일립(一粒)…한톨.

허용(虛用)…낭비.

직임조슌(織紝組紃)…길쌈하고 신을 짜는 것. 내측(內則)에 「녀자는 십년에 문밖에 나가지 않고 직임조슌 녀사(女事)를 배워 의복을 이바지한다」라 하였다.

주식시의(酒食是議)…주식을 마련하는 것.

실당(室堂)…방과 마루.

여인수작(與人酬酌)…사람을 응대, 교제하는 것.

남의흉이　한가지면
내흉이　몃가지냐.
착한사람　본을받고
흉한사람　경계하던,
그중에　사장있어
내사람　느나니랑
부녀의　본성품이
편협하기　쉽사오니
일시에　못참은말
후회한들　미칠소냐.
참기를　위주하고
속녀르기　힘을써라.
차차모　행해가면
그것도　공부되야
천성도　고치거든
허물이야　짓겠나냐.

사장(師長)…선생.
내사람, 내사람점이, 때 인품이 느나니라…훙아젼당.
본성품(本性品)…본배 가진 성질.
편협(偏狹)　속이 좁은 것.
일시(一時)　잠시.
위주(爲主)하고　수로 하여.

천성(天性)…타고난 성질.

매사를 당하거던
식사를 하지말고
진정으로 하여라。
식사(飾詐) 헛일이라
남부터 먼저아니
무색하기 칙량있나。
기림이 중다하나
기림끝에 흠이있고
그것이 설다하나
훼언이 사장이랑
다시사 내알아서
훼언이 명념하면
부녀소리 높이하면
가도가 불길하니
빈계신명 옛경게는

매사(無事)…모믄 일.
식사(飾詐)…꾸며서 말하는 것.
무색(無色)하기 얼굴없기 부끄럽기
기딥…칭찬.
훼언(毀言)…남을 비방하는 말.
다시사…다시야
명념…銘念.
사장…師長。
자책(自責)…스스로 꾸짖는 것。
예언(譽言)…칭찬하는 말.
빈계신명(牝鷄晨鳴)…암닭이 새벽에 우는 것。즉 내주장 서전(書傳)에 『암닭이 울면 오직 집안이 망한다』다 하였다。

규범에 관계되니
진선진미 못할망정
유순하기 으뜸이랑
주궁휼빈 하난도와
시혜보은 하난일은
옛부터 적선지가
차례로 할탓이라
어른의 관계있나
네게야
봉양군자 하난도와
교양자녀 하난법은
녀의듬기 수괴하야
아죽이야 다못할다
녀사람 무던하니
허다한 경계지언
이만이만 뿐이로다.

규범(閨範)…녀자의 도리.
진선진미…盡善盡美.
유순…柔順.
주궁휼빈(周窮恤貧)…궁하고 가난한 것을 도와주는 것.
시혜보은(施惠報恩)…은혜를 배풀고 은혜를 갚는 것.
적선지가(積善之家)…착한 일을 하는 집안.
차례(次例)…로 대대로 전래하는.
규범(規範)…법적. 판습.
봉양군자(奉養君子)…여기서는 남편을 섬기는 것.
교양자녀(敎養子女)…자식을 기르는 것.
수피(羞愧)…부끄머움.
너사람…네가 사람됨이.
경계지언(警戒之言)…타일머 깨우치는 말.

【김삼불

석별가

석별가(惜別歌)(一)의 리별은 리별 일반을 두고 말한 것은 아니다. 나어린 신부가 정든 친정을 떠나가는 설음의 리별이며, 보내는 사람들의 타이르는 리별이며, 석별가(二)는 정든 남편과 떨어져 있는 외로운 리별이며, 이러한 리별들은 봉건 녀성들이 의례히 겪어야만 되는 그들의 독특한 사건이였다. 리별은 생활에 변동을 수반했다. 때문에 리별에는 감정이 격동하였고 석별가에는 짙은 서정이 흐르고 있다.

석별가 (一)는 주로 성례 이후 신행날까지의 작자의 신행 준비와 신행날 친정 식구와의 리별을 그린 것으로, 경상도 영일 흥덕 지방에서 창작된 것으로 믿어지는 사본과 중앙인서관본가사집의 석별가를 합친 것이다. 『이팔광음 다닥치니 성인이 되단말가』를 본다면 작자는 열여섯에 성례를 하였고, 『이십년 노던인정』이 보여주는바 성례후 사년만에 신행을 하여, 『신행갈동무들아 석별가 들어보소』라는 본 가사를 지은 것같다. 그런즉 석별가는 수물한 두살난 신부들의 창작 력량을 뵈여주는 데서 당시의 규방가사의 높은 수준을 방정한다.

작자는 봉건 사회의 남존녀비 사상과, 봉건 신분제도의 당연한 귀결인 『사돈결혼』이 가지고 있는 모순을 섬세한 붓끝으로 옮기고 있다. 『발모르고 보선깁고 품모르고 큰옷할제 이러하면 맞으실가 저러하면 실수될가 남의 성품 내모르고 성문고안 치소될가」 작자는 보지 못한 시부모며 속 모르는 남편의 옷을 지으면서 이렇게 마음을 조이면서, 「꿈결에나 보았든가 평생못본 남의 집에 택녀살기 기약하녀」에서는 봉건적 결혼 양식에 대한 비판적인 자기 태도를 분명히 하였고, 「가 소롭다 녀자행지 고법이 무엇인고」라는 데서 작자는 적어도 당시의 결혼 제도에 대한 자기의 결 론을 내리고 있다. 신행리별이 서러운 것은 바로 이러한 모순들이 안받침되였기 때문이였다. 녀성들은 봉건 신분제도의 무거운 행차칼을 부당하게도 목에다 걸어야 하는 죄인의 한 사람이였 다. 그것은 다만 녀성이라는 생리적 조건이 받는 성적 박해였으며 성적 질곡이였다. 아직 녀성 들의 사회적 진출이 없는 봉건사회에서는 그들의 서러움과 탄식을 짜아낸 박해는 주로 가정적인 범위에서 모순이 심각해졌다. 모순이 있는 곳에 비판이 없을 수가 없으며, 비판은 곧 한개의 투 쟁으로 된다.

그러나 작자가 보여준 『따라서 규방가사에서 반영된 모순의 적발은 그것이 지극히 체념적이 탄』데서 특징적이다. 불합리한 것에 대한 적극적인 투쟁의 방향에서가 아니라, 그것을 시인하는 기초 우에서 생활의 태도를 그것에 복종시키는 데 있다. 이것이 바로 봉건적 부도(婦道)였다. 신 행리편에서 신부에게 주는 어머니와 제숙(諸叔), 제형(諸兄)의 간곡한 부탁은 바로 이러한 것의 세련된 경험과 순박한 애정적 표현이다.

이러한 점에서 석별가는 계녀가와 짝을 이루고 있으며, 계녀가에 비하여 대조적인 내용을 담 고 있다.

석별가(二)는 남편을 멀리 두고 두해동안 빈방을 지키는 부인이 『보경을 열고보니 부용안 색 초췌하다 부빔밥 즐긴성정 밤에두리 먹고지고』라는 외롭고 다정한 회포로써 엮은 가사다. 본

가사의 형식은 규방가사의 일반 형식이 아닌 가요형식을 취하여, 전편은 八련으로 구성되였으며, 一련은 三장으로 되고, 一장은 四구로써 형성되고 있다. 여기서 구라는 것은 三四조 또는 四四조에 있어서의 기본 단위인 三음절 혹은 四음절을 의미한다.

석 별 가 (一)

신행갈 동류들아
석별가 들어보소.
인간세상 슬픈것이
리별바께 더있난가
리별중에 설은것이
생리별이 제일일세.
부모은덕 자중하나
리별하면 그뿐이오
동류정애 자별하나
리별하면 다잇나니

신행(新行)…혼인할 때 신랑이 신부집에, 또는 신부가 신랑집에 가는 것이나, 여기서는 신부가 시집에 가는것을 말한다.
동류(同類)…동무.
생리별(生離別)…서로 살아 있으면서 리별하는 것.
지중(至重)…매우 무겁고 큰 것.
자별(自別)…남 다른 것.
동류정애 同類情愛.
다잇나니…다 잇고 마느니라.

이십년 노딘인정
일조에 끊단말가
부모골육 같이타서
세상에 낳것마는
술하에 자라나서
남녀소처 판이하다
남의견문 다못보고
심규에 가처앉아
의복음식 잔물물을
력력히 다추다가
세월이 여류하야
이팔광음 다달히니
옛법을 좇았어라
성인이 되단말가
무심한 남자들은
성인하면 좋다하나

일조(一朝)…하루 아침.
부모골육(父母骨肉)…부모의 뼈와 살.
술하…膝下.
남녀소처(男女所處)…남녀의 처지가.
전문·見聞.
심규(深閨)…깊은 안방.
잔물물…잔일에 골물하여 애를 쓰는 것. 잔일.
다추다가…다 줘다가.
이팔광음(二八光陰)…열여섯 살. 다달히니…이르렀으니, 닥쳤으니.
옛법…여기서는 결혼.
성인(成人)…어른. 내측(內則)에 『시집가 성인이 되다』란 말이 있다.

녀자골몰　생각하니
춘하추동　사시절에
정성하기　골몰이오.
토수보선　줌치등을
잔일하기　골몰이오.
그중에　여가나면
제옷하기　분주하다.
일년이　다가도록
마음피고　놀때없네.
한식과　단오절은
충총히　지나가고
추석중구　세시때난
몽중에　의회하다.
평생에　질기던일
옻과척사　아니련가
우리언제　종용하야

녀자골몰…녀자가 겪는 애쓰는 일들. 즉 시집살이.
정성(精誠)하기…나이 어린 신랑과 신부는 결혼 후 일년동안은
　따로 떨어져 산당, 이때 신랑집에서는 신부의 옷감을 보내고,
　신부집에서는 시랑집에 의식을 만들어 보낸다. 이것을 정성이
　라 한다.
줌치…주머니.
분주…奔走.
한식(寒食)…동지 후 백오일이 되는 날. 이날 산소에 가 제물을
　받는다.
단오…端午.
추석중구(秋夕重九)…한가위와 구월구일.
세시(歲時)때…명절 날—
의회(依稀)…어렴풋하고 희미하다.
옻과 척사(擲柶)…원래는 옻은 콩짜개나 나무로 만들어 콩지에
　넣어서 노는 것이고, 척사는 나무가지로 길게 만든 것을 말
　하였으나 지금은 구별이 없다.

셜 노름할고

삼오이팔   처녀들아
녀해부대   잘놀어라
아해때   못다놀면
성인한후   여한이당
동지섣달   긴긴밤에
밤새로록   잠못자고
삼사월   긴긴해에
해지도륵   일을하나
일도일도   많을시고
신행젼일   하도많당
하노라   하여내도
어데서   솟아나고
마음시기   어렵도다
발모르고   보선깁고
품모르고   큰옷할제

삼오이팔(三五二八)…즉 십오륙세쯤 되는 나이.
녀해…녀회글.

여한(餘恨)…풀지 못한 원한.

신행(新行)…결혼한 녀성 시댁에 처음으로 가는 것.
하도많다…너무도 많다. 많기도 많다.

마음시기 마음을 쓰기.

큰옷 웃옷.

이러하면 맞으실가
저러하면 실수될가
남의성품 내모르고
성문고안 치소될가
허다한 바느질을
근근히 거진하고
룡문을 열고보니
할일또 새로있다。
명주비단 고운가음
누비질 언제하며
백토황토 장찬가음
푸세다듬 뒤가할고
춘추복 누비할제
열손가락 다과이고
동하복 다듬할제
누팔이 휘절린다

―――――――――

실수 失手。
성품 性品。
성문고안(盛門高顔)…시집을 존대한 것으로, 번창한 집안의 높은 감상(感賞)이라는 뜻이다。
치소(嗤笑)될가…웃음 가음이 된가
근근(勤勤)히…부지런히。

고운가음…고운 옷감。

백토황토(白土黃土)…힌 무명과 누런 무명。
장찬가음…길고 많은 옷감。
푸세다듬…풀멕이와 다듬질。

다과이요…바늘에 찔리는 것을 랍한다。

휘절린다…매우 저리다。

六三九

귀찮하고 피로워라.
명생이 얼마되리
내사싫다 놀고보자
아니하면 그뿐이지.
제바람에 성이나서
울며불며 다니다가
상방에 들어가서
방문을 닫아걸고
이불을 덮어쓰고
적막히 누웠으니
물어도 말이없고
불러도 대답없네.
다시금 생각하니
내목숨 죽기전에
일못하고 어찌하리
이리해서 아니된다.

제바람에…제풀에.
상방(上房)…안방.
물어도…여기서는 딴 사람이 걱정을 하고, 주인공에게 묻는 것
이당.

왈칵이 일어앉아
이문저문 열어놓고
이롱저롱 찾아낼제
침척이 어디갔노
상하의복 말라보세
인도전도 찾아내서
여기저기 던져놓고
중침세침 가래내서
이실저실 꿰여놓고
류록이며 진홍이며
척수맞게 지어두고
당홍이다 반물이다
주름잡아 하여낼제
우리자모 거동보소
자랑으로 하신말삼
기절하고 이상하다

왈칵이…왈칵.

침척(針尺)…옷감재는 잣대.

말라보세…말라보셍. 옷감을 재단해 보셍. 여기서는 지어보셍.

인모전모(引刀剪刀)…인두와 가위.

중침세침…中針 細針.

류록진홍…柳綠眞紅.

척수…尺數.

반물…검푸른 하늘색.

자모(慈母)…사랑이 깊은 어머님.

기절(奇絕)…썩 훌륭한 것.

우리규수 기특하다。
한집안에 생장해도
너의수품 내물랐네。
깃달이 불작시면
반달체로 너즉달고
앞뒤가 깐중하다。
도련을 살펴보니
한일을 무고보면
열일을 안다하니
깃도련이 저만하면
다른것사 갑으리라。
너의일 다한후에
여러동류 한가커든
추월춘풍 좋은때에
외갓노룸 시켜주망
가소룹다 녀자행지

규수(閨秀)… 여기서는 한의 아어(雅語)。

수품(手品)… 솜씨。

깃달이… 깃을 단 것。

반달체… 삼月體。 너즉달고 훈농히 달고。

도련… 치마에 밭아 나타나는 저고리의 아래선。 깐중하다… 가지런하다。

다른것사 다론것도。「사」는 강세어미。

깃도련: 깃과 도령。

주월춘풍… 秋月春風。

녀자행지(女子行止) 녀자의 행동。 거동。

고법이   무엇인고。
신행날   받아오니
나의마음   어떠터냐。
처음에난   좋은듯이
저일에   끌끌하야
분수를   모르다가
받은날이   가즉와서
신행을   생각하니
비희가   상반이랑
부모동기   삼사촌이
늘인닷이   군게있고
제종동류   누던이난
좌우에   버렸는대
천밀은정   다떨치고
내어떼로   가잔난냐。
가즉하면   동향이온

고법(古法)… 옛법식。
신행(新行)… 결혼한 녀성이 시댁에 처음 가는 것。
끌끌… 汨沒。
분수(分數)… 분간、 도리。
가즉와서… 가까이 되여서。
비희… 悲喜。
상반… 相半。
제종(諸從)… 사촌(四寸)、 륙촌(六寸)、 팔촌(八寸)의 자매들을 가리킴。
친밀은정(親密恩情)… 친밀한 은혜와 애정。
가즉하면… 가까우면。
동향… 同鄕。

멀리가면　타향이랑
동향이나　타향이나
길떠나기　일반이니
꿈결에나　보았던가
평생못본　남의집이
백년살기　기약하네
어찌할고　어찌하리
부모리별　어찌할고
수십년　기룬은덕
무엇으로　갚사오리
엄부본태　대범하사
한말삼도　아니시고
자모난　성약하야
나물　위로말이
출허말아　설워말아
녀자유행　예사로다。

기약：期約。
남의집이…남의 집에。
기둔은덕…긷너 주신 은혜。
갚사오리…갚아 드릴 것인가。
대범(大凡)…잘지 않고 속이 큰 것。
아니시고…아니하시고。
성약(性弱)…성품이 약한 것。
위로(慰勞)말이…위로하는 말씀이。
설허…슬퍼。
설워…서머워。
녀자유행(女子有行)…녀자의 시집가기。

조이가서 　 잘있거라
내수이 　 다녀오망
너물후처 　 보낸후에
앞이비여 　 어찌할고
어말삼 　 둘을적에
내마음 　 어떨손고
오내가 　 분봉하야
촌촌이 　 끊어진다
심신을 　 천정하야
눈물로 　 하난말이
어마어마 　 생각하소
저갈은것 　 자식인가
꿀몰만 　 기쳐주고
효양한번 　 못하다가
일년이나 　 반년이나
모녀각각 　 훌어지니

조이: 잘。

후쳐: 놓아。쫓아의 뜻도 있다。

어떨손소: 어떨것인가

오내(五內): 오장(五臟)。
분봉(分崩): 끊어져 허물어지는 것。

심신(心神): 정신。

어마: 어머니의 사무리。

꿀물(泊沒)여기서는
기쳐주고: 깨쳐주공。

효양: 孝養。

일년이나 반년이나: 석달사관의 삼개월을 과장한 것。

잘기시오 잘기시오.
어마부대 잘기시오.
명년춘 꽃피거든
부대수이 달려오소.
잔인하다 동생들아
소매끝 부로면서
형아형아 마주잡고
수이오라 우난거동
차마어이 흘어질고.
들아래 노복들아
두로다 잘있거라.
원집안 전후면을
다시한번 둘러보고
동류리별 다달으니
어렵고도 애탑도다.
연제다시 모혀놀고

잘기시오: 잘 게시오.
달려: 다리며.
잔인(殘忍)하다…여기서는 불상하다. 가엾다.
노복: 奴僕.
두로다…두루. 모두.
전후면(前後面)…앞결과 뒷결.
동류리별…同類離別.

치마폭 다첫난다.
아자매야 형님네야
잘있다가 수이보자
우리동류 동갑들아
셰시편윷 언제놀리
나오거든 편윷노쟈
어난봄에 화전하리
나오거든 화전하쟈
갑작이 눈물뛰고
일어앉아 하난말이
제숙주 제가형아
면면이 각각불러
련연한 가는소리
온근히 계유내셔
날찾으소 날찾으소
부대수이 날찾으소。

아자매…아주머니。

셰시편윷…졍월 명졀에 편을 갈나 노는 윷。

어난봄에…어느 봄에。

화젼(花煎)…화젼놀이。 봄에 산에 가 화젼을 붙여 먹으면서 놀음。 화젼은 찹쌀가루에 진달쎄를 셕어셔 구운 지짐。

갑작이…눈물을 뛧고 졍졔하는 모양。

졔숙주(諸叔主)…여러 아져씨。 졔가형(諸家兄)…여러 오빵。

면면(面面)이…얼굴마당 여기셔는 사람마다。

련연(連延)한…가늘게 이어 나오는。

계유…겨우。

과거행차
가난길에 날찾으소.
외가처가 다니거든
우리게로 지낼적에
잊지말고 날찾으오.
저소년들 거동보소
잘가거라 그말끝에
우리비목 무심하나
목석간장 아니어든
찾기야 찾지마는
부탁하오 부탁하오
시택살이 흉도많은
말도많고 부탁하오
시택사리 부탁하오
혼정신성 늦게하면
시부모 말할게요.

과거행차(科擧行次) 과거보러 가는 여행.
외가처가 外家妻家.
우리게로 … 우리가 사는 고장.
거동(擧動) 행동.
목석간장(木石肝腸) … 나무나 돌처럼 정이 없이 찬 마음씨.
시택살이 … 시집살이.
혼정신성(昏定晨省) … 아침 저녁에 부모님께 문안을 드리는 것.

반가음
　잘못하면
　흉할게요
노복이
　제사에
　부정하면
친척이
　말할게요
행동거지
　잘못하면
　흉할게요
마을사람
　언어조행
　불실하면
가장이
　성내나니
　조심하오
그대행실
　괴악하면
친가부모
　욕먹나니
　조심하오
부모욕뿐
　아니로다
　육이온다.
지친까지
　욕이온다
구고가장
　주장이오
유순하기
　반들적에
반가음
　　　　잔손일은

반(盤)가음…밥상 차리는 일.

노복:奴僕.

제사…祭祀.

행동거지(行動擧止)…몸가짐. 행지. 행실.

언어조행(言語操行)…말씨와 품행.

불실(不實)…진실하지 못한 것.

가장(家長)…남편.

피악…怪惡. 망칙하고 나쁘면.

지친(至親)…부모 형제의 사이. 여기서는 가까운 친척.

구고가장(舅姑家長)…시부모와 남편.

유순(柔順)…성품이 너그럽고 순한 것.

六四九

칠칠하기 주장이오
백사가   미련하나
참고있기 주장이오
애매한말 물으나마
발명할라 하지말고
즐거운일 불질라도
점잖잔히 걷지마소
백행에   조심하야
아모집   아모댁이
현철하고 유순하야
친가견문 녀녁다는
이소문이 차차나서
우리귀에 들리기가,
평생에   지원일세
듣고나니 교자든다
어화우리 동무들아

칠칠하기…녀녁하기
미친(未盡):다하지 못하고 나머지가 있는 것. 여기서는 속 시
    원하지 못한 것.
애매:曖昧.
발명(發明)…까닭을 밝히는 것. 변명.
걷지마소…하지 마시오. 구지마시오.
백행:百行.
격(宅):시집간 녀성은 그 분가의 소재지 명칭을 따서 아모댁이
    라고 했당.
현철(賢哲):현명하고 사리에 밝은 것.
견문(見聞)…보고 들은 교양.
지원(至願)…지극한 소원.
교자(轎子)…사람을 태워서 두 사람이 맞들고 가는 탈것. 가마.

이 리 별　　　　　　　　　　【김 삼 불】

어찌할고

석 별 가 (二)

가련한 임리별이
거년금년 돈절하다.
고은님 걸어두고
구정을 잊었도다.
그말이 무삼말고
가세가세 나도가세。
나죽으면 너못살고
너죽으면 내못산다。
노상행인 저문날에
루두망연 헛바라고。

가련(可憐)…불상한 것, 동정이 가또록 애석한 것。
거년(去年)…
돈절(頓絕)…시집은 이후 소식이 아주 끊어진 것。
고은님…새로 사랑하는 사람。
걸어두고。정을 둘여 두고。
구정(舊情)…옛날에 맺은 정 즉, 작자。
무삼말고…무슨 말인가。」
모상행인(路上行人)…걷손, 나그네。
무두망연(樓頭茫然)…다락에서 넋을 잃고 바라보는 모양。
헛바라고…헛되게 고대하고。」

느실느실 따훈머리
나의방에 혼자지네
다정한 상사몽은
덧없이 넘어간다
도화락일 적막한데
두견소리 뿐이로다
들어가든 임의방에
다시한번 들어갈가
날아가는 원앙새야
너와나와 동행하자
로류장화 꺾어쥐고
누를잡고 희롱할고
느실실 곱게핀꽃
나와너와 설게지네
다선령 마천령을
머다고 쉬었더니

상사몽(相思夢)…그리다가 못보아 잠결에 임을 만나는 꿈.
덧없이…허무하게.
도화락일(桃花落日)…복사꽃 시름겨운 봄날의 저녁무렵.
무견…杜鵑.
원앙새(鴛鴦鳥)…암 수컷이 항상 떨어지지 않는다는 의가 좋은 새.
동행…同行.
로류장화(路柳墻花)…여기서는 단순히 버들가지와 꽃. 또는 노는 녀자, 창기.
희롱…戲弄.
설게지네…섧게 지누나.
다선령, 동선령(洞仙嶺)인가, 황해도.
마천령(磨天嶺)…함경도, 단천동 동쪽에 있는 높은 재.

모춘삼월 저문날에
무정호접 뿐이로다
무내한 말이로다
마자그말 하지마장
바람불고 눈뿌릴때
덧이없어 더욱설다
보경을 열고보니
부용안색 초췌하다
밤에두리 즐긴성정
사시광경 다지내고
서산락일 단장시랑
소연장추 빈방안에
수원수구 내팔짜야
스사로 먹은마음
삼춘을 잇을소냐

모춘삼월(暮春三月)…봄도 저물어 가는 삼월달.
무정호접(無情蝴蝶)…무정한 범나비.
무내한…막무가내(莫無可奈)한, 속절없는, 어쩔 수 없는
마자그말…그말 말자의 전도.
설다…섭다.
보경(寶鏡)…좋은 거울.
부용안색초췌(芙蓉顔色憔悴)하다…련꽃같이 아릿답면 얼굴이 마르고 상하였다.
성정(性情)…성질.
먹고지고…먹고 싶구나.
광경(光景)…경치, 여기서는 겪는 일, 경험.
서산락일단장시(西山落日斷腸時)…해가 질 무렵 애가 끊어질 때.
소연장추(蕭然長秋)…쓸쓸하고 기나긴 가을밤.
수원수구(誰怨誰咎)…누구를 원망하며 탓하더오.
삼춘(三春)…봄석달.

아름답고　고운래도
어느덧에　늙었구나.
오동추야　성근비에
우는눈물　끝이없다.
은휘못할　기픈수심
아미에　결려있네.

어느덧에…어느 사이에.
오동추야(梧桐秋夜)…오동나무 잎사귀 떨어지는 가을 밤.
성근비에…무덕무덕 성글게 떨어지는 비.
은휘(隱諱)…꺼디여 숨기고 피하는 것.
아미(蛾眉)…녀자의 아름다운 눈섭.

【김삼불】

사 친 가

『사친가(思親歌)』에는 두 종류가 있다. 하나는 시집가는 녀자가 부모를 그리워하는 노래이며, 다른 하나는 달거리 형식으로 된 노래다.

전자 즉 다음에 실은 『사친가』는 량반 부녀자의 창작 가사다. 거기에는 압박받던 계층으로서의 녀성의 비애와 조선의 풍속 습관 등이 반영되여 있으나 그러나 유교 도덕을 긍정하고 거기에 복종하는 사상으로 일관되여 있다. 이것을 민요의 시집살이 노래와 비교해 볼때 민요는 시부모를 적대시함으로써 봉건적 가부장 제도에 반항하고 있는데 반해서, 이 노래는 시부모를 인자하고 리해깊은 인간으로서 묘사하고 있다. 그러나 『사친가』는 민요의 부요(婦謠)에 영향을 주었으며 그를 모방하여 부요는 보다 더 인민적인 『사친가』를 만들어 내였다.

【고 정 옥】

가소롭다   자소롭다
녀자유행   가소롭다

─ 녀자유행 · 女子有行. 녀성이 시집가는 것.

부모생각 못할러라…부모가 그리워 못살겠다.

부모동기…父母同氣。부모와 형제。

사려회중…思慮懷中。어머니의 끝없는 사랑 가운데서。

침선질…針線。바느질。

못할러라 못할러라
부모생각 못할려라。
전생에 무삼죄로
녀자몸 되여나서
부모형제 멀리두고
이십전 출가하야
부모동기 그리는고。
십삭을 배를빌어
사려회중 자라날제
아들딸 분별없이
마른자리 가려가며
치우면 치울세라
더우면 더울세라
륙칠세 되여가니
비단명주 침선질과
마포무명 물레질을

묘리있게 가르치고
저루미한 나의재조
선망후실 하것마는
꾸중한번 아니시고
구실같이 녀기시며
주옥같이 사랑하야
밥을조곰 덜먹어도
아모쪼록 먹게하고
잠울조곰 늦게자도
자조자조 풀어와서
수족도 만져보고
머리도 짚어보며
일어나라 하신말슴
어대가 아프느냐
기운이 피곤하나
얼골도 파리하고

선망후실 先忘後失。 잊음이 많한 정.

음식교차 아니먹고
십오십륙 자라나니
부모은혜 중한줄은
비로소 알것마는
갚기를 생각하니
호천망극 아니런가
북희씨 취답이
만복근원 례가있어
자식사랑 우리부모
어진사위 가릴랴고
좌우로 혼인하니
청도있는 밀양박씨
반벌도 좋거니와
가세도 풍족하다
부모도 가지롭고
랑재도 준수하다.

호천망극·呼天罔極. 하늘을 부르며 끝없음을 한탄하는 것.

복희씨…伏羲氏. 중국의 고대 전설적 제왕의 하나.

청도…淸道. 경상남도 지명.
밀양박씨…密陽朴氏.
반벌…班閥. 집안. 가문.
가지톱고…갖고. 다 살아 있고.
당재…郞材. 신랑의 재목.
준수…俊秀. 남보다 뛰여난 것.

가내도　　홍성하고
백사가　　구비하다。
청혼허혼　왕래하여
모월모일　택일하니
자정있는　우리부모
혼인안목　법이있어
꿀물근로　안생각고
명주비단　서양목은
침금의복　두일습과
휘양요강　반상기며
비단당혜　호관망을
색색이　　차려내니
녀녀잖은　우리집이
부모간장　오직하리。
주인연기　좋은날에
내외빈객　만당하니

자정…慈情。자식을 사랑하는 자비스런 마음。
혼인안목…婚姻眼目。혼인 례법에 대한 식견。
꿀물근로…汨沒勤勞。무척 힘드는 것。
서양목…西洋木。생목。
두일습…두 벌。
반상기…飯床器。밥상에 놓는 식기의 한 벌。반상。
당혜…唐鞋。앞뒤에 모양을 그린 마른 신。

노비야 　갖것마는
음식간검　꿀물이랑
자식사랑　우리부모
사위사랑　범연할가
삼일회상　하신후에
상답하인　돌아오니
하의도　녀죽이오
대발닷단　녀죽이랑
금차환　요강대야
저포북포　가지롭다
장롱북롱　체백목이
혼인안목　채왔으니
남보기는　색색하게
월필이　좋거니와
가지가지　도침질과
　　　　　침자질은

음식간검…飮食看檢。 음식을 감독하고 검색하는 것。

삼일회상…三日回床。 혼인 잔치 사흘만에 신부집에서 신랑집에 음식을 보내는것。

상답하인…床答下人。 삼일회상에 대한 답례의 하인。

금자…金釵。 금비녀。
란환…鸞環。 란조를 새긴 가락지。
저포…苧布 모시。
북포…北布。 함경북도서 나는 베。

도침질…擣砧。 다듬이질。

부모걱정 아닐런가.
춘복하복 하인갈제
가내어른 우리시댁
보선창옷 상하의복
녁죽닷죽 부탁이랑
소주약주 갓인술과
생선건물 안주등물
가초가초 보냈으니
그걱정이 오직하리.
재행삼행 다니실제
소도잡고 개도잡고
사친종족 다청하니
달마다 잔치같고
날마다 회차로다
일월이 여류하여
철팔사이 다지나고

창옷…중추막 밑에 껴입는 소매가 좁은 옷. 소창옷.

생선건물…生鮮乾物. 생선과 마른 고기

재행…再行. 혼인한 후 신부가 처음으로 친정에 다니러 가는 것.

사친종족…四親宗族. 사친은 사촌이란 뜻으로 씌인 것이다. 사촌과 자촌척(四寸戚ㅡ성이 다른 사촌 형제 자매)의 뜻이다. 종족은 동성 동본의 일가.

회차…회치.

신행하라 편지하고
날밭았다 하인오네。
옛법도 있거니와
뉘령이라 거역하랴。
신행길을 치송할제
비단옷은 품싹이오
무명옷은 운력이랑。
가내댁에 품아시요
정지년들 드내기랑。
우리어배 나를키워
백리밖에 출가하니
할말도 수다하고
소회도 있건마는
낮이면 앉아불가
밤이면 장등이랑。
잠시도 여가없이

신행…新行。신부가 아주 신랑 집으로 가는 예식」。
뉘령…누구의 명령。
치송…治送。행장을 차려 보내는 것。
운력…運力。관혼상제 등 예식 때 주위 사람들이 로력을 모아 돌보아 주는 것。
가내댁…家內宅。가까운 일가집。

수선하고　분주하여
말슴한번　못해보고
엉둥덩둥　지내가니
신행날이　닥쳤구나
열두바리　도북마와
교마가마　등대하고
하인소속　문안할제
하님한쌍　교전비라
부지군　뒤채받아
령을받아　물어선다
짐바리도　실어내고
교마말도　단속한다
가진단장　곱게하고
가마안에　돌앉으니
어린동생　큰동생은
우역구역　눈물이오

모북마…도부마(到付馬). 집 실은 말.
교자…轎子. 평교자. 갸자는 음식을 얹어 에는 가마, 갸자(架子)이며, 평교자는 의정대신(議政大臣)이 타던 가마다. 그러나 여기서는 그저 가마의 뜻으로 쓰였다.
등대…等待. 미리 기다리고 있는 것.
하님…계집종의 상호 존대.
교전비…轎前婢. 혼례때 신부에 따르는 시종비.
부지군…負持軍. 짐꾼.

늙은종과 　아희종은
목놓고 　　슬피운다。
형제숙질 　가내들은
잘가라고 　하직하네。
가마안에 　들어앉아
옛일을 　　생각하니
우리어매 　날키울제
밤이면 　　한벼개요
낮이면 　　한자리에
수족같이 　녀기시고
주옥같이 　사랑하여
잠시라도 　안잇더니
택리타향 　머난길에
날보내고 　어이할고。
나만지돈 　예가그릇

———

머난길에…머나먼 길에。
예가그릇…의가(衣架)와 그릇。

다섯거저 집실으니
방안은 빈방이오
나다니든 화초밭에
자최도 없어지네.
밤에도 앞이비고
낮에도 앞이비여
그간장 그회포를
누가있어 위로할고
방안에 있는듯고
정지간에 오는듯다.
눈에삼삼 결녀있고
꿈에종종 보일세라.
이십년 키운공이
허무코도 가소롭다.
우리어매 거동보소.
가마문을 들어씨고

앉을자리 편케하고
요강도 만져보며
머리함도 만져보며
구곡간장 녹는듯이
말할수가 없건마는
경계하야 이른말슴
울지말고 잘가거라
네시무슨 한이있냐
아버님 배해서서
칭칭시하 좋은집에
백량아지 맞아가니
무슨그림 또있으리
친정은 생각말고
구고님 효양하야
구고씨를 은덕으로
사랑스리 보시나마

배행…陪行. 모시고 가는 것.
칭칭시하…층층시하(層層侍下).
백량아지…백량어지(百爾御之)의 와전이다. 량은 량(輛)의 뜻으로 수레를 의미한다. 일백 수레모 모셔 간다는 호강스런 처지를 말한다.『之子于歸 百爾御之』(詩經、召南、鵲巢).
무슨그림…무슨 그리울 것(무슨 부족).

조심없이 하지말앙

가장은 하늘이라

하늘이 하신일을

거역말고 싫어말앙

친정생각 자로하면

시가눈치 보이나니

생각이 돌아올제

소리나게 우지말앙

흉을보고 웃나니랑

하님년이 하직할제

사담은 하지말아

고이케 녀기나니。

친정에 보냄편지

잔사담을 과히말아

남의눈에 드일셰라

두석달이 잔간가서

근친오면 불것이랑。
시댁이 내집이니
친정은 아주잇고
시댁만 생각하랑。
가마하인 재촉하야
백마등에 가마신고
란란대로 나서가니
생차하든 우리집은
일조에 리별하고
팔면무지 남의집을
내집갓이 가는구나。
석양나절 다져갈제
맞일하인 현신하네。
저동네가 그동넨가
하인들도 왕래하고
록의홍상 번득이네。

───────────────

현신…現身。나타나는 것이와서 맞는 것。

六六八

산천도 눈이설고
사람도 낯이설다。
저므도록 우든눈을
분손으로 정히닥고
머리도 쓰다듬고
옷끈도 다스리니
새정신이 절로난다。
정반청에 돌어앉아
분성적을 다시할제.
찹쌀감주 팽명차를
먹으라고 권하야도
조심많아 못먹을네。
현구례를 드릴적에
인물병풍 대병풍을
첩첩이 돌러치고
늙은부녀 젊은부녀

정반청…停飯廳。 림시로 들어 앉는 곳。
분성적…粉成赤。 화장하는 것。
팽명차…冷明茶。 과채。
현구례…見舅禮。 시아버니들 뵙는 메절。
인물병풍…人物屏風。 인물화(人物畫)를 그린 병풍。

이간청에　물러서서
내행지만　살펴보니
빠끔빠끔　보는눈은
꼴일받고　알무하다
꽁중에　뜨인몸을
하님년게　의지하고
사배례단　드린후에
동상방에　들어가니
저므도록　불땐방에
훈기도　과히있고
가마안에　치인다리
각통증이　절로난당
록의홍상　새댁들은
첩첩이　둘러앉아
섰다가　앉는무모
앉았다가　서는모양

―――――――――――――――

행지…行止。행동。거동。

알무하다…알딥다。

사배례단…四拜禮單。[네번 절하고 례물을 적은 단자를]

동상방…東床(上)房。신랑。

六七〇

눈빠지게 자세보고
저의꺼정 돌아보며
눈도 깐짝거리면서
입도 배슷굿는모양
그아니 미울세라.
얄무하고 늙으신네
앞에불꾼 들어앉아
고개는 배를치고
이목구비 뜯어보며
며느리도 잘보았네.
거래도 좋거니와
얼골도 다복하당
하로밥 지낸후에
아범님도 하직하고
하님들도 배별할제
대성통곡 할듯하되

거래… 去來. 행동, 몸씨.

나는눈물 　　　잔주리고
문안에　　　일어서서
가는곳을　　다본후에
문을닫고　　혼자앉아
소리없이　　우자한들
거룩하신　　시모님이
세수물은　　손조들고
내방안에　　들어와서
손을잡고　　하신말슴
우지말아　　우지말아
부모동생　　생각이야
갈발없이　　있지마는
녀자유행　　원부모는
예로부터　　그러하니
수삼삭이　　지나가면
이여쁜　　　네뜻받아

잔주리고… 몸을 움츠려 참고。

귀령부모　할것이오
이달이　어서가면
박사돈도　청하리랑
세수하고　성적하라
안손이　많이온다。
황공감사하여
분성적을　다시하고
오는손을　인접하니
새로오는　새댁들은
어제보든　구면이랑。
의복구경　하려하고
롱안에　있는옷을
가지가지　다들쳐서
홀옷의　까끔질과
겹옷의　상침솔과
핫옷의　발림솔을

귀령부모… 歸寧父母。 근친가는 것。

까끔질… 옷의 솔기를 곱솔로 만들어 꿰매는 바느질。

발림솔… 솔은 솔기, 즉 바느질감을 마주 대고 꿰매여 잡다 붙일이다。 발림솔은 벌림솔의 뜻이다。

길이로 뗑겨보며
가로지로 자세보며
도련도 곱게하고
깃달이도 얌전하다.
저이꺼정 눈을주며
입시울을 오므리며
산들방글 웃는구나.
삼일입주 정지안에
세수작갱 하일적에
구고님의 구미몰라
시매씨야 맛을보게.
심거워도 조심이요
짜거워도 조심이랑.
두손으로 반을들어
구고전에 고이놓고
한옆에 정히앉아

가로지…가로 놓은 천.
도련…두루마기, 저고리 등의 아래두리의 가.
삼일입주…三日入廚. 시집간지 사흘만에 부엌에 들어가는 것. 우리 민요의 첫머리가 『시집간지 사흘만에』로 시작된 것이 많은 것은 이와 같은 습속의 반영이당.
작갱…作羹. 국 끓이는 것.

어느반찬 즐기신고.
상나도록 조심하니
구고님 은덕보소
미거한 이자부를
사랑덮어 귀히보고
슬하에 못며나게
주옥같이 애휼하네.
정짓간에 들지말아
물내맡기 오직하랴
방앗간에 들지말아
등게때가 오를세라
침자질을 다시말아
목고개가 땅길세라
큰낭자를 하자말아
머리밑이 아플세라
저녁사관 일직하고

미거…未擧. 사리에 어둡고 어리석은 것.

애휼: 愛恤. 사랑하고 불쌍히 여김.

사관…事觀. 일.

비방에가 지이거라。
새배사관 하지말아
단잠을 어이깨리
음식이나 달게먹고
무병하기 제일이라。
사촌시매 청해다가
쌍륙이나 치고놀라。
어린아해 본문쨩에
채줄이나 써내주라。
창호지에 대장지에
노다가 들여보라。
책글씨나 벗겨보라。
책이나 심심커든
만식당혜 발박이니,
세짚신을 선어보라。
비단치마 감기거든

새배…새벽。

쌍륙…双六。 유희의 일종。 윷과 비슷하며 윷 대신 주사위를 쓴다。
본문쨩…本文帳。 국문 학습장。
채줄…본보기의 글씨。
대장지…大張紙。 넒은 종이。
만식당혜…滿飾唐鞋。 화려하게 장식한 마른신。

모시치마 입어보랑.
이렇듯이 귀히보고
저렇듯이 사랑하되
어리고 어린소견
부모생각 뿐이로다.
청글에 올라서면
남산만 건너보고
방안에 들어가면
숨은눈물 갈발없네.
한길에 가는하인
친정하인 오는가봐
높이서서 바라보니
대문밖에 지내가고
초당에 오신손님
친정손님 오셨는가
귀름하야 살펴보니

생면부지 손님이라
하인놈도 날속이고
손님도 날속인다
바람골에 저구름은
고향으로 저달빛은
창간의 꽃아온가
고향에도 비췄는가
저산넘어 저꼴작은
우리집이 있건마는
탄탄대로 하로길에
그리멀도 아니하되
만리타국 수로같이
생각하니 멀도멀다
오늘이나 부친을가
날만새면 기다린다
자식사랑 우리아배

날볼라고 오는구나.
꿈이든가 생시든가
문밖에서 절로하고
결에살풋 앉았으니
심중소회 많더니만
반가와 그러한지
목이메여 그러한지
안부도 못물겠네.
소도잡고 개도잡고
삼사일 류련타가
가실라고 하직하니
새로이 섭고섭기는
안본것만 못하더랑.
대문밖에 냅다서서
산모롱이 다가도록
갑갑이 바라보니

절로하고…절을 하고의 령남 사투리.

류련…留連。머물러 있는 것。

렴체없는 내눈물이
두눈을 나리덮어
앞길이 아니뵈네.

이잠삭 지낸후에
근행길을 치종할제
할한할부 고운의복
이런사이 하여보세
재치재구 하는말께
치지재할 더욱좋다.
시부님은 배행서고
교전비는 앞세우고
가든길로 다시오니
출접기도 측량없다.
주도여지 백리길에
올때는 가직더니
갈때는 멀도멀다.

근행…覲行. 근친가는 것.
할한할부…害澣害否. 어느 것은 빨고 어느 것은 안빨랴는 뜻. 『害』는 여기서의 음은 할이며 어느 것의 뜻이다. 『害澣害否』(詩經、周南、葛覃).
재치재구…戴馳戴驅. 곧 달리고 곧 달리다, 즉 달리고 달리는 것. 『載馳載驅』(詩經).
주도여지…周道如砥. 한길이 숫돌같이 편편한 것. 주도는 서주(西周)의 길, 또는 큰 길의 뜻이다. 『周道如砥 其直如矢』(詩經、小雅、大東). 탄탄대로 같은 말이다. 坦坦大路)와 같은 말이다.

주마가편 달니는 말이
'날낸가' 시우잖다.
소자첨이 적벽강에
우화등선 하는것이
이같이 쾌하든가
자고하든 소진이가
륙국재상 인을차고
락양고향 돌아올제
이같이 즐겁든가
한태조 남궁상에
부로잔치 하던적에
이와같이 기쁘든가
한충신 소자경이
만리타국 행군중에
십구년을 고생타가
백안에게 글을전고

주마가편…走馬加鞭。 닫는 말에 채쩍질。
시우잖다…싫지 않다。 또는 시원치 않다는 뜻으로 볼 것인가]
소자첨…蘇子瞻。 송나라 문호 소식(蘇軾)。
적벽강…赤壁江。 소식의 「적벽부(赤壁賦)」에 유래한 서술이다。
우화등선…羽化登仙。 겨드랑에 나래가 돋쳐 신선이 되여서 하늘에 오름。
소진…蘇秦。 중국 전국시대 유세가(遊說家)로서 륙국의 합종(合從)을 주장하여 륙국의 재상이 되였다。
인…印。
부로잔치…父老잔치。 고향의 선배들을 모아 놓고 연회를 배푼것。
소자경…蘇子卿。 한나라 무제(漢武帝) 때 사람으로 흉노(匈奴)에 사신으로 갔다가 억류되였으나 절개를 지켜 갖은 고생을 하다가 十九년만에 놓아 왔다。
백안 白雁。

고국을 몰아올제
이같이 바쁘든가
칠년대한 가뭄중에
빗발만나 좋을시고.
룡중에 가친학이
명월로화 추강상에
무활개를 떡벌이고
활활날아 찾아가네
구렁에 잠긴룡이
오운을 얻어타고
구만리 창천상에
제수의 올라가네
굼실굼실 병든고기
만경창파 물을얻어
녀울녀울 떠서가네
뷔에오는 부지군아

―――――――――――――――

칠년대한…七年大旱。

명월로화 추강상…明月蘆花 秋江上。 갈대꽃이 우거진 달밤은, 가을 강우.

오운…五雲。 찬란한 상서스런 구룸.

제수…䧿水。 말 발굽 자리에 고인 물.

앞에 가는 구종구비
중화참을 월참하고
말만바삐 잘물아라
동구안에 들어가니
전에 보던 산천이오
눈에 익은 마을이랑
반갑도다 반갑도다
우리고향 반갑도다
나부리든 남 노녀 비
길밑에서 문안하고
각댁종반 숙쑤님은
대문밖에 기다린다
중문안에 들어서서
가마문 내달으니
그럼든 우리어매
바삐바삐 나며와서

구죵…驅從。 말물이군。 今용사람을 모시고 다니는 하인。
중화참…中火站。 점심 먹기 위해서 쉬는 역。
월참…越站。 역에서 쉬는 것을 그만 두고 통과하는 참。
동구…洞口。 동네 어귀。
각댁종반…各宅宗班。 어머댁의 일갓들。

두손으로 서로잡고
즐거운맘 그지없어
눈물을 머금더랑。
수다한 우리가내
면면이 찾아와서
시집인사 칭찬하네。
석달을 잠을자고
석달을 놀아보세。
녀자의 열평생이
오늘같이 즐거우면
녀자한탄 어이하리。
즐겁다가 생각하니
뒷걱정이 절로난다。
구고가진 신부녀가
친정있기 오랠손가。
오나가나 생각하니

가내…家內。일가 친척。

녀자유행 가소롭다。
부러워라 부러워라
남자일선 부러워라。
부모슬하 생장하야
젊고늙고 일평생을
부모슬하 모셔있네。
우리도 남자되면
남과같이 하올것을
자로의 효성같이
백리에 부미하야
부모봉양 하여볼가。
동생의 정성같이
산에올라 남을하고
물에나려 고기잡아
정첫간에 둘어가서
부모반찬 장만하세。

자로의 효성…자로(子路)는 공자의 제자로서 어느 때 술회하기를、엣날 부모를 모시고 살았을 적에 집이 가난해서 자기는 곡식을 먹지도 못하면서 부모를 위해서 백리 밖에서 쌀을 지고 왔다。그런데 그 후 부모가 죽고、자기는 초나라、대부가 되여 생활에 걱정이 없어졌으나 그제는 백리 밖에 쌀을 질래야 부모는 이미 없음이 슬프다고(孔子家語、致思篇)。

로래자의 효성같이
아롱다롱 옷을입고
부모앞에 넘놀다가
거짓거로 넘어져서
부모께 엉석하세
굴공부 하였다가
소년등과 벼슬하여
만종록을 받아다가
부모영화 하여보세
부모님이 즐기거든
같이앉아 편찮거든
부모님이 시칙하야
주야료 시탕하고
약도다려 권상하세
죽도끓여 권상하세
가난튼지 유여튼지

로래자…老萊子。중국 주대의 초나라 사람。나이 칠심이 되여, 부모를 즐겁게 하기 위해서 색동옷을 입고 부모 앞에서 어디광을 부리다가 일부러 넘어져서 어린아이 흉내를 내어 울었다는 일화가 전하는 이름 높은 효자다。그는 초왕의 부름에도 응하지 않고 도가(道家)의 학문에 정진하여 十五편의 저서를 남겼다。

소년등과…少年登科。젊어서 과거에 급제하는 것。

만종록…萬種祿。무거운 록。

시칙…侍側。부모 곁을 떠나지 않고 모시는 것。

시탕…侍湯。부모에게 약을 달어 바치면서 부모의 병을 간호하는 것。

권상…勸上。권해 바치는 것。

양친밖에 또있는가.
원이로세 원이로세
지금죽어 환생하여
남자몸이 되여나서
부모봉양 원이로다.
허사로다 허사로다.
부모공덕 허사로다.
우리같은 부모자식
백리밖에 보내두고
자정으로 생각하여
비가오나 눈이오나
잊을날이 있을손가.
동지선달 치운날은
방이나 차잖은가
오뉴월 더운날은
땀이나 흘리는가

길삼방적 시집살이
일이나 아니된가
체모갓인 대방가에
행신범절 빠지는가
칭칭시하 갓인집에
효성없다 구짖는가
시매시숙 많은집에
우애가 자별한가
남노녀비 널린집에
인심이나 잃을세라
충동이나 친정생각 과하다가
물을세라
선관같은 우리사위
안해나 생각는가
이것저것 생각할제
부모심장 편할손가.

대방가…大方家。 문벌이 높은 집안。

행신범절…行身凡節。 행동의 규범。 례의 법정-

시매시숙…偲妹偲叔。 시누이와 시아재비。 즉 남편의 남녀 형제。

자별…自別。 특별히 두터운 것。

충동…衝動。 지적받는 것의 의미。

선관…仙官。 선선 세게의 관원。

절통하다 부녀일신
만가지로 생각해도
절통하기 칙량없고
신체발부 부모은혜
풍갚기는 다더지고
인정허비 뿐이로다。
같이크든 동반간은
동기골육 정이깊어
형님동생 서로불러
이십년을 길렀더니
동서남북 출가하여
타향사람 되였으니
남자같이 갈수없고
저울때는 울수없네。
상것같이 내못가고
내갈때는 저못오니

다더지고…다 던지고。 또는 담어지고의 와전인가。

동반…同班。형제를 가리키는 것 같다。

동기골육…同氣骨肉。형제。

상겻…상사람。

六八九

이전갈이 함께모아
반겨불수 전혀없다.
제축은들 내가알며
내축은들 제가알가
전전에 부친편지
회답인들 전작오리
축원일세 축원일세
백발쌍친 우리부모
백세안녕 축원일세.
부모생각 갈발없어
이가사 지여내여
벽상에 기록하고
다시보니 다시보니
부모생각 위로할가.

전전에…오래 전에(前前에). 또는 간접 인편에(傳傳에).

[정 별 모]

로처녀가

『로처녀가(老處女歌)』는 탁월한 수법으로 된 해학적인 노래다. 그것은 사본 『삼설기(三說記)』에도 수록되여 소설로 취급되고 있으나 기본적으로 규방가사이면서, 사설시조의 풍부한 해학적 취미와 인민 구두 창작의 형상적인 언어들을 재기있게 또 적절히 인입, 리용하고 있다. 『로처녀가』는 또한 서정—서사 민요와 창극과 소설의 서사시적 수법을 충분히 활용하고 있다. 더우기 이 노래에는 번다하기만 하고 그 예술적 효과를 도리여 삭감하는 경우가 많은 중국의 고사들이 거의 자취를 감추고 있다. 조선의 풍습, 습관, 그리고 조선 녀성들의 생활 전통이 전체 서술을 꿰뚫고 있다.

『로처녀가』의 모찌브는 다분히 일부 사설시조의 그것과 류사하다. 례를 들어 『청구영언』 기타에 실린 다음과 같은 노래와 비교하면 명확하다. 즉 『달바자난 쟁쟁울고 잔디속에 속입난다. 三년묵은 말가죽도 외용지용 우지난데 로처녀의 거동보소. 함박족박 드더지며 역정내여 이른말이 바다에도 섬이있고 콩밭에도 눈이있네. 봄꿈자퇴 사오나와 동퇴연 첫사랑을 꿈마다 하여 뵈네. 글르사 월로승의 인연인지 일락배락하여라』

『로처녀가』에는 많은 속담들이 인입되여 형상적인 묘사를 돕고 있으니, 『보자를 지을제는 안반놓고 말라내니』는 『안반이고 보마르러 가겠다』의、『도래떡이 안팎없고』는 『도래떡이 안팎 있으랴?』의、『후생목이 우뚝하다』는 『뒤에 난 뿔이 우뚝하다』의、그리고 『헌짚신도 짝이 있다』는 속담 그대로의 적절한 리용이다.

또 서사적 표현 방식의 우수한 대목이 도처에 빛나고 있는 중、못생기고 재간 없는 이 노태의 주인공 로처녀가 아무리 기다려도 아무도 시집을 보내 주지 않아 꿈을 꾸어도 시집가는 꿈만 꾸는데、어느 날 시집가는 꿈에서 깨자 분연히 깨달은바 있어 제 주변으로 드디여 김도령을 남편으로 맞게 되여、혼인날이 가까워 왔을 때、절로 나오는 엉덩춤을 자제하고 주먹을 불끈 쥐고 종종걸음으로 주위를 보살피면서 삽살개의 귀에다 대고、『넌즛이 이른말이、나두 이제 시집간다.네가 내꿈 깨든날에 원수같이 보았더니 오늘이야 녀물보니 리별할날 머지않고 밥줄사람 나뿐이라.....』고 고백하는 장면은 그 일례이다.

『로처녀가』는 『제침문(祭針文)』、『규중칠우쟁공론(閨中七友爭功論)』 등의 **수필풍의 문장**들과 아울러 우리 녀류 문학의 빛나는 수확으로 된다.

  로처녀가   내몸이여
  설고도   분한지고.
  이설음을   어이하리.
  인간만사   설은중에

【 고 정 옥 】

아내설음 갈을손가.
설은말 하자하니
부고럽기 착량없고
분한말 하자하니
가슴답답 그뉘알리.
남모르는 이런설음
천지간에 또있는가
밥이없어 설어할가
옷이없어 설어할가
이설음 어이풀티.
부모님도 야속하고
친척들도 무정하다.
내본시 둘째딸로
쓸대없다 하며니와
내나흘 헤여보니
오십줄에 들었고나.

문저는　우리형님
집구세에　시집가고
새째　아우년은
이십에　서방맞어
태평으로　자내는데
불상한　이내몸은
어쩌그리　이러한고.
어느덧　늙어지고
츠동군이　되겠고나.
사집아　어며한지
서방맞이　어며한지
생각하면　싱숭상숭
쓴지단지　내몰라라.
내비목　병신이나
남과같이　못할소냐.
내얼골　읽다마소

츠동군이 : 첨먹구더기

엄은국에 술기를고
내얼굴 겸다마소
분칠하면 아니될가.
한편눈이 멀었으나
한편눈은 밝아있네.
바늘귀를 능히꿰니
보선볼을 못받으며
귀먹다 나무라나
크게하면 알아듣고
친동소래 능허듣네.
오른손으료 밥먹으니
왼손하여 무엇할고.
왼편다리 병신이나
뒤잔출입 능하하고
코구녕이 맥맥하나
내음새 일수맡네.

맥맥하나. 답답하나. 막혔으나.

입사울 푸르기는
연지빛을 발라보세。
영덩때가 너르기는
해산잘할 장본이오
가슴이 뒤앗기는
진일잘할 기골일세。
턱아래 겸은혹은
추어보면 귀격이오
목이비록 옴쳤으나
만저보면 없을손가
내얼골. 불작시면
몹든비록 아니하나
,일등수모, 불려다가
헌거롭게 단장하면
남다 맞는서방
년들설마 못맞을가。

진일: 밥짓는 일, 빨래 등 물을 다루는 일。일반적으로 어떠운 일을 가미킴。
기골: 氣骨。체격。
주어보면: 좋게 보면。
귀격: 貴格。귀인의 골상。
수모: 手母。혼인날 신부의 화장을 하여주는 녀장
헌거롭게: 화려하게。

열골모양 그만두고
시속행실 으뜸이니
내본시 총명키로
무슨노릇 못할소냐。
기억짜 나나짜를
십년만에 깨쳐내니
효행록 렬녀전을
무수히 숙독하매
모를행실 바이없고
구고봉양 못할손가
중인이 모인곳에
방구뀌어 본일없고
밥주걱 엎어놓고
이를죽여 본일없네。
장독소래 벗겨내여
뒷물그릇 한일없고

시속행실∶時俗行實。현대 습속에 맞는 여러가지 품행。

효행록∶孝行錄。효자 효녀들의 갸륵한 사적들의 기록。

렬녀전∶烈女傳。렬녀의 전기

바이없고∶전혀 없고。

구고봉양∶舅姑奉養。시부모를 섬기는 것。

소래∶소래기 질그릇의 뚜껑。

뒷물∶아래를 씻는 물。

六九七

양치대를 집어내여
추목하여 본일없네.
이내행실 이만하면
어대가서 못살손가
행실자랑 이만하고
재조자랑 들어보소.
도포짓는 수품알고
홑옷이며 핫옷이며
누비상침 모를손가
세폭불이 홀이불을
삼일만에 마쳐내고
행주치마 지어벌제
다시고처 본일없네.
함박쪽박 깨여지면
솔뿌리로 기워내고
보선본을 못얼으면

도포…道袍. 옛날 량반들이 입던 보통 례복. 소매가 길고 등뒤가 접어오른 웃옷이다.
수품…手品. 솜씨.
상침…겹옷 또는 베갯모 등을 누비는 바느질. 새땀은 곱게 박고
세땀 닿은 사이만큼 걸머서 또 새번쩍 박는 따.

잇비짜루 　제일이오
보자를 　지을제는
안반놓고 　말라내니
술기가 　이만하고
재조가 　이만하면
음식숙설 　못할손가
수수전병 　부칠제는
외꼭지를 　잊지말며
생치쌈을 　먹을제는
고초장이 　제일이오
전국장을 　담을제는
묵은콩을 　맛이없네
청대콩을 　삶지말고
모닥불에 　구어먹소
음식묘리 　이만알면
봉제사를 　못할손가

잇비짜루…방비.

보자기…책보.

음식숙설…飮食熟設. 잔치 음식을 장만하는 것.

전국장…戰國醬. 단시일에 띄어 먹는 된장의 한 종류. 청국장.

모리…妙理. 미묘한 이치.

봉제사…奉祭祀. 제사를 지내는 것.

내 얼골 이만하고
내 행실 이만하면
무슨일에 막힐손가.
남이라 별수있고
인물인들 별할손가.
남다대 맞는서방
내 홀로 못맞으니
어찌아니 설을손가.
서방만 얻었으면
뒤거두기 잘못할가.
내 모양 불작시면
어른인지 아희런지
바람맞은 병신인지
광객인지 취객인지
열없기도 그지없고
부고럽기도 측량없네.

남다대…남대되. 남들은 저다. 사람마다.

바람맞은 병신…풍병(風病)에 걸린 불구자. 풍병은 신경병의 칭이다.

열없기도…부고럽기도. 숭겁기도.

어화 설은지고
내설음 어이할고。
두귀밑에 흰털나고
이마우에 살잡히니
운빈 홍안이
어느덧 어대가고
속절없이 되겠구나。
긴한숨에 짜른한숨
먹는것도 귀치않고
입는것도 좋지않다。
어른인체 하자하니
나인이라 어른없고
머리땋은 하자하니
귀밑머리 그저있네。
열시고 좋을시고
우리형님 혼인할제

운빈 雲鬢。 구름 같은 머리,
홍안 紅顏。 집은 얼굴。

나인…내인(內人)。 궁녀。

숙수앉혀 음식하며
지의깔고 차일치며
모란병풍 물러치고
교족상에
와룡촉대 세워놓고
부용향 피우면서
나주불 질러놓고
신랑온다 와자하고
,전안한다 초례한다
원집안이 물렐적에
빈방안에 혼자있어
창름으로 엿보니
신랑의 꽁신좋고
사모품때 더욱좋다。
형님도 저러하니!
나도아니 저러하랴。

숙수…熟手。 료리에 능난한 사람。
지의…地衣。 제사 때 까는 돗자리。
차일…遮日。 혼인 잔치, 장사 등에 마당에 치는 삼베로 만든 천막。
교족상…交足床。 장방형의 큰 소반。 교자상(交子床)。
와룡촉대…臥龍燭臺。 유기 또는 나무로 만든 통을 째긴 큰 촛대。
부용향…芙蓉香。 혼인 잔치 때 피우는 향의 이름。
나주불…儺呪불。 잡귀의 침입을 막는 불。
전안…奠雁。 혼인 때 신랑이 기러기를 안고 와서 상우에 놓고 『하느님』에게 재배하는 예절。
초례…醮禮。 혼인 예식。
물렐적에…떠들 때에。
사모…紗帽。 관복을 입을 때 쓰는 또는 혼인날 신랑이 쓰는 사모만든 모장 조사모(鳥紗帽)。
품대…品帶。 신랑의 예복의 띠, 또는 옛날 판헌글의 공복의 띠。)

차례료 할작시면
내아니 둘째런가
형님율 치웠으니
나도저려 할것이라
이처럼 정한마음
마음대로 아니되여
괴악한 아우년이
꼰저출가 하단말가
꿈결에나 생각하며
의심이나 있을손가
도래떡이 안팟없고
후생목이 우뚝하다
원쑤모운 중매어미
나는아니 추어주고
사주단자 의양단자
오락가락 하울적에

피악한…고약한。

도래떡이 안팟없고…도래떡은 혼인날 신랑 상에 놓는 크게 만든 원떡이다。『도래떡이 안팟이 있으랴』는 전래 속담의 하나이여 여기서는 형과 아우의 구별이 없이 아우가 먼저 시집감을 한탄한 말이다。

후생목이 우뚝하다…이것도 『뒤에 난 뿔이 우뚝하다』는 속담의 인용이다。아우가 먼저 시집감을 지칭한 말이다。

사주단자…四柱單子。사주는 사람의 생년월일시。단자는 보통 부조하는 물건의 명단을 말한다。사주단자는 생년월일시를 적은것。

의양단자…衣樣單子。신랑, 신부의 옷의 치수를 적은 것。

내비록 미련하나
눈치조차 없을손가.
웅심이 절로나고
화징이 복발한다.
풀쳐생각 잠간하면
선하품 절로난다.
만사에 무심하니
앉으면 눕기좋고
누우면 일기싫다.
손님보기 부끄럽고
일가보기 더욱싫다.
살고싶은 뜻이없네.
간수먹고 죽자한들
목이쓰려 어찌먹고
비상먹고 죽자한들
내음새를 어찌할고.

웅심:…시기하는 마음.
화징…火 증. 꽝. 노여움. 울화.
풀쳐생각 잠간하면…마음을 가라앉히고 곰곰히 생각하면.

부모유체 난처하다.
이런생각 저런생각
빈방중에 혼자앉아
온가지로 생각하나
입맛만 없어지고
인물만 초췌하다,
생각을 마자하나
자연히 철토나고
욕심을 마자하나
스사로 몬저나베.
곤충도 짝이있고
금수도 자웅있고
헌짚신도 짝이있어
음양의 배합법을
낸들아니 모를손가.
부모님도 보기싫고

―――――――――――――――

배합법…配合法。

형님도 보기싫고
아우년도 보기싫다
날다려 이른말이
불상하다 하는소래
더구나 듣기싫고
눈물만 솟아나데。
내신세 이러하고
내마음 이러한들
누라서 걱정하며
이런생각 념려하리。
혼자앉아 마자하고
마음을 맹서하야
잠이나 활작풀고
무순잠이 자자하니
자고깨면 차마오며
원통하당

아모사람 만나볼제
헷웃음이 절로나고
무안하야 돌아서면
긴한숨이 절로나네。
웃지말고 새침하면
남보기에 매몰하고
게정풀이 하자하면
심술궂은 사람되네。
아모러 생각하나
이내팔자 또잇는가。
이리하기 더어렵고
저리하기 더어렵다。
애고죽어 잇자함이
한두번이 아니로되
목숨이 길없든지
무슨탁을 보려든지.

매몰하고: 쌀쌀하고。 인정이 업어보이고。

게정풀이: 불평풀이。

달이가고 달이가매
갈스록 설은심사
어찌하고 어찌하려
벼개를 라던지고
입은채 드러누어
웃가슴을 활짝열고
가슴을 두다리며
답답하고 답답하다
이마음 어찌할고
미친마음 절로난다
대체로 생각하면
내가결단 못할손가
부모동생 믿다가는
서방맞기 망연하다
오늘밤이 어서가고
래일아첨 돌아오면

중매어미 불려다가
기운 조작으로
표차로이 구혼하면
어찌아니 못될손가。
이처럼 생각하니
없든웃음 절로난다。
음식먹고 체한병에
정기산을 괙란병에
급히않는 먹은듯이
청심환을 앉오면서
활작일어 입에물고
물통대를 궁리하되
고더기며 내가리지
내서방을 부탁할가
남다려 미련하야
내어찌

기운 조작으로 우겨따집으로。
표차로이: 두드러지게。 당당히。

정기산: 正氣散。 체증약。

아의사를 못내든고.
만일발서 깨쳤드면
이모양이 되였을가.
청각덕고 생각하니
아주쉬운 일이로다.
적은령치 돌아보면
어느해에 출가할가
고름맺고 내기하며
손바닥에 침을뱉아
맹서하고 이른말이
내괄자에 태인서방
어떤사람 몫에절고.
쇠침이나 하여보세.
알고지고 알고지고
어서바삐 알고지고.
내서방이 누가되며

―――――――――――――
쇠침…쾌로 점치는 것.

내랑군이 누가될고。
천정배필 있었으면
제라서 마다한들
내며집을 그만둘가
소문에도 들였으니
내눈에 아니들가
저건너 김도령이
날과서로 년갑이오
뒷골목에 권수재는
내나보다 더한지라。
인물좋고 줄기차니
수망에는 김도령이오
부망에는 권수재랑。
각각성명 써가지고
쇠침통을 혼들면서
손고초아 비는말이

년갑…年甲。 동갑。 나이 같은 것。
권수재…權秀才。 수재는 여기서는 미혼 남자에 대한 존칭이다。
수망…首望。 제一 후보자。
부망…副望。 제二 후보자。
손고초아…합장하여。

모년모월 모일야에
사십넘은 로처녀는 문자오니
옆대여 리순풍과
곽박선생 원청강
소강절
응신지령 하오시니
감이순통 하옵소서
후처에 참여할가
삼취에 참여할가
김도령이 배필될가
권수재가 배필될가
래일로 되게하야
신통함을 보이들어
혼들혼들 높이들어
쇠침하나 빼여내니
수망치든 김도령이

곽박선생…郭璞先生。 중국 동진(東晋)의 학자.『이아(爾雅)』『산해경(山海經)』및『초사(楚辭)』의 주(註)가 있다。
리순풍…李淳風。 당나라 때 력산(曆算)에 밝은 사람。『법상서(法象書)』『을사점(乙巳占)』등의 저서가 있다。
소강절…邵康節。 송나라 유학자, 역리(易理)의 대가로서『황극경세서(皇極經世書)』기타의 저서가 있다。
응신지령…應神至靈。 신탁에 의해서 지극히 령험한 것。
감이순통…感而順通。 귀신과 교통하여 순조로이 통하는 것。
삼취…三娶。 세번째 장가드는 것。

첫가락에 나단말가。
열시고 좋을시고
이야아니 무던하냐
평생소원 이뤘고낭
옳다옳다 내이제는
큰소리를 하여보잣
큰기침이 절로나고
어깨춤이 절로난다。
누었으락 앉았으락
지게문을 자조열며
어찌오늘 더되새노
오늘밤은 길도길다
역정스레 누으면서
기지개를 길게혀고
어리저리 돌아누으며
어마우에 춤을었고

정신을 진정하다
잠간 사이 잠이 든다
평생에 맺힌 인연
오늘밤 춘몽중에
혼인이 되겠고낭
앞뜰에 차일치고
뒤뜰에 숙수앉고
화문방석 만화방석
안 팎없이 포설하고
일가권속 가뜩모여
가화꽂은 다담상이
이리저리 오락가락.
형님이며 아주미며
아우년 조카불이
긴단장 짜른단장
처륵하게 모였으니

가화∴: 假花。 조과、造花。
다담상∴: 茶啖床。 손을 대접하기 위한 잘 차린 상。 원래는 지방
판 범이 상급 판청에서 출장온 파토를 환영하기 위해서 차린
성대한 연회상을 의미한다。

일기는 화창하고
향내는 촉비한당
문전이 요란하여
신랑을 맞아들제
위의도 거룩하당
차일밑에 들어올제
초례하려 둘어올제
내몸을 굽어보니
어이그리 잘났든고
큰머리 떠는잠이
진주투심 가초하고
귀엣고리 룡잠이며
촉속들이 비단옷과
진홍대단 치마입고
옷고름에 노리개를
어찌이로 당이르랴.

촉비…觸鼻。 코를 찌르는 것。

큰머리…옛날 부인들이 례장할 때 얹은 머리。 어의머리, 어임이
잠…簪。 비녀。
진주투심…眞珠透心。 진주로 심을 박은 것。
귀엣고리…귀에 늘어뜨리는 금은의 고리。
룡잠 龍簪。 룡을 새긴 비녀。
진홍대단…眞紅大緞。 진홍빛 대단 (중국서 온 비단의 一종)。

七一五

룡문대단 활옷입고
홍선을 손에쥐고
수모와 중매어미
좌우에 옹위하야
신랑을 맞을적에
어찌아니 거룩할고
초례교배 마친후에
동로연 합환주로
백년기약 더욱좋다
감은눈을 잠간뜨고
신랑을 살펴보니
수망치든 김도령이
날과과연 배필일당
내점이 령검하야
이처럼 맞는구낭
하늘이 유의하야

룡문대단…龍紋大緞。룡의 무늬를 놓은 대단。
활옷…신부의 례복。 룡의 임금의 딸이 입던 대례복。 원삼과 비슷하고 흉배와 소매끝에 수를 놓았다。
홍선…紅扇。
초례교배…醮禮交拜。혼례식에서 신부 신랑이 절을 교환하는 것。
동로연…동뢰연(同牢宴)。결혼 피로연。 동물의 피를 갈이 마심으로써 맹세를 하던 옛날 중국의 습속에 기원하는 말이다。뢰(牢)는 희생(犧牲)을 의미한다。
합환주…合歡酒。혼인때 신부 신랑이 서로 바꾸어 마시는 술。
유의…有意。

내게로 보내신가.
이처럼 노닐다가
쥐쪽에 바람들어
인연을 못이루고
개소리에 놀라깨니
침상 일몽이랑
심신이 황홀하야
섬어히 앉아보니
등불은 희미하고
월색은 만정한데
원근의 계명성은
새벽을 재촉하고
창밖의 개소리는
단잠을 깨는구나.
아까울사 이내꿈을
어찌다시 얼어보리.

침상 일몽: 枕上一夢.

섬어히: 먼목 섦이.

만정: 滿庭.

쥐쪽에 바람들어: 뒷목에 바람은어. 「뒷목에 바람든다」는 속담
무슨 일이든지 원래 더웃등거리는 목은 속으로 담이 잔다는 말이다
다 깨우는 모양에 대한 경계의 말이다.

그 꿈을
그 모양
혼인이
미친증이
벌떡일어
입은치마
신은보선
방치돌을
짖는개를
와당퉁탕
옆어지락
바람벽에
문지방에
면경석경
낱낱이
한숨지여

상시삼고
상시삼아
되려므냥
대발하야
앉으면서
다시찾고
또찾으며
옆에끼고
따릴듯이
냅들적에
곱더지락
이마받고
코를깨며
성적함을
다깨치고
하는말이

상시…常時。 꿈아닌 생시의 때。

냅들적에… 갑자기 내닫을 적에。

곱더지락… 걸려 넘어지락。

성적함…成赤函。 단장 도구른 넣은 상자

아깝고 아까울사
이내꿈 아까울사.
눈에암암 귀에쟁쟁
그모양 그거동을
어찌다시 하여보리.
남이알가 부고러우나
안슬픈일 하여보자
훈두깨에 자를매여
갓쓰우고 웃입히니
사람모양 거의갈다.
쓰다듬어 세워놓고
새저고리 긴치마를
호기있게 떨처입고
머리우에 꽈을둘어
제법으로 절을하니
눈물이 종행하야

―――――――

안슬픈일…애처로운 일. 서글픈 짓」

종행…踵行. 발뒷굼치까지 흘너 내려。

七一九

입은치마 다적시고
한숨이 복발하야
꼭성이 날듯하당
마음을 강잉하야
가마니 헤여보니
가련하고 불상하당
이런모양 이거동을
신령은 알것이니
지성이면 감천이라
부모들도 의논하고
동생들도 의논하야
김도령과 의혼하니
첫마듸에 되는고냥
혼인택을 가까우니
엉덩춤이 철로난당
주머귀를 불끈쥐고

복발…復發。 다시 나오는 것。

강잉…强仍。 억지로 가다듬는다는 뜻。

감천…撼天。 하늘을 움직이는 것。

의혼…議婚。 혼인을 의논하는 것。

七二〇

죽종걸음 보살피며
삽살개 귀에대고
넌즈시 이른말이
나도이제 시집간당
네가내꿈 깨든날에
원쑤같이 보았더니
오늘이야 너를보니
리별할날 머지않고
밥줄사람 나뿐이랑
이처럼 말한후에
혼일이 다달으니
신부의 칠보단장
꿈과같이 거룩하고
신랑의 사모품대
더구나 보기좋당
전안초례 마친후에

칠보단장…七寶丹粧。 금, 은, 류리, 차거, 마노, 호박, 산호의 일곱가지 보석으로 단장하는것。

방치장 더욱충의.
신랑의 동탁함과
신부의 아담함이
차동이 없었으니
천정한 배필인줄
오늘이야 알겠구나.
이렇듯이 쉬운일을
어찌하야 지완튼고.
신방에 금침펴고
부부서로 동침하니
원앙은 록수에놀고
비취는 련리지에
깃들임 같으니
평생소원 다풀리고
수갖실음 바이없네.
이전에 있든새암
이제로 생각하니

———————————————

동락…同樂. 깨끗한 것.

기완…遲緩. 늣추는 것.

련리지：連理枝. 한 나무가지가 다른 나무가지와 서로 련하여 나
무걸이 서로 통하는 것. 보통 정다운 부부의 형용으로 씨임
다.

도로혀 춘몽같고
내가설마 그러하랴
이제는 기란없다
먹온귀 밝아지고
병신팔을 능히쓴다
이아니 희한한가
혼인한지 섬삭만에
옥동차를 순산하니
쌍태를 어이알리
즐접거 칙향없네
개개히 영준이오
문재가 비상하다
부부의 금실좋고
자손이 만당하며
가산이 부요하고
공명이 이음차니
이아니 무던한가

[정 별 모]

초당문답가

 「초당문답가(草堂問答歌)」는 그 제목이 표방하는 바와 같이, 제기된 사회생활의 현실적인 문제들을 작품의 주제로 하고 있다.

 일부 가사문학에서 볼 수 있는 도덕가(道德歌)적인 봉건개념의 형태에서가 아니라, 초당문답가는 구체적인 형상을 통하여 새로운 사회문제들을 구체적인 생활면에서 제기하면서 해결하려는 작자의 뚜렷한 의도를 보여 주며, 따라서 서경서사의 주제들로부터 현실적인 문제를 가사문학에 도입하였다는 점에서 문학사적 의의를 차지하며, 무엇보다도 당해 사회의 부정적인 인물들을 형상하는데 강력한 풍자의 수법을 사용함으로써 사회생활을 반영한 데서 자기 시야를 문학이 가진 본질적인 방향으로 돌린 것에 그 특징이 있으며, 가사문학에서 높은 비중을 걸머지게 된다.

 초당문답가는 열두개의 사회생활 부분을 일관된 소재와 사상적 내용의 공통성을 가진 장편가사다. 즉 오륜(五倫) 사군(事君) 부부(夫婦) 가족(家族) 장유(長幼) 봉우(朋友) 개몽(開蒙) 치산(治産) 요지(樂只) 용부(庸婦) 우부(愚夫) 백발(白髮)의 열두편이 곧 그 내용으로 된다. 원문은 사본으로 전하며, 어떤 사본에는 경세설(警世說)이라는 이름을 붙이기도 하였으며, 백발란(白髮嘆)이 로인가(老人歌)의 이름으로, 헌종(憲宗)때의 작자는 알려지지 않았으나, 다만

사본으로 믿어지는 『가사륙종』(歌詞六種)에 수록됨을 보아, 그 년대도 십구세기에 둘어선 작품이 아닌가 한다. 이상의 십이편중 부정적인 남녀를 각각 형상한 용부가, 우부가, 백발탄의 三편을 싣기로 한다.

작자는 사회발답을 거부하는 남은 봉건적 세계관의 창작방법이 보여주는 소재의 력사적 특수성을 부인하는 만고불변의 그러한 립장에서가 아니라, 인물의 력사 사회적인 각이한 성격을 통찰한 기초 우에서, 이를테면 사회적 존재의 『우부』를 형상화하기 위하여서는 봉건 중간층에 속하는 각 그루빠의 여러 우부를 등장시켰으며, 봉건체계가 붕괴하는 과정에서 호흡하는 전형적인 인물로서 정확히 형상하고 있다.

용부가에서 작자는 가정에 있어서의 봉건주의의 모순의 표현을, 봉건륜리를 반역한 량반의 딸인 『저 부인』을 빌며, 남편에게 맞서서는 삼종지도(三從之道)를 배반하고, 반분대(半粉黛)를 일삼으며 중을 쳘거지악(七去之惡)을 범하고, 간수병을 기울이며, 치마를 뒤집어 쓰고 죽을때야 죽지 못한 나머지 나중에는 술장사로 전환하는 량반층의 계급 륜리의 붕괴의 일부분을 묘사했으며, 도덕적으로 극히 저렬한 『뺑덕어미』를 통하여 라태한 서민부인의 부정적 전형을 그려내였다.

또한 작자는 우부가에서 한량(閑良) 『개똥이』를 통하여 향반(鄕班)이 토지에서 분리되여 고리대금업자로 떨어져 나가는 한 과정, 즉 『돈날노릇』하여보세 천답팔아 변돈주기, 구목베여 장사하기, 서책팔아 빚주기와 동네상놈 부역이요 먼데사람 행악이며 자장격지 몽둥이질 전답잡고 세간뺏기 계집문서 종삼기와 살결박에 소뺏기와 불호령에 솥뺏기』의 원시적 강탈의 추악상의 일부를 정확히 가사로서 고정시켰다. 그러나 작가는 자기가 선 봉건적 권선청악의 립장에서 개똥이를 강도적인 치부에서 성공한 전달로서 형상하지 않고, 루기의 전당한 실패자로써 결론지였다. 다음으로 작자는 린색한 인물의 전형으로서 『꼼생원』을, 부랑패의 그것으로는 『평생원』을 각각 진실하게 묘사하여 무위도식하며 루기적 횡재와 선량한 인민들로부터의 강탈을 생활의 타산으로 삼는 전달들을 능숙한 필치로써 그렸으며, 문답체(問答體)의 형식을 도입한 백발란에서 작자는 『한 로옹』을 빌며, 땅을 올리며 일하는 것을 싫어 하고, 사회에 기생하면서 누워서 횡재를 꿈꾼 무리들인 개동이 꼼생원 평생원의 파락한 말로를 그렸다.

작자가 보여준 라래와 탐오와 안일 그리고 랑비 강탈을 일삼는 일편의 부정적인 인물들을 증오하며 그들의 말로에 저주와 파멸을 던진 립장은 지극히 정당하다. 어와 같은 부정적 행동은 언제나 어디서나 용납될수 없다. 다만 자본주의 사회에서만이 있을 수 있으며, 자본주의가 자회발전에서 일부 궁정적인 역할을 놀았다 하더라도 이러한 협잡을 통하여 성장해 왔으며, 현재도 본질적으로 그러하며, 이상의 전달들은 그들의 울창이 시절에 해당하기 때문이다.

작자는, 따라서 초당문답가는 부정적인 문제들을 제기 해결하는데 물론 충분한 분석과 정당한 해명을 기본적으로 주지 못한 것이 사실이다. 그러나 현실을 진실하게 반영하지 않고서는 작자의 진실한 령창이 시질수 없으며, 진실한 립장을 벗어나서는 인민들에게 교양줄수 없는 주제의 현실적인 심오성과 판편하여, 비록 봉건적 테두리에서 문제를 결론지으며 했다 해도, 본 가사에는 당해 사회의 이러저러한 현실적 모순이 반영되여 있으며, 많은 속담을 적절히 구사함으로써 다양한 인민성과 높은 형상성을 간직하고 있다. 초당문답가는 오히려 어느 한 개인의 창작이기보다 전편이 장편 속담처럼 느껴지는 것은 작품이 인민적 비판의 립장에 섰으므로, 부정적인 사물에 대한 인민들의 강력한 풍자의 협이 작품 전면에 작용하고 있기 때문이다. 그러므로 우리

본 가사에서 개몽기 문학이 갖고 있는 사실적 내용의 제반 특징의 극히 맹아적인 요소들을 찾게 되는 것이다.

용부가 (庸婦歌)

흥보기도 흉다마는
저부인의 거동보소。
시집간지 석달만에
시집살이 심하다고
친정에 편지하며
서집흥을 잡아내네。
게엄할사 시아바니
암상할사 시어머니
고자질에 시누의와
얄숙하기 맏동서랑
요악한 아우동서

용부(庸婦)…용렬한 녀자。
흉다마는…흉다마는。
거동(擧動)…행동, 몸가짐。
심(甚)하다…몹시 고달프다。
친정(親庭)…시집간 녀자의 본가。
시집흥…媤家凶。
게엄할사…우악스럽고 엄하도다。
암상할사…앙큼하구나。
고자질…남의 허물을 꾀여 바치는 짓。
동서(同壻)…형제의 안해와 자매의 남편을 서로 가르키곤 말。
요악(妖惡)한…간사하고 악함。

여우갑은 시앗년에
 드세도다 남녀노복,
 흩어나며 흠구덕에
 남편이나 믿었더니
 십벌지목 되었에라.
 여기저기 사설이요
 구석구석 모함이랑.
 시집살이 못하겠네
 간숯병을 기우리며
 치마쓰고 내닫기와,
 보찜싸고 도망질에
 오락가락 못견디어
 충둥이나 따라갈가
 긴장죽이 벗이되고
 물구경 하여볼가
 문복하기 소일이라.

시앗년…여기서는 첩. 본처와 첩 상호간 시앗이라 부른다.
드세도다…몹시 고분하지 않고 억세도다.
노복…奴僕.
흠구덕…남의 결합만 캐내여 소문내는 소굴.
십벌지목(十伐之木)…열번 찍히여 넘어가는 나무. 남편이 자기 험담을 믿게 되는 것.
사설(辭說)…군말 또는 시비를 가리는 잔탈.
모함(謀陷)…남을 근거없이 중상하여 곤난하게 만드는 것.
잔수…소금이 습기를 만나 저절로 녹아 흐르는 물. 여기서는 자살을 기도하는 것을 말한다.
내닫기…뛰여들기. 물에 빠지는 것을 말한다.
못견디어…심한 시집살이에 못견디여.
장죽(長竹)…긴 담뱃대.
문복(問卜)…점치는 것.
소일(消日)…일없이 날을 보내는 것. 또는 취미에 맞는 오락으로 날을 보내는 것.

겉으로는 시름이요
속으로는 딴생각에
반분대로 일을삼고
털뽑기가 세월이랑
시부모가 경계하면
말한마디 지지않고
남편이 걱정하면
뒤받아 맞녀수요
들고나니 초롱군에
팔자나 고쳐볼가
량반자랑 모도하여
색주가나 하여볼가
남문밖 뺑덕어미
천성이 저러한가
배워서 그러한가
본데없이 자라나서

반분대(半粉黛)…반화장(半化粧). 연한 화장.
털뽑기…이마를 파는 것.
경계…警戒.
맞녀수…맞서서 댓구하는 것.
들고나니 초롱군…초롱군이 초롱을 앞세우듯이 말을 말하기도 하나, 여기서는 초롱군은 술장사를 앞세우는 사람.
색주가…色酒家.
뺑덕어미…성격과 행동이 험상궂은 녀자의 별명.
천성(天性)…타고난 성품.
본데없이…교양없이.

여기저기 　무릎맞침
씨흠질로 　세월이며
남의말 　말전주와
둘며는 　음식공론
조상은 　부지하고
불공하기 　위업할제
무당소경 　푸닥거리
의복가지 　다내주고
남편모양 　불작시면
잡살개 　뒷다리요
자식거동 　불작시면
털벗은 　솔개미랑
엿장사야 　떡장사야
아이평제 　다부르고
물레앞에 　선하품과
씨아앞에 　기지개랑

무릎맞침: 욕한 사람과 그것을 더 보태여 전한 사람을 대면시켜서 참과 거짓을 가르는 것.

말전주: 들은 말을 더 보태여 옮겨서 서로 싸우게 하는 말질.

공돈: 숙떡거리는 것.

부지(不知): 알려고 않는 것. 모르는 것.

위업(爲業): 직업으로 하는 것, 일삼는 것.

푸닥거리: 집안에 병이나 불행을 가지고 들어온 귀신을 쫓기 위한 무당굿의 한가지.

잡살개 뒷다리: 남편의 옷이 울울이 해여져서 잡살개 뒷다리처럼 너울너울 하는 모양.

불작시면…: 볼 것같으면.

털벗은 솔개미…: 소리개가 털을 벗었으니 볼꼴이 망칙한 것.

선하품: 일이 싫증이 나서 하고 싶지 않는 일을 할 때에 나는 하품.

씨아: 목화의 씨를 앗아내는 나무로 만든 기계.

이집처집 되간절과
음담패설 일삼는당
모함잡고 똥먹이기
세간은 줄어가고
걱정은 늘어간다
치마는 절러가고
허리통에 길어간다
총없는 헌집선에 들처업고
어린자식 집집마다
혼인장사 일을삼고
음식추심 어른쌈에
아이싸움 매맞히기
남의죄에 성을내고
까닭없이 두다리며
외뿐자식 쫓았으니
며느리홀

음담패설(淫談悖說)…음탕하고 잡스런 이야기
모합잡고…자기물 중상했하고 억지 구실을 잡고.
세간…살림그릇.
총…집신, 메두리의 가장자리에 울을 이루는 부분.
둘처업고…둘머 업고.
혼인장사…婚姻親事
음식추심(飮食推食)…공음식을 찾아서 다니는 것.
외뿐자식…예뿐 자식.

아들은 홀아비라.
딸자식을 다려오니
남의 집은 결딴이랑.
두 손뼉을 두다리며
방성대곡 피이하다.
무슨 팔에 생트집에
머리싸고 들어눕기
간부달고 달아나기
판비정속 몇 번인가.
무식한 창생들아
저 거동을 자세 보고
그런 일을 알았거든
고칠개자 힘을 쓰소.
오른 말을 들었거든
행하겨들 위엽하소.

결딴: 판이 나는 것. 망하는 것.
손뼉: 손바닥.
방성대곡(放聲大哭): 큰 소리를 지르면서 우는 것.
피이하다: 고약하다, 이상하다.
생트집: 이유 없이 부리는 트집.
싸고: 싸매고.
간부(姦夫): 본 남편이 있는 녀자가 두는 딴 남자.
판비정속(官婢定屬): 죄를 지은 녀자를 관청의 종으로 삼는 것.
창생(蒼生): 백성.
거동(擧動): 행동.
고칠개: 改.
위엽(踏襲)하소: 일삼으시오.
행(行): 실천.

【김삿갓】

우 부 가 (愚夫歌)

내말슴 광언인가
저화상을 구경하게.
남촌한량 개똥이는
부모덕에 편히놀고
호의호식 무식하고
미련하고 용롱하여
눈은높고 손은커서
가량없이 주저넘어
시체따라 의관하고
남의눈만 위하것다.
장장춘일 낮잠자기
조석으로 반찬투정
매팔자료 무상출업

우부(愚夫)…어리석은 사나이.
광언(狂言)…미친 소리.
화상(畵像)…그림에 사람처럼 얼때진 사람을 말한다.
남촌…南村.
한량(閑良)…여기서는 놀고 먹는 진달. 또는 과거에 급제한 사람 이벼슬에 나가가 전의 호칭.
호의호식(好衣好食)…좋은 웃과 음식.
무식…無識.
용롱하여…미련스럽게 우둔하여.
가량없이…헤아릴 수 없이.
주저넘어…비우가 좋아. 힘도 없으면서 어두데나 나서는 것.
시체(時體)…류행.
의관…衣冠.
위하것다…위하기만 하겠다.
장장춘일(長長春日)…기나긴 봄날.
무정…음식을 먹 달라고 조르는것, 또는 음식이 입에 맞지 않음을 때 부리는 르짐.
매팔자 살림은 돌보지 않고 혼자나 돌아 다니는 거짐없는 매와 같은 팔자 (八字). 평사냥하는 매와 같은 팔자.
무상…無常.

매일장취	재트림과
이리모여	노름놀기
저리모여	투전질에
기생첩	치가하고
외입장이	친구로다
사랑에는	조방군이
안방에는	로구할미
명조상을	떠세하고
세도구멍	기웃기웃
염량보아	진봉하기
재업을	까불리고
허욕으로	장사하기
남의빚이	태산이랑
내무식은	생각않고
여진사람	미워하기
후할메는	박하여서

장취(長醉)…늘 취해 있는 것.
재트림…선트림, 작인 트림.
무전(無錢)…노박의 일종.
치가(治家)…살림살이들 하는 것.
조방군(助幇軍)…오입을 중매하는 사람.
로구(老姤)할미…중매들 적업으로 하는 늙은 할미.
명조상(名祖上)…이름난 조상.
떠세하고…남이 막력한 재력을 내세우는 것. 또는 세를 쓰는 것.
세도(勢道)…정치적 권력과 재력.
염당(炎凉)…세력이 있고 없어짐을 잘 보아서.
진봉(進奉)…진상(進上)과 봉정(奉呈). 선사. 여기서는 뢰물.
재업(財業)…생업(生業). 집안 살림을 부지하는 직업.

한푼돈에 땀이나고
박할데는 후하여서
수백량이 헛것이라。
승기자를 열지하며
반복소인 허기진땅
내몸에 리할대로
남의말을 탓치않고
환구멋은 좋아하며
제일가는 불목하며
옛날노릇 모다하고
인삼녹용 몸보키와
추색잡기 모다하여
돈주정을 무진하네。
부모조상 돈망하며
계집자식 재물수탐
일가친척 구박하며

량(兩)…돈의 단위。 엽전 한앞이 한푼, 열푼이 한돈, 열돈이 한
량。
승기자(勝己者)…자기보다 우수한 사람。
염지(厭之)…싫어하는 것。
반복소인(反覆小人)…언행(言行)이 일정하지 못한 소인。
허기진다, 여기서는 반복소인을 좋아한다는 뜻。
불목(不睦)…의가 좋지 못한 것。 들은체 만체하고。
록용(鹿茸)…새로 돋은 사슴 뿔。 보음제(補陰劑)。
돈주정…돈을 랑비하는 것。
무진(無盡)하네…끝이 없이 하네。
돈망(頓忘)…아주 잊는 것。
재물소탐(財物搜探)…여기서는 재물을 빼앗아 내는 것。
구박(驅迫)…지나치게 학대하는 것。

내인사는 나종이요
남의흥만 잡아냅다。
내행세는 개차반에
경계판을 질머지고
없는말도 지여내고
시미에 선봉이랑
날메없는 용전여수
상하행석 하여가니
손님은 초객이요
륜의는 내몰래라
입구멍이 제일이랑
돈낭노릇 하여보세
전답팔아 번돈주기
종을팔아 월수주기
구목버혀 장사하기
서책팔아 빗주기와

행세(行世)…몹시 경망한 사람을 가리켜『경계판을 졌다』라고 한다。
경계판…몹시 경망한 사람을 가리켜『경계판을 졌다』라고 한다。
용전여수(用錢如水)…돈을 물 쓰듯 하는 것。
상하행석(上下擤石)…급한메로 웃물을 품아 아랫물을 품아 우물을 피운다는 뜻이니, 림기응변으로 봉창하는 것。
초객(草客)…도적。 초적(草賊)。
륜의(倫義)…륜디와 의디。
번돈…번리돈, 미자를 붙이는 돈。
월수(月收)…본전에 미자를 얹어서 다달이 갚아가는 빚。
구목(丘木)…무덤 둘렐에 있는 나무。
서책…書冊。

동네상놈 부역이요
먼데사람 행악이며
잡아오라 꺼물리라
자장격지 몽둥이질
전당잡고 세간뺏기
계집문서 종삼기와
살결박에 소뺏기와
불호령에 솥뺏기와
여기저기 간곳마다
적실인심 하것고나
사람마다 도적이요
원망하는 소리로다
이사나 하여볼가
가장을 다팔아도
궁팔십이 내팔자랑
종손핑계 위전팔아

부역(賦役)…보수없이 강요하던 강제 로동.
행악(行惡)…못된 행동을 하는 것.
꺼물리다…움켜쥐고 휘두르는 것.
자장격지(自將擊之)…직접 손을 대여서 치는 것.
전당(典當)…재산을 담보로 잡고 돈을 꾸어 주는 것.
계집문서(文書)…녀자를 담보로 한 차용증서.
살결박(結縛)…죄인을 알몸으로 묶는 것.
불호령…거만한 태도로 남을 구짖고 욕하는 것.
적실인심(積失人心)…번번히 인심을 잃는 것.
사람마다 도적이요…사람마다 그를 도적이라 하며.
가장(家藏)…집에 보관한 물건.
상팔십(上八十)…궁팔십(窮八十)、궁하게 사는 것. 려상(呂尙)의 고사(故事).
궁팔십(窮八十)…달팔십(達八十)에서 온 것.
종손(宗孫)…조상의 제사를 지내는 큰 집 맏손자.
위전(位田)…조상의 제사를 지내는 비용을 쓰기 위하여 장만해둔 위토(位土)라도 한다. 논밭.

七三七

무전절이 생애로다.
제사핑게 제기될아
탄재구설 일어난다.
취하야서 툴아볼가
북부가 퍼단말가.
하면서 처인생아
일조에 걸객이라.
대모판자 어데가고
물펫줄은 무삼일고
풍낭갓은 어데가고
현과립에 롱모자라.
주체로 못먹던밥
책력보아 밥먹는다.
양뷁이눈 어데가고
쓴바귀를 단굴빨듯.
죽력고 어데가고

생애…生涯.
제기(祭器)…제사지낼 때 음식과 물건을 담는 그릇.
탄재(官災)…관청으로부러 받는 재난.
구설(口舌)…남의 시비를 받는 것.
북부(獨夫)…인심을 잃어 버림받은 사람.
일조…一朝.
걸객(乞客)…비러 먹는 나그네.
대모판자(玳瑁貫子)…거북의 껍질로 만든 망건 당줄을 꿰는 판자.
물펫(交來)…솜으로 실을 켜는 물레를 돌리는 줄. 못사고 물레로 대신하는 것. 망건 당줄.
통낭잣…경상도 룡영(統營)에서 만든 잣.
파립(破笠)…우구더진 헌 잣.
롱모자(帽子)…통 모양으로 된 잣모자.
주체(酒滯)…술에 체한 것.
책력보아 밥먹는다…죽 굶는 날이 많은 것을 말한다.
양뷁이…소 양을 잘게 썰어서 볶은 음식.
죽력고(竹瀝膏)…죽력은 물(靑竹)을 불 우에 놓고 구을 때 나는 물(汁)인데, 죽력을 섞어 담근 소주. 전라도 마주(羅州) 창평(昌平)에서 난다.

모주한잔 어더워라。
울타리가 땔나무요
동네소곰 반찬일세。
각장장판 소라반자
장지문이 어데가고
벽떨어진 단간방에
거적자리 열두잎에
호적조희 문바르고
신줏보가 갓끈이랑
은안준마 어데가며
선후구종 어데간고。
석새집신 지팽이에
정강말이 제격이랑
삼승보선 대사훼가
꿀떼말이 불상하고
비단주머니 십륙사끈。

모주…술재강에 물을 다시 부어 걸은 술。
동네소곰…밥 때마다 반찬이 없어서 동넷집 소금을 겨우 얻어다
    가 반찬을 한다는 뜻。
각장(角壯)장판…두터운 종이를 기름을 먹여 걸은 장판。
소라반자…소란(小欄)반자에서 온 말。소란반자는 반자틀에 소란
    을 박고 그 구멍을 벽장문 갈이 만든 반자。
장지문…방과 마루 사이에 있는 지겟문。
잎…자리를 헤아리는 단위。
호적(戶籍)…한 집안의 가족관계를 기록한 문건。
신줏보(神主褓)…신주를 싼 보。
은안준마(銀鞍駿馬)…좋은 안장을 지운 날쌘 말。
구종(驅從)…량반이 출입에 테리고 다니는 하인。
정강말…정강이가 말이라는 뜻이니, 두다리로 걸는 것。
삼승(三升)…석새베。
태사훼(太史鞋)…몸을 접은 비단으로 싼 마른 신。
꿀떼말…해여진 감발。
십륙사(十六絲)끈…열여섯 올로 꼰 끈。

화류면경　어데가고
보선목　주머니에
삼노끈　뀌여차고
돈피배자　담뷔휘양
몽라주의　어데가고
동지섣달　베창옷에
삼복다름　바지거죽
궁둥이는　울근불근
옆거름질　병신같이
담배없는　빈연죽을
소일쪼로　손에들고
어슥비슥　다니면서
남의문전　걸식하며
역젼핑계　제사핑계
야속하다　녀의인심
원망할사　팔자타령。

화류면경(樺榴面鏡)…화류나무로 둘을 짠 거울。
보선목…보선목으로 기운 주머니。
삼노끈…삼으로 꼰 노끈。
돈피배자(獤皮褙子)…잘로 만든 배장。
담뷔휘양…담비 가죽으로 만든 휘양(揮項)。 휘양은 방한구(防寒
具)의 하나이다。
몽라(綾羅)…옷은 무더운 비단。
주의(周衣)…두루마기。
창옷…소창의(小氅衣)。
삼복다름…삼복 더위물 겪은。
연죽(煙竹)…담뱃대。
소일(消日)쪼로…심심풀이로。여기서는 치례삼아。
어슥비슥…비틀거리며 비걸는 모양。
걸식…乞食。
역질…疫疾。

저건너 꼼생원은

제아비의 덕분으로

돈천이나 가졌더니

술한잔 밥한술을

주저넘게 하였든가

친구대접 아는체로

음양술수 탐호하여

당대발복 구산하기

피란곳 찾어가며

올적갈적 행로상에

처자식을 흘어놓고

유무상조 아니하면

조석난계 할수없다

기인취물 하자하니

두번째는 아니속고

공납범용 하자하니

꼼생원…생각이 넓지 못하고 꼼한 사람. 민색한 사람.

덕분…德分.

돈천…돈천량. 또는 돈.

음양술수(陰陽術數)…길흉(吉凶)과 화복(禍福)을 점치는 술법.

탐호(貪好)…지나치게 좋아 하는 것.

당대발복(當代發福)…죽기 전에 당장 복이 생기는 것.

구산(求山)…좋은 묘자리를 구하는 것.

피란곳…란티를 피하는 장소.

행로상…行路上.

처자식…妻子息.

유무상조(有無相助)…없는 것을 헤아려서 서로 돕는 것.

조석난계(朝夕難計)…끼니를 잇기 어려운 것.

기인취물(欺人取物)…남을 속여서 재물을 빼앗는 것.

공납범용(貢納犯用)…나라에 바칠 물건을 훔쳐서 쓰는 것.

왼갓집에   부자없고
뜬재골   경영하고
경향으로   싸다니며
재상가에   청질하다
봉변하고   물러서고
남의골에   겸태갔다
혼금에   쫓겨와서
혼인중매   혼자들다
무렴보고   뺨맞으며
가대문서   구문먹기
괸잔먹고   자빠지기
불의행세   찌그렁이
위조문서   비리호송
부자나   후려볼가
감언리설   꾀여보세.
언막이며   복막이며

뜬재물…공돈. 거저 생기는 재물. 횡재(橫財).
경영…經營.
경향(京鄕)…서울과 시골, 즉 도시와 농촌.
재상가(宰相家)…대신집.
봉변(逢變)…모욕.
골…군(郡).
겸태…옛날 과부를 밤에 몰래 가서 태워 오던 것.
혼금(閻禁)…볼일 없는 사람의 출입을 금하는 것.
무렴…무안. 핀잔.
찌그렁이…트집. 까닭없이 시비거는 것.
가대문서(家垈文書)…집과 그에 딸린 논밭을 담보로 한 차용증.
구문(口文)…소개해 주거나 힘을 도와주고 받는 보수.
비리호송(非理好訟)…티유도 되지 않는 것으로 소송을 거는 일을 좋아하는 것.
후려볼가…꾀여볼가.
감언리설(甘言利說)…남이 들어 탐이 나게 만드는 달콤한 꾀임말.
언막(堰幕)…제방을 지키는 막.
복막(洑幕)…논에 물을 대는 봇물을 보는 막.

은겸이며　금겸이며
대로변에　색주가며
노름판에　분돈떼기
남북촌에　뚜장이로
인물초인　하여볼가
산진매　수진매에
산양질로　놀러갈제
대종손　량반자랑
혼인핑계　팔아볼가
산소나　어린딸은
백량짜리　되였구나.
안악은　친정살이
자식들은　고공살이
일가의　눈이회고
친국의　손가락질
부자거처　나가더니,

은점…銀店.
색주가(色酒家)…술과 녀자를 영업하는 집.
분(分)돈떼기…몇푼씩 떼는 것. 여기서는 몇푼씩 개평을 떼소
　것.
뚜장이…오입 중매군.
초인(招引)…유혹하여 부르는 것.
산진매…산에서 자라난 매.
수진매…집에서 길들여진 매.
대종손(大宗孫)…집안을 잇는 맏손자.
산소(山所)…조상을 묻은 무덤.
백량…百兩.
안악…안사람, 즉 안해.
고공살이…고공살이, 즉 머슴살이.
눈이회고…눈을 흘겨 보는 것. 눈 밖에 나는 것.
부지거처(不知去處)…어디로 간지 모르게.

소문이냐 물어볼가.
산넘어 평생원
그야말이 하우로다.
겨들어서 한말자랑
대장부의 결기로다.
동네존장 몰라보고
이소능장 욕하기와
의관파렬 사람치고
맞았다고 떼쓰기와
남의과부 겁탈하기
루장간곳 청병하기
친척집의 소굴기와
주먹다짐 일수로다.
부잣집에 긴한채로
천한사람 리간질과
월숫돈 일숫돈에

소문…所聞.

하우(下愚)로다…가장 못나고 어리석어 어찌할수 없는 사람 하우불이(下愚不移)에서 온 말
거들어서…날날이 조목 조목을 헐거하여.
결기…용기있게 일을 결단하는 힘.
촌장(尊長)…어른.
이소능장(以少凌長)…손아래 사람으로서 어른을 깔보는 것.
파렬(破裂)…찢고 부시는 것.
겁탈…怯奪.
루장(偸葬)…다른 사람의 묫자리에 몰래 장사지내는 것.
청병(請兵)하기…주인에게 알려 장사를 보내여 막게 하는 것.
긴(緊)한체로…요긴하다고 해서.
리간(離間)질…사이를 나쁘게 만드는 것.
일수(日收)…본전과 리자를 가한을 정하고 그 날자에 나누어 매일 받는 빚.

장별리

장별리 장채기며
제부모에 몹쓸행사
부전군은 좋아하여
손목잡고 술권하며
제처자는 몰라보고
자식노릇 정표주며
제자식은 귀히알며
며느리는 둘볶으며
봉양잘못 호령한다
기둥베고 벽떨어라
천하난봉 자칭하니
부그럼을 모르고서
추리를며 경친것을 자랑하며
옷을벗고
술집이 안방이요

장별티…장에서 주는 빚이란 뜻. 본 뜻은 장에서 주는 빚의 리장.
장채기…장에서 돈을 빚주고 기한을 정하고 장날마다 나누어 본전과 리자를 받아들이는 빚.
부전(闘牋)군…노름군.

정표(情表)…정을 표시하는 물건.

봉양(奉養)잘못…부모 섬기기를 잘못한다.
기둥배고 벽떨어라…기둥을 베여다, 벽을 떨어다고 호령을 하니, 즉 그 집을 헐어 망치는 것. 부랑한 모양.
자칭…自稱.

주리(周牢)…쥐인의 두다리를 묶고 그 틈에 두개의 주릿대를 끼여 비트는 형벌.

七四五

투전방이　사랑이랑.
늙은부모　병든처자
손톱발톱　제쳐가며
잠못자고　길삼한것
술내기로　장기두고
책망없이　바틴몸이
무삼생애　못하여서
누의자식　족하자식
색주가로　환매하며
부모가　걱정하면
와탁달아　부르대여
아낙이　사설하면
밥상치고　계집치기
도망산에　피물섰나
저녁굶고　또나간다.
포청귀선　되었는지
늘도보도　못할레랑.

투전방…도박하는 방.
사랑(舍廊)…사랑방.
손톱발톱 제쳐가며…몹시 애를 써 고생하면서 부지런히 일하는 모양.
책망(責罰)없이…꾸지람 없이.
바틴몸이…사람답지 않아 사회에서 버림을 받은 사람.
생애…生涯.
환매(換賣)…물건와 물건을 서로 바꾸는 것. 여기서는 술값과 자식을 바꾸는 것.
부르대여…눈을 부릅뜨고 덤비여.
사설(辭說)…여기서는 불평하는 책망.
도망산…逃亡山.
포청귀신(捕廳鬼神)…도적질을 하다가 포도청(捕盜廳)에 잡혀서 죽은 귀신.

【김삼불】

백 발 탄 (白髮歎)

춘일이　뇌곤하여
초당에　누웠더니
세사를　혼망하고
여취여치　못깨더니
정신이　태탕하여
남가일몽　잠이들어
문전에　한보옹이
량식달라　구걸하니
의복이　람루하고
용모가　초췌하여
행색도　수상하고
모양조차　피이하다
뉘댁노르　늙었는지

춘일(春日)…봄이 나른한 것.
뇌곤(惱困)…몸이 나른한 것.
초당(草堂)…문체에서 떨어진 곳에 지은 초집. 대개 사망으로 씀
혼망(渾忘)…아주 잊는 것.
여취여치(如醉如癡)…취한 것도 같고 어리미친듯도 한 것.
태탕(駘蕩)…마음이 구김살 없이 안온한 모양.
남가일몽(南柯一夢)…한 바탕 꿈. 태평광기(太平廣記)에 말하기를 순우분(淳于棼)이 곰에 남가태수(南柯太守)를 호화로이 지냈는데 깨고보니 개미굴속에 누워 있었다는 고사에서 온 이야기를 말함다.
로옹(老翁)…늙은이.
구걸(求乞)…동냥을 청하는 것.
람루(襤樓)…헤여지고 더러운 것.
초췌(憔悴)…매마르고 파리한 것.

七四七.

근력없다 탄식하고
무슨공명 하였는지
쌀막서니 해괴하다。
남의 말 참례하며
문동답서 가소롭다。
귀먹은 핑게하고
단전이 일수로다。
정강이를 불작시면
비수검 날이서고
팔다기를 불작시면
수양버들 흔들흔들
아래턱은 코를차고
무르팍은 귀를넘고
어린채를 하라는지
콧물조차 훌쩍이며
눌파리별 하였는지

근력(筋力)…기운。 기력。
공명(功名)…공을 세워 이름이 나는 것。 또는 벼슬。
쌀막서니…용모의 상말。
해괴(駭怪)…이상하고 피상한 것。
문동답서(問東答西)…동쪽을 묻는데 서쪽을 대답한다는 뜻에서, 엉뚱한 수작을 말한다。
비수검 날이서고…몸이 몹시 말라서 앞정갱이 뼈가 칼날같이 되였다는 뜻。
팔다기…팔의 상말。
눌과…누구와。

락루는   무삼일고.
등짐장사   하라는지
지팽이는   무삼일고.
떡가루를   치라는지
채머리는   무삼일고.
신풍미주   취하였나
비육불포   가관일다.
그중에도   노래하며
그중에도   먹으려고
비백불난   입으려
성명은   문자쓴다.
겨주는   무엇이며
보아하니   어메메뇨.
무삼노릇   반명으로
남의농사   못하여서
             전혀믿고

락루…落淚.

채머리…버릇으로 머리를 체결하듯이 흔드는 병.

신풍미주(新豊美酒)…중국 신풍에서 나는 이름난 술.

비육불포(非肉不飽)…「그렇게 맛사나운 행색으로도 먹던 입이 어고기가 아니면 입이 써서 배부르지 못을 전도법으로 서술했다. 않다고 노래하며」다

비백불난(非帛不煖)…나이가 많아 비단옷이 아니면 따스롭지 않다는 것.

반명(班名)…량반 신분.

문전걸식 어이하노.
저로인 거동보소
허희탄식 기가막혀
여보소 주인녜야
걸객보고 웃지마소.
젊어서 허랑하면
이러한이 나뿐일가.
나도본시 량반으로
이러한이 남만하고
세간도 남불잡고
인물도 잘났더니
사지가 성하며는
무슨일을 접을낼가
우리도 청춘시절
부모에 편히자라
슬하의 교동으로

문전걸식(門前乞食)…집집마다 다니며 빌어 먹는 것.
허희탄식(歔欷嘆息)…매우 한탄하는 것.
걸객(乞客)…비렁뱅이.
허랑(虛浪)…헛되게 지내는 것.
슬하(膝下)…부모님의 애호 밑에.
교동(嬌童)…귀엽고 어여쁜 아이.

七五〇

비금주수   길들여서
춘하추동   좋은세상
꿈결같이   다보낼때
매양그려   할줄알고
포식난의   편히자라
인도를   못닥으니
행실이   무엇인고.
사서삼경   더졌으니
공맹안증   그뉘알리.
장삼리사   화류객은
행도에   잠간만나
원일견지   찾었으니
혹선혹후   놀라갈제
주부화각   곳곳마다
화조월석   때맞초아
주육길찬   다갖초고

비금주수(飛禽走獸)…나는 새와 기는 짐승.

포식난의(飽食暖衣)…배불리 잘 먹고 따스하게 잘 입는 것.

인도(人道)…사람이 지켜야 할 도리.

사서삼경(四書三經)…논어(論語)、맹자(孟子)、중용(中庸)、대학(大學)의 사서와 시전(詩傳)、서전(書傳)、주역(周易)의 삼경.

공맹안증……공자(孔子)、맹자(孟子)、안자(顔子)、증자(曾子).

장삼리사(張三李四)…장씨의 세째 아들과 리씨의 네째 아들이란 뜻이니, 평범하고 속된 사람.

화류객(花柳客)…오입쟁이.

행도(行路)…길가.

원일견지(願一見之)…한번 보기를 원하는 것.

혹선혹후(或先或後)…앞서거니 뒤서거니.

주부화각(朱樓畫閣)…화려한 루각집.

화조월석(花朝月夕)…꽃피는 아침과 달뜨는 저녁이라는 뜻이니 경치가 좋은 시절.

주육진찬(酒肉珍饌)…술과 고기와 좋은 반찬.

친구모아 노닐적에
한두잔 세네배에
몇순배나 돌아갔노。
주사청루 사랑삼아
녀중일색 희롱이라。
녹녹한 선비들은
글을읽어 무엇하노。
곤곤한 농부들은
밭을갈아 무엇하노。
웃격정 하지말아
가련한 녀인네야。
오릉소년 우리들은
십지부동 웃입는다。
은안백마 금시동에
닥화답건 유하처오。
잡기도 하며처와

주사청루(酒肆靑樓)…술집과 기생집.
녀중일색(女中一色)…가장 아름다운 녀자. 일색은 미인이라는 뜻.
녹녹(碌碌)한…평범한. 하찮은.
곤곤(困困)한…가난하고 살림살이가 힘드는.
오릉소년(五陵少年)…장안(長安) 오릉으로 불리우는 다섯황제의 릉이 있는 곳으로, 부자가 많이 산다. 두보(杜甫)시에『同學少年多不賤 五陵裘馬自輕肥』가 있다.
십지부동(十指不動)…열 손가락을 까딱하지않고 놀고 먹는것.
은안백마 금시동의 오릉소년인 우리들은 은안백마로 봄을 즐기 도다.(五陵年少金市東 銀鞍白馬度春風)』가 있다. 금시는 장안(長安)
락화답진 유하처(落花踏盡遊何處)…떨어진 꽃이 어데메뇨. 리백의 소년행(少年行)에『落花踏盡遊何處 笑入胡姬酒肆中』이라 하였다.
잡기(雜技)…도박.

오락인들　없을소냐.
양금통소　세해저토
오음륙률　가무할제
오동추야　명월천과
락양춘색　벽도화를
차례로　느러앉혀
각기소장　불러낼제
듣기좋은　권주가는
장진주로　화답하고
흥치좋은　양양가는
백구사로　화답하고
다정한　춘면곡은
상사별곡　화답하고
한가한　처사가논
어부사로　화답하고
화창한　여민락은

양금(洋琴)…줄풍류(絃樂器)의 하나.
통소…洞簫.
오음륙률…체피티, 해금, 젓대로.
 성과 대쪽(大簇) 궁(宮) 상(商) 각(角) 치(徵) 우(羽)의 五
 射…황종(黃鍾)의 륙종음(六種音) 고선(姑洗) 유빈(蕤賓) 이측(夷則) 무사(無
가무…歌舞.
오동추야…梧桐秋夜.
명월천…(明天) 기생 이름.
락양춘색…洛陽春色.
벽도화…(碧桃花) 기생 이름.
각기소장…(各其所長) 각각 그가 가지고 있는 능숙한 장기(長技).
권주가…(勸酒歌) 노래 이름.
장진주…(將進酒) 노래 이름.
화답(和答)…노래데 노래로 대답하는 것.
양양가…(襄陽歌).
백구사…(白鷗詞).
춘면곡…春眠曲.
상사별곡…(相思別曲).
처사가…處士歌.
어부사…漁父詞.
화창…和暢.
여민락(與民樂)…용비어천가(龍飛御天歌)의 가곡(歌曲).

七五三

남풍시로　화답하고
처량한　토승가는
황계타령　화답이랑
청아한　죽지사는
락빈가로　병창하고
허량한　화답하고
매화가로　길군악은
요탕한　정위풍은
토처녀를　놀머내며
구색친구　삼색벗은
절들어서　오입할제
톤인장단　관결사와
시비경계　깨트려서
호주탐색　좋은투전
오날이야　매양으로
우리청춘　한평생을

남풍시(南風詩)…공자(孔子)가어(家語)에, 순(舜)임금이 남풍시를 타면서 천하를 다스렸다는, 「南風之薰兮可以解吾民之慍兮, 南風之時兮可以阜吾民之財」라는 싯(詩). 남풍은 훈훈(薰薰)이니 여름 바람이다.
로승가… 老僧歌。
황계타령… 黃鷄打令。
죽지사… 竹枝詞。
락빈가… 樂貧歌。
매화가… 梅花歌。
길군낙(行軍樂)… 길군악。 가사의 이름。
요탕(妖蕩)한… 슌탕한。
정위풍(鄭衛風)… 시전(詩傳) 국풍(國風) 중 정나라와 위나라의 민요。 음란한 노래가 많다。
구색친구 삼색(九色親舊三色)벗… 오사리 잡패。 형형색색의 부랑한 친구。
절들어서… 엇여 끼여서。
톤인장단 판결사(論人長短判決事)… 남의 장점과 단점을 이러나니 저머니 시비하며 제멋대로 결론을 내리우는 일。
시비경계(是非境界)… 옳고 그른 것과 선하고 악한 것이 잘라지는 것。 여기서는 시비와 경위。
호주탐색(好酒貪色)… 술을 좋아하고 색에 빠지는 것。
투전… 도박의 하나。
오날이야… 오늘잘은 날이야말로 매양 있을 것으로。
우디청춘 한평생… 한평생 청춘으로 있을 것을。

七五四

그뉘아니 믿었으리。
인생부득 갱소년은
풍월중에 진담이요
인간칠십 고래희는
옛사람의 이른배라。
삼천갑자 동방삭도
적하인간 하단말가。
팔백세 팽조수는
고금이후 또없으며
금정오동 일엽락은
춘풍이 날속인다。
일월성신 광음중에
거울이 네그르지。
륙십갑자 꼽아보니
팔구에 둘이없네。
태년삼만 륙천일이

인생부득 갱소년(人生不得更少年)…사람은 늙어지면 다시 젊어지
　지는 못한다。
풍월(風月)…음풍롱월(吟風弄月)의 준말로、시(漢詩)를 짓는 것。
진담(眞談)…진실을 꿰뚫은 이야기。
인간칠십 고래희(人間七十古來稀)…사람이 일흔살을 살기는 옛날
　부터 드물다。
삼천갑자 동방삭(三千甲子東方朔)…동방삭은 중국신선。 삼천갑자
　즉、 십팔만년을 살았다고 한다。
적하인간…謫下人間。
팔백세 팽조수(八百歲彭祖壽)…팽조의 팔백세 나이。 팽조는 중
　국의 장수자(長壽)로 유명한 신선인、 팽전(彭籛)。
금정오동 일엽락(金井梧桐一葉落)은 춘풍(春風)이 날속인다…가
　을이 되여 쓸쓸하더니 어느 사이에 봄바람이 불어 나에게
　는 봄은 언제나 있어 늙지 않는다는 마음을 가지게 하여 속였다。
일월성신…日月星辰。
광음(光陰)…세월。
륙십갑자(六十甲子)…륙십년。 륙갑(六甲)。
팔구(八九)…일흔두살。
둘이없네…두살이 없네。 죽여기서는 일흔살이 된다。)

七五五

일장춘몽 아니런가
청춘이 어제러니
백발이 짐작하여
소문없이 오는서리
귀밑을 재촉하니
슬프다 이터러귀
언제온줄 모르겠당
천토가빈 처자들과
외옥살림 하던맨가
염동설한 이세상에
부귀공명 하던맨가
천리타향 객의수심
잔등독좌 하던댄가
전전반측 잠못들어
고향생각 하던땐가
팔년풍진 환란중에

일장춘몽(一場春夢)··· 한바탕 꿈.

터머귀··· 터먹, 털.

서디··· 백발(白髮).

친로(親老)··· 부모가 늙는 것.
가빈··· 家貧. 가난한 것.
외옥(矮屋)살림··· 오막살이 살림. 구차한 살림.

타향객(他鄕客)··· 낯 선 땅에 길손이 된 것.

잔등독좌(殘燈獨坐)··· 까물거리는 등불에 외로이 앉아 있는 것.

전전반측(輾轉反側)··· 잠이 안오고 시름겨워 이리 뒤적 저리 뒤적거리는 것.

팔년풍진(風塵)··· 중국 초와 한(楚漢) 두 나라가 八년간 전쟁을 했다.

주유천하 하던맨가。
무정세월 약류파에
우리자연 늙었으니
어화청춘 소년들아
옥빈홍안 자랑말아
덧없이 가는세월
넌들매양 젊을소냐
우리도 소년적에
풍신이 이렇던가
꽃같이 곱던얼골
금버섯이 절로나고
백옥같이 희던살이
황금같이 되였으며
삼단같이 검던머리
다박솔이 되였으며
명월같이 밝던눈이

주유천하(周遊天下)…두루 천하를 유세(遊說)하며 돌아 다니는 것。
무정세월 약류파…無情歲月若流波。 사정없이 흐르는 세월이 물 흐름과 같다。
자연(自然)…절로。
옥빈홍안(玉鬢紅顏)…아름다운 머리와 혈색 좋은 얼굴을 가진 젊은이。
덧없이…허수하게。
풍신(風身)…풍채, 모양。
금버섯…피부 세포가 로쇠하여 검은 얼룩점이 된 것。
삼단걸이…머리 숱이 많은 것을 말함。
다박솔이…작은 소나무。

七五七

반관수가 되였으며
청산류수 갈던말이
반벙어리 되였으며
전일에 밝던귀가
만장풍우 뒤노으며
일행천리 하던걸음
상토끝이 몬저가고
살대같이 곧던허리
길마가지 방불하다。
선수박씨, 같은이가
목탁속이 되였으며
단사같이 붉던입살
외발고랑 되였고나。
있던조엽 도망하고
맑은총명 간데없어
묵묵무어 앉었으니

청수…장님。
청산류수(靑山流水)…산속에서 흐르는 개천물처럼 말이 거침없는 것을 뜻한구。
만장풍우(萬丈風雨)…한없이 뒷바람이 치는 것。
뒤노으며…뒤흔들며、 즉 귓속에서 소리가 울려나는 것을 말한다。
일행천리(日行千里)…하루에 천릿길 가는 것。
상토끝이…마음만 앞서고 몸이 따라오지 못하니 굽어진 허리다 할
상무가 앞상를 서는 것。
살대…화살대。
길마가지…마소 등에 지우는 길마의 굽은 가지。
방불(髣髴)…비슷한 것。
목탁(木鐸)…목탁은 중들이 불공할 때 두드리는 나무로 만든 것인데、 소리가 울려나도록 속이 비여 있다。
단사(丹砂)…인술。붉은색 주사(朱砂)。
입살…입술。
외발고랑…여기서는 붉고 보드럽던 입술이 외발고랑처럼 주름지고、 되꼬꾸렁한 것을 형용했다。
조엽(祖業)…대대로 전해 오던 가업(家業)。
묵묵무어(默默無語)…잠잠히 앉아 있어、 말을 하지 않는 것。

七五八

불도하는　로승인가
자식보고　공갈하면
구석구석　우음이요
옳은훈계　말대답이
대접하여　망녕이라
어이아니　한심하랴
청천백일　빨리가니
일거월서　지날사록
늙을바께　할일없다
인생한번　늙어지면
갱소년은　못하리랑
인생한번　늙어지면
뿐이로다
진나라　분시서에
타지않고　남어있어
편작의　신술로도

불도…佛道.
공갈(恐喝)하면…호령하면.
우음…웃음.
망녕…늙어서 주책없이 지껄이는 것. 여기서는 자식들이 망녕했다고 대갚음하는 것.
청천백일…靑天白日.
일거월서(日去月逝)…해와 달이 지나가는 것.
할일없다…별 도리가 없다.
갱소년(更少年)…다시 젊어지는 것.
분시서(焚詩書)…진시황(秦始皇)이 책을 불사르고 학자들 죽일 때 의학(醫學)에 관한 책은 분사르지 않았다.
편작(扁鵲)…중국 고대의 유명한 의원(醫員). 진월인(秦越人).
신술(神術)…귀신같은 묘한 의술.

七五九

백발환흑 못하였네.

서시의 동남동녀
도라온지 뉘들은고.

불사약 어데있고
불로초 보았습나.

이리저리 헤아리면
인력으로 못하리랑

가는청춘 뉘막으며
오는백발 뉘제할가

진시황 한무제도
변통할길 없었으니

위엄으로 쫓을진대
헌원씨가 아니늙고

용맹으로 막을진대
팔장사가 아니늙고

도술로 막을진대

백발환흑(白髮還黑)…백발을 모두 검게 만드는 것.

서시(徐市)의 동남동녀(童男童女)…진시황이 서시에게 동남동녀 삼천명을 주어 불사약(不死藥)을 봉래산(蓬萊山)에 구하러 보냈다.

불로초…不老草.
보았습나…보았는가.

인력…人力.

제(除)할가…더는 것, 없애 버리는 것.

한무제(漢武帝)…불로장생(不老長生)하기 위하여 신선(神仙)을 좋아하며, 승로반(承露盤)을 만들어 이슬을 받아 불사약이다 했다.

위엄…威嚴.

헌원씨(軒轅氏) 황제(黃帝). 병기(兵器)를 만들어 이였던 치우(蚩尤)를 탁록(涿鹿)들에서 처없앴다.

용맹…勇猛.

팔장사(八壯士)…중국 고대의 여덟사람의 용맹한 장사.

도술…道術.

강태공이   아니늙고
진법으로   막으랴면
손빈이가   늙었으며,
창칭으로   지르랴면
조자룡이   아니늙고
인정써서   막으랴면
도주공이   늙었으며
구변으로   막을진대
소진이가   늙었으며
문장으로   치량이면
한퇴지가   늙었을가.
미주성찬   차려놓고
선대하면   아니울가.
입담좋은   조맹덕이
빌어보면   아니울가.
말잘하는   소진장의

강태공(姜太公)…주문왕(周文王)의 군사(軍師). 려상(呂尙).
진법(陳法)…군사기술. 병술.
손빈(孫臏)…전국(戰國)때 제(齊)나라 사람으로 병법에 능하였다.
조자룡(趙子龍)…전쟁마당에서 긴창을 잘 썼다다. 중국 삼국(三國)때 류비(劉備)의 장수 조운(趙雲).
도주공(陶朱公)…범려(范蠡)였다. 월왕(越王)을 도와 오(吳)를 멸하여 상장군(上將軍)이 되였으나 월왕의 사람됨이 톡톡치 못하기에 성명을 갈아 치이자피(鴟夷子皮)라 하여 제나라에 가 상중에 도(陶) 땅에 살면서 세번 재산을 모아 거부가 되였다. 뒤에 도(陶)에 살면서 다시 재물을 모아 거부가 되였다.
소진(蘇秦)…전국(戰國)때 변사(辯士). 륙국(六國)이 합종(合縱)하여 진나라에 대항할것을 유세(遊說)하면서 여섯나라의 정승을 지냈다.
한퇴지(韓退之)…한유(韓愈). 당(唐)나라의 문인. 팔대가(八大家)의 한사람이다.
미주성찬…美酒盛饌.
선대(善待)…후히 잘 대접하는것.
입담…말재주. 말을 힘차게 잘 하는것.
조맹덕(曹孟德)…조조(曹操). 조조가 적벽대전에서 참패하고 화용도 좁은 길목으로 도망치다가 관운장에게 사로잡혀 죽게 되였으나 판문장에게 목숨을 빌어서 겨우 살았다.
장의(張儀)…전국(戰國)때의 변사. 진나라의 정승이 되여 여섯 나라를 돌아다니며 련횡(連橫)하여 진나라를 섬길것을 유세했다.

七六一

달래보면　　아니울가
할일없는　　저백발아
불청객이　　자래하여
소진의　　　청견설을
자랑할것　　없것마는
부운갈은　　이세상에
백구지　　　과극이요
견곤불로　　월장재에
대해의　　　부평초랑
백발인생　　참혹하다
늙기도　　　설은중에
흉물이나　　보지마소
꽃이라도　　쇠잔하면
오든나비　　아니오고
나무라도　　병이들면
눈먼새도　　아니앉고

할일없는…어찌할 수 없는。
불청객자래(不請客自來)…청하지도 않은 손님이 주제넘게 오는 것。
청견설(請見舌)…초(楚)나마 정승이 장의(張儀)를 모함하여 흠쳤다 하여 장의가 무수히 매를 맞고 집으로 돌아와서, 그 처에게 말하기를『내 혓바닥을 보아라. 아직 붙어 있는가』『아직 있었소』한데, 소진은 장의의 잘못。
부운…浮雲。
백구지과극(白駒之過隙)…세월이 흐르는 것이 흰말이 바람벽 구멍을 지나가는 것과 같이 빠르다는 뜻。
부평초(浮萍草)…물 우에 돈 풀
건곤불로월장재(乾坤不老月長在)…하늘과 땅은 늙지 않으며 달은 오래도록 있구나。리백(李白)의 죽지사(竹枝詞)에서 유
쇠잔(衰殘)…시드는 것。

금의라도 떠러지면
물결레로 도라가고
옥식도 쉬여지면
시궁발치 바리나니
고대광실 좋은집도
파락하면 보기싫고
록음방초 좋은경도
락엽되면 볼것없다
만석군 부자라도
패가하면 볼것없고
조석상대 하든친구
부운같이 흘어지고
평생지교 맺었더니
류수같이 물러가니
문전냉락 안마회는
일로두고 이름이요

금의(錦衣)…비단 옷.
옥식(玉食)…좋은 음식. 호식(好食).
시궁발치…시궁창, 더러운 것을 버리는 하수도.
고대광실…高臺廣室.
파락(破落)…기울고 허물어지는 것.
록음방초(綠陰芳草)…우거진 잎들과 향기롭고 소담한 풀들.
패가…敗家.
조석상대…朝夕相對.
평생지교(平生之交)…한 평생 사피는 것.
문전냉락 안마회(門前冷落鞍馬稀)…집이 망하니 찾아 오는 사람 마저 드물구나. 백거이(自居易)의 시의 한 구절.

황금용진 환소색을
이러므로 이른배라。
년부력강 하올적에
그런줄을 모르고서
무항산이 무항심이
수신재가 나몰래라。
부모의 바린사람
일가친척 독부되여
친구벗님 구지람이
사면에서 일어나니
처자는 원망하고
노복은 도망하고
초엽은 없어지고
가산은 탕패하고
남은것이 몸뿐이오
장만한게 백발이라.

황금용진(黃金用盡)……돈을 다 쓰고 내니 찾는 사람
이 도티여 섣글어졌구나。 고적(高適)의 시에 『君不見今人交
熊濤 黃金用盡還踈索』이다 하였다。
년부력강(年富力强)……나이가 아직 젊고 활동력이 강한 것。
수신재가(修身齊家)……몸가짐을 잘하고 집을 꾸려 나가는 것。
우항산 무항심(無恒產無恒心)……맹자(孟子)가 한 말로서 일정한 재
산이 없으면 때의와 염치가 일정하게 있을 수 없다는 것。
독부(獨夫)……사회에서 버림받은 사나이。
노복……奴僕。
초엽：祖業。 선조에서 내려물린 재산。
탕패(蕩敗)……방탕하게 써서 망하는 것。
장만한게……준비한 것이。

한탄하는 이 백발이
인간공도 알건마는
북망산 상상봉은
불사록 한심하다.
적막강산 몇백년에
청산백골 매몰하니
부귀불음 빈천락은
도덕군자 몇몇이며
립절사의 하는영웅
충신렬사 누구누구.
그네도 늙었으나
늙은값이 있건마는
가소롭다 이내몸이
헛나이만 먹었으니
엊그제 질기던일
모도다 허사로다.

공도(公道)…공평된 도리.
북망산(北邙山)…여기서는 묘지(墓地).
적막강산(寂寞江山)…쓸쓸하고 고요한 자연.
청산백골(靑山白骨)…푸른 산에 흰 뼈라는 말인데, 푸른 것과 흰 것이 짝을 지은 대어법(對語法)이다.
부귀불음(富貴不淫貧賤樂)…돈이 많아 귀하게 되여도 란하지 않고 가난하고 천해도 생활의 락을 가지는 것.
도덕군자…道德君子.
립절사의(立節死議)…절개를 세우고 의리에 죽는 것.
충신렬사…忠臣烈士.
그네…충신렬사를 가리킴.

지각나자 늙었으니
후회막급 할일없다.
이모양이 되였으니
슬프다 청춘네들
내경상 볼작시면
그아니 우서운가
광음을 허송말고
늙기전에 힘써보소.

지각(知覺)…철. 선과 악을 가리는 힘.
후회막급(後悔莫及)…후회한들 어쩔 수 없다는 것.
경상(景狀)…모양, 형편.
광음(光陰)…시간.
허송(虛送)…헛되게 보내는 것.

【김 삼 불】

성주본풀이

성주본풀이는 가택신(家宅神)의 유래를 엮은 서사시이며, 황제풀이는 집을 지은 후 성주신의 하나인 황제에게 주는 축원에 쓰이는 가사로, 둘 다 신가(神歌)에 속한다.

신가라 함은 곧 무격의 노래를 말한다. 신가는 특수한 신분을 가진 무격이 주술적인 의미에서 직업적으로 불렀다는 데서 일반 가사가 서사를 통한 정착문학에 속한 다면 신가는 잡가 판소리 등과 같이 구비를 통한 구전문학의 범주에 서사하게 된다. 엄밀한 의미에서 잔르로서의 가사를 론한다면 신가는 잡가와 함께 가사에 속할 수 없으며, 가사와의 상호 영향 문제는 별도의 문제로 취급되여야 할 것이다. 성주본풀이는 가사가 아닌 슈제트를 가진 서사시이며, 황제풀이는 일견 가사형식을 가졌다 하더라도 『대활래로 놀으소사』의 반복절을 삽입함으로써 련(聯)을 형성하고, 련이 중첩되여 한 편을 이루었으니 잔르로서의 가사에는 속할 수 없다. 이것은 잡가거나 사실 신가의 어느 부분은 잡가와 구별할 수 없으며, 그 자체에 주술적인 의미가 희박하거나 없을 경우에는 창부타령, 맹인덕담경 등과 같이 잡가로 불리우며 또 분류되였다. 이상은 신가의 잡가로 고 부른 예술가의 일부가 무격중의 가무무(歌舞巫)였다는 데서 설명된다. 신가의 이상의 성격들은 신가가 바로 그들의 집체 창작으로 된 것을 말해 준다.

신가는 그 종류가 적지 않다. 무조(巫祖) 전설을 취급한 장편 서사시 『바리공주』를 위시하여 『부정』, 『지두서』(指頭書), 『산마누라』, 『죽음의 말』등의 十二거리에 쓰이는 가사이며, 고사축신(告祀祝神)에 쓰는 八가사와 이외에도 짤막한 가사들이 많다. 여기에 수록한 성주분풀이와 황제풀이는 성주신가(成造神歌)에 속한다.

신가는 물론 조선 원시 자연종교와 결부되어 발생했으며, 그 이후 유교 불교 도교의 영향을 받으면서 발전하였다. 이러한 사실은 원시 종교 발전의 일반적인 법칙이니 신라 때 김대문(金大問)의 화랑세기(花郞世紀)나 고구려의 연개소문(淵蓋蘇文)의 삼교합일론(三敎合一論)에서 당시 종교에 대한 일반적 태도를 살펴 보아도 넉넉히 짐작된다. 원시종교와 함께 발생한 무격의 신가들은 초기에는 자연과학이요 철학이자 문학인 원시 공동체의 세계관 그대로였으며 무격은 정치 수뇌자의 대렬에 속하였을 것이다. 가락의 영신가(迎神歌), 신라 융천사의 혜성가(慧星歌)는 그 유물을 남긴 시가이며, 신라 왕명에 붙은 접미사 자충(慈充)은 무격이 정치와 련관되여 있음을 말해 준다.

그러나 유교나 불교가 들어와서 이떼오로기야의 지배적 힘으로 자리를 잡자 무격은 지배 계급에서 일반 민간으로 뿌리를 박으면서 당시의 한문의 각광에서 멀어지게 되었으며, 노래와 춤과 잡희와 주술을 직업으로 삼는 무격의 신분으로서 사회의 맨 밑 바닥에 깔리게 되였으며, 이러한 사정은 신가로 하여금 오히려 인민대중의 사상감정과 문학의 내용과 형식을 받아들일 수 있는 조건을 지어 주게 되였다.

十六세기 초기의 어 숙권(魚叔權)은 그의 저서 패관잡기(稗官雜記)에서 우인(優人)도 그들의 잡회를 통하여 관리의 탐오를 규탄하고, 창우(倡優)가 또한 인민에게 유익함이 있다고 하였으며, 十六세기 말기의 류몽인(柳夢寅)은 그의 저서 어우야담(於于野談)에서 서울 창우 귀석(貴石)이가 잡회에 능하여 궁중에서 배설한 잔치에서 시사(時事)를 풍자하는 극회를 하였다라 하였고, 十七세기 대리학 이익(李瀷)은 그의 저서 성호새설(星湖僿說)에서 『창우가 있으면 반드시 선비를 풍자하는 잡회가 있다. 이러한 잡회를 선비들이 좋아하며 보고 웃는다. 선비 가운데 누가 유자(儒者)로서 행세하지 않는 사람이 있는가. 하천(下賤)들로부터 치욕을 이토록 심하다. 이것은 창우들을 책할 것이 아니라 오히려 자기들의 수치를 모르는 사대부들에게 그 해괴한 책망을 구할 것이다』라 하여 무격들의 잡회가 인민 대중의 편에 서 있었음을 말하여 주고 있다. 이것은 곧 신가도 적거나 크거나 간에 이러한 테두리 속에서 이러한 영향을 받을 수도 있다는 것을 암시하여 준다.

무격이 문학예술면에서 사회에 진출하게 된 것은 고려에는 『동동』의 성립에서도 볼 수 있으나 리조에 들어와서는 그들이 뿌리 박고 있었으며, 형상적 힘의 원천을 받던 十八세기 이후의 서민계층의 사회적 진출과 관련되고 있다. 신가가 단순히 주술적인 내용으로서는 그것이 예술 분야에 하등의 영향을 줄 수 없다는 것은 명백하다. 그러나 신가는 十八, 九세기의 예술유산에 있어 커다란 자랑의 하나로 되는 판소리의 성립에 중요한 역할을 놀았다는 데서 그 의의가 있는 것이다. 관소리의 양식은 선행하는 일반 문학예술에 그 원천을 두었지마는 신가와의 련관이 더 긴밀하다. 물론 일률적으로는 론할 수 없으나 많은 경우에 있어서 신가를 주로 무당인 녀자가 불렀다면 관소리는 그의 남편인 광대가 불렀으나, 그들의 생활적 면계가 보여 주는 바와 같은 밀접한 호상관계 우에 서 있으며, 판소리의 연원지로 불 수 있는 전라도의 무격들이 주로 가무무(歌舞巫)에 속하는 사정들은 주목할만 하다. 신가는 일차적으로 그들의 문학 창작의 력량을 표시하는 것이며, 나아가서 바로 광대들의 문학 창작 력량을 평가할 수 있는 지표가 된다.

지금 우리는 무격의 조선 문학사에 있어서의 역할과 신가의 가치를 론의하여야 할 립장에 놓여 있다. 이 문제의 해결에는 광범한 기초 공작이 필요하겠으나 우선 우리는 성주본풀이와 황제풀이를 개관해 보려 한다.

성주본풀이는 판국이 기운 천하궁을 수리하기 위하여 지하궁 황산벌에 사는 황우양씨가 강제 부역의 면모로서 불들며 가게 되자 소진벌에서 소진랑의 피임에 빠져 옷을 바꾸어 입는 데서 사건이 발단한다. 교활한 소진랑이 황우양씨의 옷을 입고 황우양씨 부인을 빼앗으며 하나 부인은 슬기와 지혜로써 소진량을 업어 넘긴다. 부인은 사세 부득한 궁지에 빠지게 되자, 역경에 굴복하는 것이 아니라 다시금 피를 써서 개똥밭에 구메밥 三년을 먹으면서 고초를 겪게 된다. 이때 천하궁에서 일하던 황우양씨가 꿈에서 부인의 사건을 알고 일을 급히 서둘며서 마치고 지하궁에 내며 와서 소진랑을 돌함 속에 가두어 장쾌한 복수를 한 다음 평화로운 가정을 꾸리며, 자기들이 익힌 로동기술에 의하여 생활 계획을 세우며, 나중에 부부가 가가호호의 성주신이 되였다는 줄거리다. 물론 신가인만큼 주술적인 요소에서 가사의 처음에 나타나는 천대목신과 지달부인 이 낳은 아기와 황우양씨의 련관이 당지 않으며, 용어에 있어서도 와음과 난구가 많다.

황제풀이는 집을 짓는 전파정이 그 내용으로 된다. 경상도 안동 제비원에서 받은 솔씨를 경기도 룡문산에 심어 대부동을 얻은 다음, 서울 룡산 삼개로 류벌하여 큰 집을 짓고, 가택신인 황제에게 잔치를 베푸는 것으로서 끝을 맺고 있다. 황제풀이의 규모는 대결을 짓는 규모로서 되여 있으나 물론 초가 삼간을 지어 두고도 웅장한 황제풀이로써 축원을 한 것은 재미 있는 사실이다.

성주부풀이는 바리공주나 제주도선가 등의 여러 선가가 그러한 것과 같이 인물과 사건과 갈등을 가진 서사시다. 현실적인 내용으로써 성격을 구별하는 본 가사는 그 속에 등장하는 인물의 성격이 생동하며 갈등의 설정이 선명하게 되여 있다. 우리는 황우양씨의 성격에서 근로하는 기술 인물의 고상한 품모를 찾을 수 있을 뿐만 아니라 정의와 평화로운 가정을 수호하는 색색하고 의로운 성격을 보며, 황우양씨의 부인으로부터는 정결하고 술기로우며 자기 희생적인 조선 녀성의 강의한 인내성과 길쌈하며 로동하는 녀성의 아릿다운 성격을 간취할 수 있다. 부정인물로서의 소진랑의 교활성을 증오와 모멸로써 묘사하였으며, 가사는 사건의 해결에서 우리 조상들의 정의에 대한 뜨거운 갈망과 악한 것에 대한 엄숙한 처단과 인도주의적 정신을 보여주고 있다.

성주본풀이와 황제풀이에는 근로하는 인물이 등장 내지는 주인공이 될 뿐만 아니라 근로하는 내용을 묘사의 중요한 목적으로 하고 있다. 로동은 항상 근로하는 인민들의 것이였기 때문에 로동에 대한 옳은 태도와 제마는 인민들의 것이였다. 황우양씨와 부인이 적을 물리치고 돌아와 정돈 고향에서 림시의 울막을 두르고 잠을 이룰 때, 그들은 먼저 지난 시기를 회상하면서 자기들이 습득한 기술에 대하여 언급하고 있는 것도, 항상 즐거우나 괴로우나 로동 속에서 자라며 사는 우리 조상들의 생활의 문학적 반영으로 된다. 뿐만 아니라 묘사된 로동은 관조자의 텁장에서가 아니라 환제풀이의 마부 미쟁이 대목들의 작업 과정에서 보여 주는 로동의 묘사도 포함하여, 경험한 사람의 노래로서 쓰여졌으며, 이는 직접 로동하는 인민대중의 미적 수요에 수응해야 할 가사의 성격에서 설명될 것이며, 무격의 생활 자체가 인민대중 속에서 자기 생활을 영위하지 않을 수 없는 사정에서 섭명된다. 그러므로 보 인물과 갈등의 성격이 가정적인 범위를 벗어나서 사회적인 성격을 떠우게 되며, 사전의 해결에도 인민대중들의 태도가 표명되여 있다.

황제풀이와 성주본풀이는 가사 자체내에 오랜 년대를 겪어온 유물들을 내포하고 있으며, 주술적인 용어와 형식에서 장구한 시간의 호름을 찾을 수 있는가 하면 때국시계며 마당치레 방치례는 훨씬 현대화 된 면모를 보여 주는데서 원시 신가가 시대에 따라 변모한 것을 알게 된다. 그러나 일부 신가의 서사시의 성격은 먼 옛날부터 가진 것으로 조선의 소설이나 판소리들이 성립된 후 그 영향으로 되였다고는 여러가지 점에서 볼 수 없다고 믿어진다.

우리는 많은 신가중 이상의 두편만 보더라도, 신가는 자기가 갖고 있는 서사시의 형식을 통하여 판소리 문학과 직접적으로 련계되였으며, 그들의 성립에 강한 영향을 주고 있음을 짐작하게 된다.

그러나 성주본풀이가 피여주는 『도화만발 홍산이요 리화만발 택산이라 황금같은 피꼬리는 양류간에 노래하고 백설같은 흰나비는 꽃사이에 왕래한다』, 『얼골은 관옥이요 풍채는 두목이라』든가, 황제풀이의 집짓는 과정과, 구운몽의 성진이의 인용 등은 오히려 신가가 잡가 판소리 일반 문학들로부터 영향을 받은 것을 말하여 준다. 이것은 신가와 판소리 잡가 소설과의 호상관계로써 설명될 것이다. 신가가 판소리 성립에 영향은 주었다 하더라도 그 성립 후에도 계속적으로 영향을 줄 수 있는 립장에 있는 것이 아니라, 반대로 문학적으로 더 발달된 그들로부터 영향을 받은 것을 말하여 주며, 이것은 또한 신가 자체가 시대의 추이에 따라 자체내의 주술적인 요소와 기능이 감퇴되고 자기 방향을 예술적인 것으로 돌려서 발달한 것을 의미하게 되며, 자연종교와 련관된 신가가 많은 경우에 있어 미신적이며 종교적인 것은 분명한 사실이나 우리는 이것을 통하여 봉건사회의 테두리 안에서 논 가무극의 민간 예술가로서의 일면을 엿볼 수 있게 된다.

초년에는   초년성주
이년에는   이년성주
십년에는   대도감
독성주   마누라.
성주님   본풀이를
외야둘이랴   하옵고자
촛불영등   말에말양
명전나전   산닭바쳐놓고
성주님   본풀이를
외야서   풀입니다.
경주님의   본은
ᆞ하궁이   본이요
신님의   본은
ᆞ하궁이   본이라.
하궁   천대목신

초년성주(初年成造)…초년 가택신(家宅神).
대도감(大都監)…국혼(國婚), 국상이나 대궐을 지을 때 이들 아보던 관청.
독성주(纛成造)마누라…독은 큰 군기의 하나이니, 위엄이 장한 군 성주신이라는 뜻이당. 독성주가 성주신중으뜸가므로 마누라의 최존칭을 불렸다.
본풀이 본생풀이라고도 하며 유태를 푼 풀이.
외야를이만…종독해 드리며.
촛불영등(獨火燃燈)…촛불과 등불.
말에말양 말에다 량식을 담아서 제수로 바친 것.
명전나전(命錢齡錢)…수명장수를 비는 돈.
산닭…살아 있는 닭.
본…본관(本貫)의 준말. 조상이 출생한 땅
천하궁(天下宮)…성주선의 궁전 이름.
지신(地神)…땅을 지키는 귀신.
지하궁(地下宮)…지신의 궁전 이름.
천대목신(天大木神)…가택신(家宅神).

지하궁 지달부인

백년가약 매진후에

석달에 피를모고

다섯달 반짐받어

륙칠삭 되여갈제

석부정 부좌하고

활부정 불식하고

이불청 음성하고

목불시 악색하고

침식에 변화없이

십삭이 당도하야

옥엽태아 나아노니

저아기의 거동봐라

얼골은 관옥이요

풍채는 두목이랑

말삼은 소진이라.

지달부인(地達夫人)…가택신.

백년가약(百年佳約)…결혼.

피를모고…아기를 배여 석달이 되면 피가 엉킨다 했다.

반짐…열달이 온짐이다. 아기가 절반 모양을 갖춘 것.

륙칠삭(六七朔)…뉴칠개월.

활부정불식(割不正不食)…옳바르게 놓지않은 음식은 안먹는다는 뜻.

석부정부좌(席不正不坐)…더러운 자리에 앉지 않는 것.

이불청음성(耳不聽淫聲)…귀로써 음란한 소리를 듣지 않는 것.

목불시악색(目不視惡色)…간사한 것을 눈으로 보지 않는 것.

십삭(十朔)…열달.

당도(當到)하야…다달아서.

옥엽태아(玉葉胎兒)…태중에 있는 존귀한 아해. 옥엽은 금지옥엽(金枝玉葉)으로 왕족을 말한다.

판옥(冠玉)…잘 생긴 얼굴을 판옥이라 한다.

두목(杜牧)…중국 당나라 때의 시인 무목지(杜牧之)를 말한다. 미남자였다.

소진(蘇秦)…춘추(春秋) 때의 유명한 변사(辯士).

남에도 눈을뜨고
돌에도 눈을떠서
상통천문 하달지리
륙도삼략 구궁팔패
둔갑장신둔을
임의용지 하올적에,
천하궁 일천란간
루각에
난데없는 쇠동풍이
끝임없이 불어와서
동으로 기우러저
남으로 패국하고
패성주 되였으나,
성주목안 이룰자가
천하궁에도 없고
지하궁 당황산밑

남에도…아기가 총명하여 나무에 대하여 통달하고, 물에 대하여 도 모를 것이 없다는 뜻이다.
상통천문…하달지리(上通天文下達地理)…우로는 천문을 다 알고, 아래로는 지리를 통달한 것.
륙도삼략(六韜三略)…병서(兵書)이름.
구궁팔패(九宮八卦)…구궁은 팔패(八卦)의 방위와 그 중앙의 방위임. 팔패는 복희씨(伏羲氏)가 그었다는 여덟가지의 패.
둔갑장신(遁甲藏身)…둔갑은 귀신을 부리는 신술이며, 장신은 몸을 감추는 신술.
임의용지(任意用之)…마음대로 부리는 것.
루각(樓閣)…다락 집.
쇠동풍(東風)…된 샛바람.
패국(敗局)하고…판세가 기울고.
패성주(敗成造)…집이 허물어지는 것.
성주목안…성주 울안.
이룰자…기울고 부서진 것을 복구할 사람.
당황산(堂㬻山)…산 이름.

황우양씨　뿐이로다.
채사를　불러드며
특패자　내여주며
『황우양씨　성화참내하라.』
추상같이　분부하니
저채사　거동보소.
산수　털벙거지에
울을정자　떡부치고
삼승쾌자　남전대띠
흉중눌러　질근매고
삼승버선　들메이고
룩라경치　통행전에
별불갈이　나려와서、
첫번잡으며　달려드나
엄장이커서　못잡고
두번잡으며　들였으나

황우양씨(黃羽陽氏)…성주신의 이름.
채사(差使)…왕이나 수령이 죄인을 잡아오게 보내는 사람.
특패자(特牌子)…특별한 명령서.
성화(星火)…성화같이, 빨리.
참내(參內)…대궐에 들어가는 것.

산수(山獸)털벙거지…등물의 털로써 만든 전립(氈笠).

삼승쾌자(三升快子)…삼승포로써 만든 쾌자는 등운이 있고 무가없는 웃옷.
전대(戰帶)…쾌자 우에 띠는 띠.
흉중(胸中)…흡복통을 말한다.
룡행전(行纏)…통으로 된 감발과 같은 것.
류다경치…매투리의 일종.
들메이고…메투리를 발목에 잡아 매는 것.
별불갈이…성화같이.
엄장…몸집.

또 잡지를 못하야서
길가에 우묵히
황우양집 주왕할아버지
서있으니,
『어느궁 채사이냐。』
물으니
『천하궁 채사일러니
천하궁 일천탄간
루각집이
쇠동풍에 쓸어저서
패국
만조백관 패성주되여
황우양씨 공론하고
엄장이커서 잡어오라하나
못잡나이다。』
『그러면래일 평명시에
칙간에 나가거든

주왕(廚王)…부엌을 맡은 신.
채사(差使)…죄인을 잡기 위하여 보낸 사람.
일천탄간…一千欄干.
루각집…樓閣.
패국, 패성주…敗局敗成造.
만조백관(滿朝百官)…온 조정의 모든 판원을.
공론(公論)…의논.
평명시(平明時)…날이 환히 밝은 맨 새벽에.
칙간(厠間)…변소.

七七七

「출또올아 잡어가라.」

채사가 그말듯고
젓인담안에 홀로서서
나올때를 기다리니
그이를날 평명시에
칙간에 나갈때에
달며들어 잡아묶고
록패자를 내주니,
황우양씨 할일없이
염라국의 지부왕도
패자기약 못하였으나
쓰던 구연장도
없으니
석달말미 달라하니
멀다하고 아니추고
사흘말미 추고가니,

젓인담…무너진담. 또는 누기가 찬 담.

록패자…特牌子.

염라국(閻羅國)…지하 구만구천리에 심왕전(十王殿)이 있고 그가 유폐 염라국이 있다 한다.
지부왕(地府王)…염라대왕.
패자기약(牌子期約)…패자는 판원의 임명서 여기서는 출장하는 기한.

구연장…남은 도구.

말미…여유.

황우양씨 기가막혀
근심으로 지내시며
잘잣던메도 아니잣고
수심으로 지내실제,
황우양씨 부인말이
『대감은 무슨일료
식음을 전폐하십니까』
황우양씨 이른말이
『부인은 눈도귀도
없나이까
천하궁 일천란간
루각집이
석동풍에 쓸어저서
패국패성주 되엿으나
성주이룩 할이없어
패자놓아 잡혔으니

잘잣던…잘 자시던.
메…밥의 고어.
대감(大監)…나으리.
식음…食飮.
전폐…全廢.

이룩할이…지을 사람.

썼던   구연장도
없고
한벌   의복도
없아오니
어찌하면   좋으리까。」
부인이   이론말삼
「대감의   궁량으로
그만일에   식음을
전폐하십니까。
아모걱정   마읍시고
전지나   잡수시오。」
황우양   잠드려놓고
소지한장   지여내여
천하궁에   치쳤드니
가로쇠   놋쇠닷말
편쇠닷말

이론말삼…하는 말씀。
궁량(穹量)…큰 마음。큰 도량。
소지(燒紙)…고사(告祀) 때 지를 불사르면서 축원을 드리는 것。 또는 그 종이。
치쳤드니…치올렸더니。
가로쇠…분철(粉鐵)。
놋쇠…놋그릇을 만드는 진유(眞鍮)。
편쇠(片鐵)…철편。

열닷말을 나리시고,
대산에 대풀무
소산에 소풀무
대도끼 소도끼
대톱소톱 자귀먹통
대패먹자 맨들어놓고
사철의복 버선신발
모든법절 다한후에,
서산나귀 솔질하야
반부담 실어놓고
『대감님 일어나소
때늦고 시늦어가니
어서급히 떠나소서。』
황우양씨 깜짝놀라
일어나 자세본즉
치행제구 분명하다。

대산…大山。

먹자(墨尺)…먹고자(墨와) 장. 먹고자는 실에 먹을 무쳐· 줄을 치는 도구。

모든범절(凡節)…모든 행동의 절차。

서산나귀…중국 서산(西山)에서 나는 나귀。

반부담(半負擔)…말게 싣는 농짝。 그우에 사람이 탄다。

치행제구(治行諸具)…길떠날 준비를 차리는 여러가지 도구。

시급히 길떠날제
말은가자 굽을치고
님은잡고 락루한다.
황우양부인 하는말이
『가시는 로중에
누가 묻든지
말대척을 마옵소서
만일대척을 하옵시면
남을주는 나의처를
사랑하는 것이오니
부대대척 마옵소서.」
황우양씨 「작별하고
채를들어 한번치니
닫는말 살갈하야
황산뜰 눈결에지나
소진뜰에 다달으니,

―――――――――――

락루…落淚.

로중…路中.

말대척…말 대답.

닫는말…뛰는 말.

황산뜰…황산원(晃山園)을 말한다. 황우양씨가 살던 뜰.
눈결…눈을 감박이는 사이.
소진뜰…소진원(沼津園).

소진뜰의   소진랑이
비루먹은   말에다가
죽먹은안장   지어타고
소진뜰을   나며오며
황우양보고   하는말이,
『거기가는 양반 뉘라시요。』
한번물어   대척없고
두번물어   대척안하니
일부러   쫓아가며
애비없는   후레자식
이라하니,
황우양씨   속으로
부인말대로   하였드니
고욕이   자심타하고
돌아서서
『먼길가는   사람보고

소진뜰…沼津閭。
소진랑(沼津郞)…소진뜰 주인。
비루먹은…비루병에 걸려 털이 빠진
지어타고…안장을 얹어 타고。

대척…댓구, 대답。

고욕(苦辱)…심한 욕。
자심(滋甚)…점점 심하여 가는 것

말하자 하는자도
애비없는 후레자식이랑」
「계는 뉘라하오」
「나는 황산
　황우양씨라
　밑에사는
계는 하오。
「소진뜰 뉘라하오」
계는
「천하궁에서 어데가오」
　소진랑이라하오」
싸러가오」 불러서
성주이목 하러가오。
지하궁 돌번삼년
조악돌삼년 석삼년
소진랑이 하는말이
「사각이나 보시였오。
잠사각에 집을지면

계…당신。

성주이목하며…집을 고치며。
지하궁…地下宮。
물번삼년…삼년 동안의 물을 쌓는 당번。
조악돌삼년…조악돌 쌓기를 삼년。
석삼년(石三年)…돌 쌓는 일 삼년。 여기서는 구년(九年)의 뜻을 취하지 않는다。
사각(四角)…집을 수축(修築)할 때 성조사각법(成造四角法)이다
　는 점법이 있다。주인의 나이에 따라서 본다。
잠사각(盬四角)…사각법의 하나。

뉘에사 각이랑.
뉘에가 집을지면
죽는 법이라。

방소는 일천록
이안손 삼식신
사중패 오귀륙합석
칠적귀 방이되니
그대가는 자취있어도
오는자취 없으리랑。

황우양씨 하는말이
「어찌하면 좋소리까」
「옷바꿈을 하옵시다。」

황우양씨와 소전랑이
의북을 바꾸어입고
황우양씨는 천하궁에,
소전랑은 황우양의

뉘에사작…蠶四角。

방소(方所)는…집을 옮길 때 방위를 정치는 방소법(方所法)에 는 이름들로서 一天聾、二眼瞎、三食啞、四徹破、五鬼、六合食、七濉鬼。

옷바꿈…옷을 바꾸어 입는 것。

천하궁…天下宮。

부인이   일색이란
인물이
말을 들고
황산뜰로   나려갈제,
이때에   황우양
부인이
심신이   산란하야서
뒷동산에   꽃노리
잎노리
화류구경   올라갈제
옥단춘이   단단춘이
밀한임
앞서거니   설한임
뒷동산에   뒤서거니
도화만발   올라갈제,
리화만발   홍산이요
     백산이라

심신(心神)…마음파 정신.

잎노리…새잎을 구경하는 놀이.

화류구경(花柳求景)…꽃놀이.

옥단춘 단단춘(玉丹春 丹丹春)…비녀의 이름.

밀한임 설한임…한임은 하녀라는 뜻이니, 황우양 부인을 미는 한임, 당기는 한임이라는 뜻이다.

도화만발…桃花滿發.
홍산(紅山)…붉은 꽃이 만발한 산.
리화만발…梨花滿發.
백산(白山)…흰 꽃이 만발한 산.

황금같은 피리는
양류간에 노래하고
백설같은 흰나뷔는
꽃사이에 왕래한다.
이리저리 거닐면서
봄경색을 완상터니
담박에 말굽소래
요란하고
원앙소래 들리우니

『저기 오는 저구낭이
도적사람이 분명하니
어서바삐 들어가잣
문직이는 문을단고
쇠직이는 쇠를채라.
발령없이 문을열면
대감마님 행차후에

백설…白雪。
봄경색(景色)…봄 경치。
완상(玩賞)…구경하는 것。
원앙…소와 말의 턱아래 二개이상의 쇠고리를 마찰하여 소리가 나게 하는 것。
저구낭…저 랑군(郞君)。
쇠직이…문 자물쇠를 맡은 하인。
발령(發令)없이…명령이 나기 전에。
행차후(行次後)…돌아오신 후。

七八七

군법으로　참하리라.」

과연　문열어라 하며
「어룬이　나갔다
도라오면　열거든
단힌문도　열인문을
어찌하야　무슨 일이냥」
도루달힘은　하는말이
황우양부인

「우리 대감님은
엊그제　가셨는데
이제올리　만무하니
빨리도라　가시요.」
초진랑이　한참
생각하다가
입었든　죽적삼 벗어
련길 담벽으로　던지며

참(斬)하리다…목을 베리다.

소진탕…沼津郞.

이걸보고　　열어주시요。」
부인이　　적삼을
집어보니
『바누질은　　내솜씨나
땀내가　　달랐으니
어서바삐　　도라가소。』
소정랑의
『안녀자가　　닫은문을
대장부가　　못열소냐。』
제귀야　　제귀야라고
삼세번을　　부르더니
제쇠없는　　대문중문
소리없이　　열리더라。
집안으로　　달며들며
한손에는　　칼을들고
한손으로　　멱을들고

적삼(赤衫)…… 웃걸으로 된 웃옷
거동……擧動。
안녀자……안방 녀자, 녀장
제귀(諸鬼)야……귀신들아
삼세번……세번。
제쇠……제 열쇠, 제게 맞는 열쇠。
멱: 멱살。

『네아모리　난당긴다

할지라도
바람가비라　비상천하며
두더지라　땅속으로
　들어갈가。』

황우양씨　첩의부인
매게잡힌　꿩이되고
개게물린　닭이로다.
할수없이　피를내여
소진랑보고　하는말이
『신정도　좋거니와
구정조차　잊을손가。
해가저서　밤이되면
시아버님　친기오니
제사나　지내인뒤에
자리동품　하옵시다。

바람가비…새이름. 문홉조(蚊吸鳥)、로문조(吐蚊鳥).
비상천(飛上天)…하늘에 날아 오르는 것.
첩의부인…부인.
매게…매에게.
신정(新情)…새 랑군에 대한 사랑.
구정(舊情)…황우양씨에 대한 사랑.
친기(親忌)…부모의 제사.
자리동품…한 자리에 자는 것.

대장부의 처가살이
귀향살이 갈사옵고
녀자의 시집살이
원살이와 갈사오니
그대궁을 가사이다」
부인말이 옳다하고,
부정지속 수습하야
소진뜰로 나려갈제,
부인이 입고있든
명주한삼 소매떠여
음향지 장가락을
입으로 깨물어서
류혈로 글을쓰되,
「죽어서 오시거든
황천으로 만나보고
살어서 오시거든

───────────

그대궁⋯그대 집。
원살이⋯벼슬살이。 원은 고을 원님。
부정지속(釜鼎之屬)⋯세간살이하는 기명(器皿) 부치。
명주한삼(明紬汗衫)⋯명주로 만든 손을 가리기 위한 긴 형겊。
음양지(陰陽指)⋯무명지(無名指)。
장가락⋯가운데 손가락。
류혈⋯流血。
황천(黃天)으로⋯저승에서。

七九一

소진뜰로   오읍소서」

만단사연 적은후에
상주춧돌 밑에넣고
소진뜰로 나려갈제、
부인이   또한피를
생각하야
방소이나 보옵시다
『일천록 이안손
삼식신   사승패
오귀룩합식 철전귀
방위신이당
나의몸에 일곱귀신이
지접하야 있아오니
개똥밭에 지함과고
구매밥삼년 먹은후에、
자리동품 하옵시다、

소진뜰…沼津國。
사연…편지 내용。
상주춧돌…맨 우의 주춧물。

방소(方所)…전주(前注)。

지접(止接)…붙어 사는 것。
지함(地陷)…땅깡。움。
구매밥…구멍으로 들이는 밥

만일내몸을 허락하면

삼족을 멸하기는커녕

구족이 멸시할것이니

구메밥을 떼여달라。

『그걸랑 그리하소。』

개똥밭에 지함과고

구메밥을 먹을적에

황우양씨 괴상한

꿈을꾸고

심사가 산란하야지매

『여기문복 있느냐』 하니

『십리밖에 있나이다。』

생금서되 갖다주며

문복하야 달라하니

져판수 거동보소。

속두리판 내여놓고

삼족(三族)…아버지와 어머니와 처의 족속。

구족(九族)…고조 증조 조부 부친 자기 아들 손자 증손 현손을 말한다。

그걸랑…그것은。

문복(問卜)…점쟁이。

생금(生金)…정련(精鍊)하지 아니한 금。

판수…점치는 소경。

옥두리판…옥으로 만든 둥근 소반

七九三

대모산통   흔들면서
고축사하되

『천하언재하며
지하언재하나니
춘추매일   통사언
여천지로   획기덕하고
여일월로   획기명하고
여사시로   획기길흉하나니
대성인
구천천왕문왕
손빈선생   곽각선생
리순풍   소강절
팔팔륙십사패   소불난등하야
길즉길신이   룡성하고
흉즉흉신이   복창하야
일결에   명판하소셔』

대모산통(玳瑁算筒)…대모로 만든 젓치는 숫가지.
고축사(告祝辭)하되…축사를 외우되.
천하언재…天下焉哉 地下焉哉 春秋每日通事焉 與天地罰其德 與日月罰其明 與四時罰其吉凶 大聖人伏羲神農皇帝 九天天文王 鬼谷先生 孫臏先生 郭覺先生 李順風 邵康節 八八六十四卦 踈不難等 吉則吉神陰盛 凶則凶神伏昌 一次明判.

떨꺼숭아 내던지니
칠산이 치는구낭
또한번 내던지니
모듬산이 지는구나。
『도제이 점못하겠소。』
『묻자는 문복이요
아자는 천문이라
아는대로 일러주오。』
『그대집터는 쑥밧되고
부인은 남의궁에
시집갔으니
어찌급히 가서보오』
황우양씨 기가막혀
지급히 바뻐나와
속히일을 하려하고
삼년할일 일년하고

칠산(黜算)…산쾌를 뽑을 때 기수(奇數)가 나오는 패。
치는구나…지어(作)지는구나。
모듬산(集算)…산쾌를 뽑을 때 우수(偶數)가 나오는 패。
도제이…또저히。
천문(天文)…천체(天體)를 보고 점치는 것。
쑥밧…집이 다 허물어지고 쑥이 우거진 것。억망이 된 모양。
남의궁…남의 집。

일년할걸 한달하고
한달할걸 하루하야
바삐바삐 나며와서
살던집에 와서보니、
집터는 쑥밧이되여
주춧돌만 남어있고
길어먹던 우물에는
청이끼가 끼여있고
길아래의 댕댕이가
길우로 뻗었으니
황우양씨 란식하며
하날을 우러러 통곡하고
상주츳돌을 베고
기잔하야 잠을들제、
태백산 갈가마귀가
차돌도 못얻어먹고

청이끼…푸른이끼.

댕댕이…덩굴이 뻗어나는 풀 이름.

통곡…痛哭.

기잔(氣盡)하야…맥이 없어.

태백산…太白山.

차돌…방해석(方解石).

갈곡질곡
하석필이라
황우양씨
일어나며　울고가며
　　　　울고가니
　　　　깜짝놀라

『날어가는　저갈가마귀
날비하야　울고가냥.
하자는　아랫핫자
분명하고
석자는　돌석자
분명하다.
돌밑에　무엇이
있나보다.』

주춧돌을　들고보니
부인의한삼　들었거라.
자세히　펼쳐보니
류혈모　글을 썼으되

하석필(下石筆)‥‥돌 밑에 글이 있다는 뜻.

날비하야‥‥나를 비웃어.

하자‥‥下字.

석자‥‥石字.

들었거라‥‥들었더라.

류혈‥‥流血.

「죽어서 오셔겨든
황천으로 만나보고
살어서 오시거든
소친들로 보옵시다.」

만단설화 하였거라.
성화같이 설화보고
황우양씨 날어가서
청다락 우물가에
로송나무 우에앉어
부인에게 꿈자리를 하였드니
어질업게 짐작하고
온둥이 머리에 이고
우물가에 나가앉어
물한번을 풀떠쓰니
황우양씨 그림자가

만단설화(萬端說話)…자세한 이야기 하였거라…하였더만.
설화(說話)…이야기. 여기서는 사연.
성화…星火.
청다락…푸른 다락.
로송나무…老松.
꿈자리…꿈속, 꿈에 나타남 일.

풀떠쓰니…풀어 걷오니.

물가운데　　비치거라.

황우양씨부인　이른말이

『죽었거든　울어 나리시고

살았거든　웃어 나리소성』

황우양씨　기꺼하야

허허웃고　나려오며

『그사이를　못참어서

남의체가　되였는가』

부언이　이른말이

『내무엇이라　하옵디까

묻는말　대답하야

나까지　고생하았으나

그놈과　오날까지

상관없이　피하야

왔사오니

원쑤갚고　가치가서

비치거라…비치더라.

이돈말이…하는 말이.

기꺼하야…기뻐하야.

상관…相關.

「질거웁게　　사옵시다。」

황우양씨　요술부려
청새홍새　몸이되여
부인의　아홉폭치마
폭폭어　째여뚤어가서
대직계소직계　내여둘고
소진랑의　정수리가죽
발굼치로　부처놓고
삼만묵천　일신수족
용수없이　하야놓고
물푸레　회차리로
사정없이　따리이니
소진랑이　혼접하야
고두백배　하는말이
「아모죄도　없사옵고
개똥밭에　지함과고

청새홍새…청조(靑鳥) 홍조(紅鳥)。
대직계…큰 집게。
정수디가죽…머리 숨구멍의 가죽。
발굼치로…발굼치에다。
일신수족(一身手足)…팔 다리와 온몸。
용수(用手)없이…움직이지 못하게。 손 발을 쓰지 못하게)。
물푸레…도리깨를 만드는 단단하고도 부드머운 나무。
혼접(魂怯)하야…혼줄이 빠져서。
고두백배(叩頭百拜)…절을 하면서 비는 것。

五〇

구메밥

떡인최바깨 삼년간을
　　　　　없사오니
목숨이나 살여주오.」

황우양씨 이른말이
너룰기물내여 죽일것이로되
국공의 자손이라
그는그리 못할망정
돌함속에 가두어서
물한모굴 못먹게
하야놓고,
네집혼손들은 거리거리
성왕되여
올라가는 장꾼들
나며오는 행인들의
침이나 받어먹게
마련하고

──────────

국공(國公)의 자손…왕손.
돌함…돌로 만든 궤짝.
혼손(渾孫)…여머 자손.
성왕(城隍)…성을 지키는 성황신(城隍神).
행인…行人.
마련하고…그렇게 되게끔 만들고.

닭이짐생들은 뒷동산에
치처놓고
평비닭이 사심되여
총으로탕탕 놓아먹게
마련하고,
황우양씨 량위부처
황산뜰로 올라와서
그날밤을 유경할제,
억새덕새 이끌잡어
저끌매고
저끌잡어 이끌매고
아홉폭 주리치마
좌우로 휘장치고
그날밤 유경할제,
『부인은 그동안에
무슨재조를 배웠소。』

치처놓고…놓아놓고。
비닭이…비둘기
사심…사슴。
량위(兩位)…두분。 량주。
황산뜰…晃山囿
유경(由經)할제…지낼 때。
억새덕새…억새의 종류。
주리치마…긴 치마。
휘장(揮帳)…두르는 포장。

「대감님 떠나가신후로

눈물로 세월을
보내옵다
소지한장 지여써서
천하궁에 울렸드니
애기누에 한접시랑
열흘밤떽여
잠재이고
싶에다 울렸드니
청색고치 백색고치
황색고치 댓말이랑
거린대 앞에놓고
한번잡어 내외치니
나그네명지 결명지
두번잡어 내의치니
주인네명지 속명지
쉰대자 마흔대자

소지…燒紙。
천하궁…天下宮。
애기누에…갓깐 누에。
섶…누에 섶。

거린대…베틀의 눈섭대。여기서는 베틀。
내외치니…밟아 디디니。
나그네명지…손님에게 줄 명주。
결명지…고치에 붐은 실로써 짠 울이 곱고 거친 명주。
속명지…고치의 보무타지를 빗저낸 속고치의 실도써 짠 명주。
쉰대자…五十五척 한필。
마흔대자…四十五척 한필。

나가지고,
대감님 일홈한별
지어놓고
동창문을 열고보니
점심꾼이가 왔다갔다
하옵니다.」
「그재조가 무던하오.」
황우양씨 이른말이
우리제조 그러하나
사후에 죽어지면
물술이나 얻어먹고
천추만년 가드래도
축원덕담 받어먹게
나는 성주되고
부인은 지신되여
방방면면 촌촌집집마다

나가지고…짜가지고.
점심꾼이…점심을 운반하는 사람. 「꾼」은 음식이다는 뜻이다
물술…물과 술.
사후…死後.
축원덕담(祝願德談)…축원하는 좋은 말
성주…成造.
기신…地神.
방방면면…坊坊面面.

성주되고　지신되였을제,
아모동　　아모가중
성주지신　되였는대
성주님　　위하실라
하옵고
시루머리 독밥　별머리위성
잔상거완　　　명전나전
로보시산닭　　모고리 바처놓고
위성하고　　　대하오니
정성오로　　　감하시고
만사망덕　　　사망을
나리시고,
아모가중은　　이러니
저러니　　　　할지라도
위대한　　　　가중은
일년열두달　　과년열석달이

아모가중(家中)…아무의 집의.
하실라…위하려.
시루머리독반…떡을 시루에 껴서 칸술 넣지 않고 시루 그대로 목판에 독을 바친상.
별머리위성…소나 대지의 룡머리만 바친 정성.
잔상거완(盞床巨碗)…큰 잔을 바친 상.
로보시산닭…온 산닭.
모고리…미상(未詳).
제기(祭器) 이름인가
위성(爲誠)하고…정성을 다하고, 정성으로.
감하시고…보시고.「감하다」는 보다의 존대
정성으로…정성을.
만사망덕(萬事望德)…만사에 큰 덕을 내리는 것.
사망(事望)…소원을 성취하는 것.
위대(偉大)할…품위가 높은.
과년(過年)…윤달이 있는 해.

八〇五

지나가도 　삼재팔난　 수다액운을
천리밖에 　소멸하고
만사순성 　대통운하고
맘먹었든 　일을랑은
뜻과같이되게 　첨지하고、
섯주님이 　불안하면
지신님이 　안존하고
성주님이 　불안하면
하시고、 　안위안정
대주님이 　불안하면
계주님이 　안위안정
하시고、 　가왕이요
성주님도 　가왕이요
지신님도 　가왕이요

삼재팔난(三災八難)…모든 재난。
수다액운(數多厄運)…많은 불행한 운수。
만사순성(萬事順成)…만사가 순조롭게 성취되는 것。
대통운(大通運)…운수가 크게 통하는 것。
첨지(占指)하고…지시하고。
안존(安存)하고…안온하게 하고。
안위안정(安慰安定)하고…위로하여 평온하게 하고。
대주(垈主)…주인。
계주(季主)…안주인。
가왕(家王)…집주인。

대주님도 가왕이요
계주님도 가왕이랑
네가왕이 합이되여
한나무끝이 놀락일락하고
이만신놀고 간뒤에는
션삼일 북을주고
후삼일은 명을추어
철비동산에 만만수
로적이 나리여
줍소셔.

───────────────

네가왕…四家王.
놀락일락…자손이 창성하고 복이 많은 것을, 열미가 많이 달님
나무에 비하였다.
만신(萬神)…어머 귀신.
션삼일(先三日)…만신이 노는 날에 앞선 삼일.
칠비동산…미상.
로젹(露積)…집 밖에 쌓아 둔 로적가티. 낟가미.

【 김 삼 불 】

황제풀이

청류리가　황류리라
화장청내　서게신데
무진각씨가　대활례로
놀으소사。
적제월성　가중황제
청제월성　가중황제
청제로다　적제로다
유은다섯　류리여섯
사실룡왕　괄만황제
대활례로　놀으소사。
당에들어　당바라다

청류미: 황류리(靑瑠璃 黃瑠璃)와 려한 장식을 표현하기 위하여 사용했다. 청류리로 꾸미고, 황류리로 꾸민.
화장청내(花裝廳內)…꽃으로 장식한 마루 안.
무진각씨(無盡閣氏)…각씨신(閣氏神)의 하나.
대활례…무당들이 풀이에서 쓰는 축원적인 후렴구.
적제월성…赤帝月城 家中黃帝。
청제월성…靑帝月城 家中黃帝。
청제적제…靑帝 赤帝。
유은(鍮銀)…은으로 만든 고리 다섯개를 잇대은 패물。수은이
다도한다。
사실…四海龍王 八萬黃帝。
망(堂)…여기서는 새로 지은 집.
당바마다, 주다, 는 망에 복을 줏다 주다, 꽃자주다。「바다다 주다」는 대력

주실황제
수에들어
주실황제。

아모가중
아침근지는
저녁근지는
근지둔지
사해일에
수를늘어
대활례로
아모가중
헌쇠재물
거문쇠재물도
헌쇠재물에
수문천량

수바라다

지난으로
입쌀근지
좁쌀근지
랑근지의

주실황제
눌으소사。
지난으로
재물이요
놋쇠닥달
은자보물
손을모와

수(壽)…수명。
수바라다…장수를 갖다주다。

아모가중…아모의 집。
지난으로…미싱。
근지…량식。개니。

근지문지…근진지 문진지。「밥인동만동」의 뜻이다。
사해일(巳亥日)…흉일(凶日)。이날은 일진이 좋지 못하여 찬밥
이 일어난다고 했다。
수…壽。

헌쇠재물…파철로 된 재산。

거문쇠닥달…거문쇠로 만든、거문쇠를 닦은 것。
은자보물(銀子寶物)…은보물。
수문천량(鐵文千兩)…정확한 천량。
손을모와…긁어 모아。

八〇九

쇠를늘여 주실황제
내활례로 놀으소사。
아모가중 지난으로
목판기 쟁반기며
고사음식 제사음식
나나드나 합지라도
탈이없이 놀으소사。
대활례로 지난으로
아모가중 으뜸안고
계누라서
업성주며 덕성주라
표꼴장군 사살군웅
성주대도감 본을풀면
초년성주는 열일곱
이년성주는 스물일곱
하계성주는 마흔일곱

목판기(木瓣器)…목판 그릇。
쟁반기(錚盤器)…쇠로 만든 쟁반。
고사…告祀。
나나드나…나가든지 들어오든지。
계누닥서…그 누구가。
업성주(業成造)…재물을 가지고 들어온 성주이나 나갈 때는 되로 가지고 가는 악성주。
덕성주(德成造)…선한 성주로 복과 록을 가져온다는 성주。
표꼴장군…豹骨將軍。
사살군웅…오방(五方) 사살 방위를 맡은 신。
성주대도감…成造大都監。
하계성주(下階成造)…아래 섬돌을 지키는 성주。

중계성주는 　션일굽
글막성주는 　예순일곱
일흔일곱은 　토자성주로다。
성주대묘감 　본훈풀면
제어메가 　본이신가。
경상도 　안동중촌
제비원이 　본이시라。
제비원에 　들어가서
솔씨닷말을 　받어내여
옥병에너서 　두리처메고
태주거동을 　불작시면
제일명당을 　찾을적에
엉덩이를 　꺼분대며
두눈깔을 　허번덕
어리면서
영명가명 　양근지명

글막성주…마지막 성주。
로자성주(老者成造)…늙은 성주。
제비원…(燕院)。
안동중촌…安東山村。
제…제、거기。
대주(垈主)…주인。
제일명당(第一明堂)…산음(山陰)의 덕이 제일 가는 곳。
어디면서…거미면서。
영명(永平)…전당
가명(加平)…남평(南平)에 있는 군명。
양근(楊根)…경기도에 있는 지면。
지평(砥平)…경기도에 있다。

룡문산을　돌아들어
산신님께　산을빌고
로신님께　흙을빌고
사해룡왕께　물을빌어
대산에　대솔씨를
뿌렸고나　
소산에　소솔씨를
뿌렸고나。
그솔씨를　뿌린후에
사해룡왕이　물을주고
토신님이　북을돋아
그솔씨가　밤이면은
이슬맞고
낮이면은　볕뉘를
쏘이고
아침저녁　안개나더

룡문산(龍門山)…경기도 양평에 있는 산.

사해룡왕(四海龍王):　네 바다를 지키는 룡왕。동해 광연왕(廣淵王)、남해 광리왕(廣利王)、서해 광덕왕(廣德王)、북해 광택왕(廣澤王)。

대산::大山

로신 土神

별뉘 햇볕。

아구트고 싹이 나서
무위이화로 자라날제
일년자라 두해자라
소북솔이 되였구나。
잇해삼년 자라더니
다북솔이 되였구나。
오륙년을 되였구나。
일천가지 벌어지고
삼천잎이 피였구나。
칠팔년 근십년을
자라더니
열짐가는 락락장송이
되였구나
삼사십년 온근백해가
되더니
소부동이 되였구나。

아구트고…종자 껍질을 젯고 싹이 내미는 것. 갑탁(甲坼)이 터지는 것. 무위이화(無爲而化)…특별한 정책이 없어도 나라가 잘 다스려진다는 것이다. 여기서는 저절로 라는 뜻이다」

소북솔…어린 솔, 치송(稚松)。

다북솔…작은 솔, 소송(小松)。

락락장송(落落長松)…나무가지가 드리운 큰 소나무。
열짐가는…열사람이 멜。

온근백해…수가 찬 백년。

소부동(小不等)…매로 둥보다 작은 큰 아름나무。

八一三

청장목이　되고
황장목이　되고
도리목이　되였구나。
아모가중　지남으로
집재목을　내려하고
호조에가서　공문내고
감영에가서　편첩내고
설훈세명　역군들이
옥도끼를　둘어메고
동문산을　둘어갈때
남문을열고　바라툴첬다
계명시가　되였구나。
이밥덕고　어이가리
은도끼며　롬도껴들
오장섭에　녀가지고
동문산에　둘어가서

청장목、靑腸木: 황장목의 약목(若木)。
황장목(黃腸木)…흫은 절의 소나무의 한 종뮤。
도미목…도리감으로 쓰이는 나무。
호조(戶曹)…호구(戶口) 공부(貢賦) 식되(食貨) 와 정사룰 맡아 보던 룩조(六曹)의 하나。
감영(監營)…도 판찰사가 정사를 보던 마을。
편쳡(褒牒)…품첩의 와슴(訛音)。성판이나 관청에 내는 신청서。
계경시(鷄鳴時)…새벽 탉이 울 땜。
남문을열고…새벽 오경삼접(五更三點)에 파루하고 성문을 열고 롱행을 허가하던 것。「바라툴 쳤다」는 「파루를 쳤다」의 와슴(訛音)。
오장섭…오쟝이 짚으로 결어서 만든 작은 섬。
룡문산…龍門山

남기라고 비랴할제
고사라고 없을소냐.
서말서되는 시루메
서되서홉은 노구메
완소잡어 설파하고
맑으나청주 호리나탁주
머리갓은 다려놓고
황초이쌍 북어로다.
소지삼장 걸었고나.
설혼세명 역군들이
하탕에 손발씻고
중탕에 목욕하고
상탕에 머리감고
비나이다 비나이다
연산근산 일월성신
산신후토 신령님께

고사(告祀)…밸복할 때 산신에게 제를 지내는 것을 말한다.」
시루메…시루에 찐 멥밥.」
노구메…롱노구에 찐 멥밥.」
원소…온소.
설파하고…고기를 가르고.」
청주탁주…淸酒濁酒.
머리갓…머리가 온전한.」
북어(北魚)…명태(明太).」
황초(黃燭)…밀초.
소지…燒紙.
하탕(下盪)…아래녘 시냇물.
중탕…中盪.
상탕…上盪.
원산근산일월성신.「遠山近山日月星辰.」
산신…山神
후로(后土)…후로신. 로지를 맡아 보는 신.」

비나이다.
이산중에 들어와서
벌목을 할지라도
뉘도탈도 보지마옵시고
설혼세명 역군들
몸병발병없이 도와줍소사。
은도끼 금도끼를
련엽슷돌에
츨근츨적 들게갈어
헌거터읍게 둘러메고
룡문산에 치달어서
상계산에 상계내랴
충계산에 충계내랴
두리산의 두리목을
우지끈땅땅 쩍어내서
노끼밥이 나거들랑

―――――――――――――――

뉘……허갈。

련엽슷돌……련잎사귀 같이 생긴 슷돌。

헌거머읍게……의기 양양하게。
치달어서……치올라가서。
상계산……上階山。
상계……나무를 끌어내리는 산꼭대기의 길」
두리산……원산(圓山)。
두리목……둥치가 둥근 나무。

이산 저산에　　화톳불을
대려라.
껍질을　　베겨라
군두구멍을　뚫어라.
외산에가　외를끊고
근산에가　칙을끊어
방어쇠를　걸었구나.
언덕을랑　궁굴어타
평지에는　이끌어라.
양구양천　흐르는물에
어라둥실　데띠여라.
동방에는　청기꼿고
서방에는　백기꼿고
남방에는　홍기꼿고
북방에는　흑기꼿고
한가운데는　성주부인이

군두구멍…큰 재목을 끌 때나, 뗏목을 엮을 때 줄을 걸기 위하여 뚫은 구멍.
외산(外山)…바깥 산.
외(檞)…벽속에 뒤은 가는 나무가지.
근산近山…여기서는 힘덩굴.

양구양천(楊口楊川)…양구는 강원도에 있다. 양천은 양구를 흐르는 북한강(北漢江).

동방(東方)에는 청기(靑旗)…오방신기(五方神旗)를 말한다.

어라둥실…어라 둥실. 어라는 감탄사.

성주부인…成造夫人.

황성기를

둥두렷이 꽃았구나
이물에는 이사공아
저물에는 저사공아
　　　　 허릿간의 화장아해
물때가 늦어가느매라.
떼떠여라 떼떠여라
이밥지여 설혼세명
역군들 헛참하고
조밥지여 어부심하고
앞사공의 거동을보소.
북을달고 상승돛을
높이달고
북을 둥둥치며
앞사공아 떼를대라 늦어가느매라.
수세답이를 집어주고

황성기(黃星旗)…활기의 하나로 오방신기에 든다.
이물…배의이물. 뱃머리.
이사공…이물사공이 준 것.
저물…배고물. 배의 가 달린 뒤.
저사공…고물사공. 배의 키가 달린 뒤.
허릿간…배허릿간. 배의 가운데간.
화장아해…배에서 밥을 짓는 아이.
물때…물법. 조수를 리용하여 배가 드나드는 물참.」
가노매라…가노매라. 가누나.
이밥…입쌀밥.
헛참…입가심하는 간략한 식사.
어부심…어부슴. 정월 보름날 그해의 액운을 떼기 위하여 음식을 물 속에 넣는 것. 여기서는 액막이로 밥을 물에 넣는 것.
상승돛(上昇帆)…높이 올리는 돛.

수세답이 · 미상.

반일이나　지나서
나며올때
한여울을　지냈구나
두여울을　지냈구나
갚은여울은　갚이저어
얕은여울은　얕이졌고
몽두여울　악두여울
험할시고。
고깔여울을　지났구나
칠산바다　까치여울을
지났구나
키여울　안반여울을
지났구나
셩주대도감
밤이면은　물에나며
잠울자고　거동을보소。

반일(半日)：반나절。

칠산(柒山)바다…전라도에 있다。

안반：安槃。

거동：擧動。

물…륙지。

낮이면은　떼를타고
여울여울　고사하고
나려올제
평반에　물을담은듯이
외방돌아　주실황제
대활레로　놀으소상
밤재여울을　지냈구나
광나루　심청강
문등섬을　다달어
안신당에　고사하고
밖신당에　바래고
둑섬뒷벌에　달적에
천이거든　백을내고
백이거든　열을내고
열에하날랑　주실황제
대활례로　놀으소상。

고사…告祀。
평반(平盤)…다리가 없는 평평한 쟁반。
외방돌아…수호하여。
밤재여울…栗嶼灘。
광나루…광주(廣州)。
심청강…沈淸江。
문등섬…文登島。
안신당…內神堂。
바래고…망배(望拜)하고。
둑섬(纛島)…서울 동대문 밖에 있다。
뒷벌…뒤언덕, 후안(後岸)。
달적에…댈 때에。
하날랑…하나는。

서빙고를 열른지나
말무덤을 지나
머누리여울 보계여울
송장골을 지났구나.
동작소를 흘리저어
바둑섬을 건너서서
흑석이며 로돌이요
새푸리를 열른지나
이나무 주점이
어데인고.
룡산삼개 롱인골은
수레마당터 좋거니와
대궐터로도 더욱좋다,
산천경개 하여보세
차부정구 리차부
김차부

서빙고(西氷庫) 뚝섬에서 룡산삼개로 내려가는 데 있다.
말무덤…마분(馬墳). 말이 죽으면 묻던 곳. 지명(地名).
보계여울…보자탄(寶瓷灘).
송장골… 屍窟. 옛날 사형장이였다.
동작소… 銅雀沼. 동작은 한강을 건너선 곳을 말한다.
흘리저어…물이 호로 흐르는대로 말겨서 저어.
바둑섬… 碁島.
흑석…黑石.
로돌… 鷺돌.
새푸리… 新八里.
주점…렌꽃.
룡산삼개… 龍山麻浦.
수레마당터…수레가 집결하는 광장.
대궐… 大闕.
산천경개(山川景槪)…자연의 경치.
차부정구…차부 차부점고(車夫點考). 점고는 점을 치면서 인원알새 는 것.
김차부…金車夫.

八二一

늙은이차부 젊은이차부
헌다허는 나라차부。
차부정구 한연후에
소정구인들 없을소냐。
우격뿔이 좌격뿔이
모구걸이 별백이
유얼럭이 사족뿔이
왁대소 은아뿔이
소정구를 한연후에
차부놈의 거동을보소。
박휘정구 하울적에
높은박휘 낮은박휘
가리여라、
높은박휘에는 대부동을싫고
낮은박휘에는 소부동을
실어놓고

헌다허는: 저마고하는。자격이 훌륭하다고 하는。
나락차부: 나라에 매인 차부。
소정구: 소(牛)점고。
우격뿔이: 안으로 구부머진 뿔을 가진 소。여기서는 뿔이 쪽으로 구부러진 소。
좌격뿔이: 우격뿔에 대하는 원쪽으로 뿔이 구부러진 소。
모구걸이: 미상(未詳)
별백이: 이마에 흰점이 있는 소。
유얼럭이: 얼럭소。본바탕에 얼룩이 있는 소。
사족뿔이: 네발굽이 흰 소。
왁대소: 큰 소。
은아뿔이: 뿔이 비녀모양으로 당쪽으로 곧은 소。

박휘정구: 차바퀴 점고。

대부동: 大不等、
소부동: 小不等。

차부놈의　거둥을보소.
수양산　무푸레를
량끝갈라　쌍열을매고
앞소는　뒤둘치고
뒷소는　앞울쳐서
이라낄낄　몰아올때
수레마당허　열른지나
당고개를　지냈구나.
미나리논　청패배다리며
리문동　반송가
사거리를　나서서
숭례문앞을　지났구나.
칠간통을　들어서서
창꼴이며　회동이며
장동미동　구리개를
열른지나

수양산(首陽山)⋯황해도 해주에 있다. 무푸레 나무가 많이 난다.
쌍열⋯쌍열채. 열채는 채찍 끝에 끈을 단것.
당고개⋯堂峴.
청패배다리⋯靑波舟橋.
미문동⋯里門洞.
반송가⋯盤松街.
사거리⋯四街里.
숭례문(崇禮門)⋯남대문. 숭례문의 와음
칠간통(七間通)⋯길쪽이 칠간이나 되는 것.
창꼴⋯倉洞.
회동⋯繪洞.
장동미동⋯欌洞、漢洞.
구리개⋯銅峴. 지금의 구리개 네거리.

작은광충교 큰광충교를
건너서서   돌아들어
종로네거리를
금부앞을지나   아해들
륙주비전
다칠세라。
황토마루를   울라서서
산지조종은   곤륜산이요
수지조종은   황하수라
장목전에   부렷고나
김별감
말둑병거지를 제쳐쓰고
장목전에   썩들어서서
장목을   사려할때
선악이   상반하야
갑을저으기   놓앗구나。

광충교…廣忠橋。

금부(禁府)…의금부(義禁府)。
륙주비전(六注比廛)…리조 태조 때부터 서울 종로에 허가한 어용상점。선전(繕廛)、면주전(綿紬廛)、내외어물전(內外魚物廛)、청포전(靑布廛)、지전(紙廛)저포전(紵布廛)의 여섯상점。
다칠세마…다칠가 무녑다。
황로마루…黃土뗵。
산지조종(山之祖宗)…산의 조상, 즉 산중에서 으뜸가는 것。
곤륜산(崑崙山)…중국 서북에 있다。
황하수(黃河水)…중국 황하。
장목전(長木廛)…큰 재목 가게。
김별감(金別監)…별감은 액정(掖庭) 소속의 하나로 궁의 하인。
말둑병거지…마루일 쓰던 모자인데 말둑처럼 우묵 솟은 전립의 하나다。
선악(善惡)이 상반(相半)하야…좋은 재목과 나쁜 재목을 반반 저으기、여기서는 알맞게。으로하여。

각영문   차부들이
우격부격 실어드려
집터에다 부렸구나.
집터라고 잡을적에
팔도명산을 바라보니
경상도   태백산
락동강이 둘러있고
충청도   계룡산은
공주금강이 둘러있고
전라도   지리산은
세류강이 둘러있고
강원도   금강산은
소양강이 둘러있고
평안도   묘향산은
대동강이 둘러있고
경기도   삼각산은,

우격부격·우격지격.

태백산…太伯山。
락동강…洛東江。
계룡산…鷄龍山。
공주금강…公州錦江。
지리산…地理山。
세류강…細流江。
금강산…金剛山。
소양강…昭陽江。
묘향산…妙香山。
대동강…大同江。
삼각산…三角山。

림진강이 둘러있다.
선천지라 후천지라
억만세지 무궁이요
백두산　　실맥이
무엇이저　　　
삼각산이 기봉이요
북악산은 주산이요
종남산은 안산이라.
왕십리산은 청룡이되고
만리재는 백호로다.
한강은 조수가되고
동작소로 수기들
이집터 좀도좋다
둘렀구나.
좌청룡 우백호라.
좌청룡 내려온

림진강 臨津江.
선천지(先天地) : 산천이 생긴 때부터라고남 산슴이 중은 땅.
후천지(後天地) : 인공을 가한 후에 비로쇼 좋은 산슴을 갖게 뒨 땅.
억단세지무궁⋯⋯億萬歲之無窮
실맥⋯⋯혈맥 (血脈).
삼각산⋯三角山.
기봉(起峰)⋯련산(連山) 중에서 솟아 오른 산.
북악산(北岳山) : 서울의 주산(主山)이다. 북악산을 중심으로 하여 동에 청룡(靑龍)이 나오고 서에 백호(白虎)가 나며 남에 원산(案山) 안산이 배치된다.
종남산(終南山)⋯서울 남산.
왕십리산(往十里山) : 외청룡(外靑龍)이다. 내청룡은 타박산
만리재(萬里岾) : 외백호(外白虎)다. 내백호는 긴마재(鞍岾)이다.
조수(潮水) : 풍수설에서 말하는 조수구(潮水口)를 말한다.
수기(水氣)들 둘렀구나. 풍수설에서 흐르는 물을 막는 것을 담한다.

좌청룡내려온 이 대목은 말이 잘 맞지를 못한다.

줄기가
인왕산이 되였구나.
앞주산이 주춤주춤
나려와서
종남산이 되였는데
일산봉이 떠들어온다.
뒷주산이 주춤주춤
나려와서
인왕산이 되였는데
로적봉이 떠들어온다.
집터라고 잡었고나
나뷔명당 터로다.
벌명당
명당터를 잡었구나
사각이나 가려보세。
어사각도 사각이요.

인왕산: 仁旺山。
앞주산: 前主山。
일산봉(日傘峰): 일산을 편듯이 모두룩한 봉우리。
종남산: 終南山。
로적봉(露積峰): 로적가미를 싼듯이 우뚝한 봉우리.
나뷔명당(蝶明堂): 꽃밭에 노는 나비처럼 평생 먹고 놀수 있는 복을 주는 명당.
벌명당(蜂明堂): 평생 일하여도 잘 살지 못한다는 뜻은 명당.
사각(四角): 성주 사각법(成造四角法)의 점법을 말한다. 집을 지을때 주인의 나이에 따라 점친다.
어사각: 御四角, 黑四角, 母四角, 兼四角. 성주본풀이에 전주.

잠사각도　사각이요
모사각도　사각이라
처사각도　사각이라
사각이라　가린후에
목수정구　하야보세。
김편수　　리편수
현다하는　나라편수라
젊은지위는　병년질이요
닭은지위는　먹통질이요
도편수는　자절이라。
대부동에는　대톱을걸고
소부동에는　소톱을걸고
실근실근　톱질이야。
도리라고　내인후에
열가지로　석가래를
내였구나。

───────────

목수정구…木手政구。
편수（邊首）…장색의 우두머리。
지위…목수。
병년질…선짜구로 재목을 다듬는 일。
먹통질…먹고자로써 먹줄을 치는 일。
도편수（都邊首）…편수중의 우두머리。

내인후에…[만든 후에。]
열가지…가는 기둥。

훗추리가

열가지
남은것은
오색채단에 물드며서
닭이장을 짜았구나
집이라 지을적에
터라고 닥어보자
설흔세명 역군들아
집터라고 닭을적에
온가래에는 온줄매고
금가래에는 금줄매고
쇠가래에는 숙맛줄매고
줄금줄적 다릴적에
동편자경을 닦으면은
청사자가 눈랍세라
남자손이 성할
더이니

훗추리…가는 나무.

오색채단(五色彩緞)…오색의 무색 비단.

역군…役軍.

가래…흙을 파헤는 기구. 삽에다 긴장부를 꽂고 두줄을 매여 세 사람이 일을 하게 된다. 혼자 쓰는 작은 것도 있다.

숙맛줄…숙마(熟麻)로써 꼰 줄.

다릴적에…당길 때에.

지경…집터.

청사자(靑獅子)…동쪽을 맡은 사자. 동은 청색이다.

남자손…男子孫.
창성(昌盛)…성하는 칭.

가만가만　다지여라
에여라　지경이야。
서편지경을　닦으면은
백사자가　놀랄세라
녀자손이　창성할
터이니
가만가만　다지여라
에여라　지경이야。
남방지경을　닦으면은
홍사자가　놀랄세라
부저공명　할터이니
가만가만　다지여라
에여라　지경이야。
북방지경을　닦으면은
흑사자가　놀랄세라
안과태평　할터이니

에여라…감탄사。
백사자(白獅子)…서쪽을 말은 사자。서는 백색이다。
녀자손…女子孫。
부귀공명…富貴功名。
홍사자…紅獅子。
남방지경…남쪽 집터。
북방지경…북쪽 집터。
흑사자…黑獅子。
안과태평(安過太平)…편안하게 태평으로 지내는 것。

가만가만　다지여라
에여라　지경이야.
한가운데　지경을
닦으면은
금거북이　놀랄세라
가만가만　다지여라
에여라　지경이야.
먼뎃사람　듣기좋고
가까운뎃사람　보기좋게
다지여라
에여라　지경이야.
천년지경　다지여라
만년지경　다지여랴.
설흔세명　역군들아
하나둘이　달지라도
열스물이　닫는듯히

금거북이…중앙을 지키는 돔구(金龜).

천년지경…천년살 집터.

닫지라도…지경을 닦는 달구질을 할지라도.

삼동허리 　굽닐면서
고초상토 　끄덕이며
지경이라 　단연후에
추초라고 　없을소냐。
동소문박 　썩내달어
보원상계를 　치달어
소부석이며 　대부석을
먹줄을처서 　때려낼제
네모친듯 　청석돌을
어슷비슷 　찍어내려
상당주초 　팔모치고
하당주초 　룩모처라
사각주초를 　내였구나。
구들장을 　땜씨있게
해주박석으로 　내였구나。
여러가지 　남은돌은

삼동(三同)허리…세물림으로 된 허리。 잘 움직이는 허리다는 굽닐면서…굽혔다 폈다 하면서。
고초상로…가늘고 작은 상루。
주초(柱礎)…주춧 돌。
동소문…東小門。
로원상계…蘆園上溪。
소부석(小浮石)…작은 주춧 돌。 물을 끕어내는 것을 부석이라 한다。
상당주초(上堂柱礎)…몸채의 주춧돌。
팔모(八隅)…팔각。
하당주초(下堂柱礎)…아뎃채에 쓸 주춧 돌。
사각주초(四角柱礎)…성조 사각에 쓸 주초。여기서는 집을 지을때 쓰는 모든 주초라는 뜻。
해주박석(海州磚石)…해주에서 나는 구들장。

이맛돌
멘들었구나.

빨랫돌을

련당주초는
지대석이
좌우영문
문아들어
세울적에
집떼에다
도편수가
상당은
하당은
이리저리
무오일
립주상량
주초를
기둥을

호박주초
더욱좋다
차부들이
부렸구나.
상당이라
팔모주초
륙모주초를
놓앗구나.
무오시에
더욱좋다.
논후에
세웠구나.

이맛돌：아궁이 우 부뚜막 앞에 가로 놓는 긴 돌。
빨랫돌：…방츳돌。
호박주초（琥珀柱礎）．호박석으로 다듬은 주초 돌。
지대석（址臺石）…지댓돌。처마아래 락수가 떨어지는 데 놓는 긴돌。
좌우영문··左右營門。
도편수··都邊手。
상당··上堂。
무오일무오시…戊午日戊午時。풍수설에서 립주 상량에 좋다는 시일。
립주상량（立柱上樑）…기둥을 세우고 들보를 얹는 것。

八三三

대들보를 울림척에
고사정성이 없을소냐。
차시루떡 왼소머리에
밥소래에 구기를
떼워놓고
바릿돈 쌈돈결고
백목세목 결어놓고
아모량위 상의련결고
도편수의 거동을보소。
손을 고추어들고
이집 지운지
량잇해 수삼년을
못다가서
일부되고 거부되고
장자되여
자손창성 부귀공명하게

고사정성…告祀精誠。
밥소래…밥소당。
기구…술을 뜨는 구기。
바릿돈…소바리에 실을 만치 많은 돈。
쌈돈…쌈(賺)을 가르고 보수으로 받는 적으나 귀한 돈。
백목세목(白木細木)…흰 무명와 가는 무명
량위(兩位)…부부。량주(兩柱)。
상의면(上衣緶)…웃옷。
고추어들고…합장(合掌)하여 들고。
량잇해…이년。
수삼년…몇삼년。
일부되고…날고 부자가 되고。
거부…巨富。
장사(長者)…덕과 인망이 있는 어른。또는 부자。

도와줍소사。 연장에
편수들도 도와줍소사。
탈이없이 한연후에
산물퇴물 한연후에
임방들이고 중방들이고
석가래를 걸었구나。
평고대를 못박은후에
산자엮어 흙을친후
기와를 입힐때
남대문밖 왜색를가서
기와를 사들이여
집터에다 가만가만
쇄기의머 부렸고나。
기와장이를 불러
암기와는 제쳐이고

연장…도구。
산물퇴물(散物退物)…산물은 제사후 음식을 사방에 던지는 것。 퇴물은 제수를 걷는 것。
임방…인방(引枋)。 기둥과 기둥 사이에 가로 지르는 재목。 상방 중방 하방의 구별이 있다。
평고대…처마 끝에 가로대는 오리목으로 기와홈을 팠다。
산자(撒子)…서까래우에 흙을 박기 위하여 까는 수숫대, 가는 나무로 엮은 것。
왜색(瓦䆊)…기와를 만드는 공조(工曹)에 소속한 관청。
왜기와…수키와(俊瓦)。
청기와…靑瓦。
암기와…넙적한 기와。

八三五

수키와는   엎어이어라.
물매싸고   맵씨있게
이였구나.
아구토를   물리고
룡마루를   지르니
룡두장군이   놀으소사.
기와를   인연후에
안방삼간   드렸구나.
골방이간   륙간대청
거는방삼간   반찬방을
부소방
뒤였구나.
앞뒤   뜰을보니
복도치레   더욱좋다.
다락이라   지였구나
고미다락   세미다락

수키와…허리가 둥근 기와.
물매…지붕의 경사. 물미마고도 한다.
아구토…처마 끝 숫기와의 구멍을 메우는 흙.
지므니…였으니.
룡두장군(龍頭將軍)…룡마루에 있는 귀신.
골방…안방에 달린 좁고 컴컴한 방.
륙간대청(六間大廳)…여섯간이 되는 큰 마루.
반찬방…찬을 장만하는 방.
부소방(付小房)…부엌에 달린 방으로 반상 기명붙을 넣는 방.
복도(複道)…집과 집사이에 놓은 지붕이 있는 다릿.
다락…부엌우의 공간을 틔용하여 지은 물건을 두는 곳.
고미다락…시까래 밑에 반자를 넣지 않은 다락.
세미다락…서까래 밑에 반자를 넣은 다락인가.

청청다락　초헌다락
고미벽장　세미벽장
듸렸구나.
좌우옆을　돌여보니
북간대청　내외분합
물림퇴라
웅장하게　지였구나.
부엌삼간
안사랑　밖사랑이며
수청방　하인청을
듸렸구나.
꼭간광　질번하다
고주대문　줄행랑
더욱좋다.
충충대며　화계물
맵씨있게　지였구나.

칭칭다락…칭칭으로 만든 다락.
초헌다락…초헌(軺軒)처럼 우뚝 솟게 만든 다락.
고미벽장…서까래 밑에 반자를 넣은 벽장.
세미벽장…서까래 밑에 반자를 넣은 벽장인가.
분합(分閤)…분합문. 대청 앞이나 대청 안에 칸살을 지르기 위하여 단 높은 문짝으로 천정에 매여 달게 되여 있다.
물림퇴…반간이나 삼분지 일 간을 달아서 넓게 짓는 것.
수청방(守廳房)…청직이의 방.
하인청(下人廳)…하인방.
꼭간광…곡식을 넣는 헛간.
질번하다…곡식이 많이 있어서 넉넉하다는 뜻.
고주대문(高柱大門)…솟을대문.
줄행랑(行廊)…솟을대문 옆에 일렬로 지은 집. 해랑채
화계(花階)…꽃을 심은 섬.

뒷동산에 산정짓고
산정앞에 초당짓고
초당앞에 룩모정짓고
음지에 방아걸고
양지에 우물파고
마당 한가운데
석가산을 세담을
고주담이며
쌓았구나.
문열굴을 내였구나
암돌저귀는 치켜박고
숫돌저귀는 나리쳐박어
장도리로 박였구나.
밀쳤다 밀장지라
궁화석이며 만자문이랑.
미장이 편수를

산정(山亭)…산에 있는 정자.
초당(草堂)…초집.
룩모정(六隅亭)…육각으로 지은 정자(六角亭).
양지…陽地.
석가산(石假山)…돌로써 산 모양을 꾸민 것.
모았구나…민들었구나.
고주담…고죽담이라고도 하는 높은 담.
세담…가는 담.
문열굴…문틀.
나리켜…내며.
장도미…노루발 장도리.
밀장지(障子)…밀어서 여닫는 창문.
궁화석…미상(未詳).
만자문…완자문.

대였구나.
방고래를 키엿구나
구물장을 덮엿구나
훌륭을 처라
벽대장이 놀으소사.
앙로를 울리고
새벽을 울렷구나.
도배쟁이를 대엿구나
도배를 할대에
초배를 울렷구나
열맞추어 정배를
하엿구나
정배를 한연후에
그림치장이 없을소냐.
벽장문은 복복자
필룡그림

———

키엿구나…흙을 판내는 것.

벽대장(壁大將)…벽에 불은 귀신.

앙로(仰土)…천장 서까래 사이에 바른 흙.

새벽…재사와 죽게 또는 말똥을 쉬어서 벽에 바르는 다갈색의 흙.

정배(正褙)…좋은 종이로 바르는 마지막 도배.

초배(初褙)…초벌로 바르는 도배.

그림치장…그림으로 방을 꾸미는 것.

필룡(筆筒)…붓꽂이.

다락문은 병화그림
대청을 바라보니
부모는 천년수요
자손은 만세영이라
둥두렷이 부쳤구나.
부모께 천년산에
안방을 바라보니
수양산이 비초였구나.
저는방을 바라보니
자손에 만년수라
귀봉이 깃들였구나.
남벽을 바라보니
삼신산 세로인이
흑백을 들고
바둑두는 형상이요.
북벽을 바라보니

병과그림‥병에다 꽃을 꽂은 것을 그린 그림.
자손만세영‥子孫萬世榮.
부모천년수‥父母千年壽.
깃들였구나‥살고 있구나.
귀봉(龜鳳)‥거북과 봉새.
삼신산 세로인‥상산(商山) 사호(四皓)의 잘못.
흑백(黑白)‥희고 검은 바둑돌
형상(形像)‥모양.

십장생이　　분명하다.
사각기둥　　범춘서라
천중세월　　인증수요
춘만건곤　　복만가랑
벽문위를　　바라보니
제견사호　　쌍기린이
분명하다.
광문을　　바라보니
국태민안　　가급인족
분명하다.
중문에　　세선비요
대문에는　　을지문덕
분명하다.
천숙보가　　분명하다.
그림치장　　한연후에
사방부벽이　　없을소냐
동편에　　진처사

십장생(十長生)…열 가지 장수하는 것, 틈, 소나무, 지초, 즉 해, 거북, 학, 사슴, 물, 돌, 구름.
입춘서…立春書.
천중세월…天增歲月人增壽.
춘만건곤…春滿乾坤福滿家.
벽…부엉.
제견사호(猪犬獅虎)…뫼돼지와 개와 사자와 호랑이.
쌍기린(雙麒麟)…두 마리의 기린.
국태민안…國泰民安 家給人足.
을지문덕(乙支文德)…을지모(蔚遲慕)의 잘못이다.
세선비…위(魏)나라 정공(鄭公)과 같주(葛周)의 두 장군.
진숙보(陳叔寶)…진(陳)나라 선제(宣帝)의 장자 진후주(陳後主).
사방부벽(四方附壁)…사방 벽에 붙인 그 딤 뜨는 글씨.
진처사도연명(晋處士陶淵明)…처사는 벼슬을 내여놓고 산림에 파물혀 글을 읽는 선비라는 뜻이다. 도연명은 진(晋)나라 팽택령(彭澤令) 이 떼여 벼슬길에 나갔다가 때 사람으로 인적 평택판원이 못지나 군(郡)의 상급관원에 나구여일을 말하기를 배가 어찌 오두미(五斗米)를 위하여 허리를 굽히겠는가 하고 고향에 귀거래사(歸去來辭)를 지어 고슬향에 돌아갔다 한다.

도연명이　　마다하고
명태형을　　배를띄워
추강에　　　가는형상
심양으로　　그렸구나.
력력히
서편을　　　바라보니
잠국풍진　　소란시에
한종실　　　류현덕이
적토마를　　비껴타고
남양초당　　설한중에
와룡선생　　기다리는형상
력력히도　　그렸구나.
남녁을　　　바라보니
서산대사　　성진이가
석교에　　　올라
팔선녀를　　희롱하며

삼국풍진(三國風塵)…후한(蜀漢)오(吳)위(魏)삼국이 정립(鼎立)하여 싸운, 삼국의 전쟁.
한종실 류현덕(漢宗室劉玄德)…한나라의 후에(後裔)인 류비(劉備).
적토마…赤兎馬.
남양초당(南陽草堂)…제갈량(諸葛亮)의 초당.
와룡선생(臥龍先生)…와룡은 제갈량의 호. 류비, 관운장, 장익덕의 세사람이 제갈량을 세번째 찾아와서 초당밖에서 맞으면서 제갈탕이 낮잠을 깰 것을 기다리던 것을 말한다.
서산대사(西山大師)…육관대사(六觀大師)의 잘못이다. 육판대사 성진(性眞)이는 김만중(金萬重)이 지은 소설 구운몽(九雲夢)의 주인공으로, 석교(石橋)에서 팔선녀(八仙女)를 희롱하는 장면을 말한다.

八四二

합장배례 하는 형상이요。
북벽을 바라보니
위수에 강태공이
선팔십이 곤궁하야
곧은낚시를 물어넣고
주문왕을 기다리는 형상
력력히도 그렸구나。
부벽치장 이만할제
방치장어 없을소냐。
안방을 들어서서
치여다보니 소란반자
내려다보니 각장장판
룡장봉장 삼층장
의거리 자개함롱
반다지 각계수리
나뷔장식 화류장이

합장배례(合掌拜禮)。
위수(渭水)에 강태공(姜太公)…강태공은 주(周)나라때 려상(呂尙)을 말함。강태공이 위수에서 낚시질을 하다가 주문왕(周文王)을 만나 문왕의 군사(軍師)가 된 일을 말한다。
선팔십(先八十)…궁팔십(窮八十)제팔십(達八十)이라 하고, 강태공이 벼슬에 나가기 전의 궁한 八十년을 선팔십이라하고, 머슬을 한 후의 八十년을 달팔십이라 한다。
곧은낚시…미늘없는, 낚시이므로 고기가 물리가 없어 낚싯대가 휘여지지 않음。곧다는 못이다。
소란(小欄)반자…우물반자의 더 정밀한 것을 만들어…볶이고 구멍이, 벌짝이로 많었다。여기다 단청(丹靑)을 조정(藻井)이라 한다。
각장(角肚)장판…두꺼운 종이에 기름을 먹인 장판。보롱 것보다 훨씬 두껍고 넓다。
룡장…룡을 아로새긴 장통。
봉장(鳳欌)…봉황새를 아로새긴 장통。
삼봉장(三層欌)…통문을 세층으로 낸 장동。한층씩 따로 진장도 있음。
의거리…웃층은 웃옷을 걸게 만들고 그 아래층은 설합을 많이 맨 장통。
자개함통(函籠)…자개를 박은 합칠이 생긴 통
반다지…전면의 우절반을 여닫게 만든 것, 보통 그 우에 이불을 놓기도 하고 백룡으로써 장식을 꾸몄으나 거울대의 하나로, 세울수있게 만들고 그 아래 설합을 많이 단 경대의 모는 설합을 많이 단 번궤。
각계수리…경대와 비슷하나 아래 설합을많이 단다。
화류장(花榴欌)…화류 나무로 만든 장 나무결이 곱고 단단하여
자단(紫檀)목과 비슷하다。

더욱좋다.
그위를   치여다보니
자개경대며   왜경대며
피롱이며   목롱이
쌍을채   없혔구나.
방치장을   불작시면
보료담뇨   깔었구나.
층함이며   사방탁자
진주안석   놓았구나
화류문갑   놓았구나.
대병풍   소병풍
곽분양   행락도의
소자병풍
백자동   병풍을
둘렀구나.
쌍봉그린   빗접고리

피롱(皮籠)…모피를 씌운함.
목롱(木籠)…모피를 씌우지 않은 나무로 만든 함.

쌍을채…쌍을 채여.

보료…털 또는 솜을 두껍게 두고 선을 꾸민 요.
충합(層函)…층층으로 된 함.
사방탁자(四方卓子)…네모지게 만든 탁자.
진주안석(眞珠案席)…진주로 꾸민 안석. 앉을 때 등을 기대는 것
화류문갑(樺柳文匣)…화류목으로 짠 문갑.
곽분양(郭汾陽)…당(唐)나라 때 재상으로 부귀영과가 극진한 사람. 집안이 창성하여 백자천손(百子千孫)으로 불리었다.
곽분양의 행락도…곽자의 택자천손에 둘려 싸인 행복한 모양을 그린 한다.(行樂圖)
소자병풍(孝子屛風)…효자의 사적을 그린 병풍. 곽자의의 자손들을 효자라 한것이다.
백자동병풍(百子童屛風)…많이 아해를 그린 병풍. 자손창성의 뜻으로 병풍차로 많이 사용되었다.
빗접고리…빗접고비. 빗접은 유지(油紙)로 만든것. 이며, 고비는 빗접을 넣어서 걸게 만든것. 빗을 넣는 지갑

주홍당사 　벌매듭에
맵써있게 　걸었구나.
샛별갈은 　요강재터리
타구들을 　더져놓고
여기저기 　합대야며
전대야며 　큰대야를
작은대야 　주실황제
죽을채여 　놀으소사.
대활례로 　백란불이며
청동화로 　부산죽
김해관죽
페린죽
삼동물림 　여기저기
세워놓고 　담배합에
화반석 　꿀물추겨
성천치를

주홍당사(朱紅唐絲)…주홍색의 당사실.
벌매듭…벌모양으로 맨 매듭. 끈의 장식의 하나.
죽…그릇과 옷의 열개를 한죽이라 한다.
합대야…합처럼 생긴 전이 없는 대야
전대야…전이 달린 대야.
더져놓고…던져 놓고.
청동화로(靑銅火爐)…구리와 주석을 주성분으로 한 청동으로 만든 화로. 놋쇠 화로.
백탄(白炭)불…백탄을 묻은 불. 백탄은 화력이 강하고 숯내가 적다.
김해관죽(金海管竹)…김해관죽(管竹). 경상도 김해서 나는 담뱃대.
부산죽(釜山竹)…부산에서 나는 담뱃대.
페린죽…별간죽(別簡竹). 별간죽으로 꾸민것. 담뱃통, 대, 물부리.
삼동(三同)물림…세로막으로써 홍백(紅白)의 무늬가 있고 바탕이 푸른 돌.
화반석(花斑石)…
성천치(成川)…성천(成川)초. 평안도 성천서 나는 담배.

답였구나。
아모부인 거동을보소
릉라주의를 감였구나。
다락으로 치달어
다락치장 더욱좋다
금거북 자믈쇠를
어속비속 채였구나。
다락문 열고보니
각색비단이 가득소북이
들었구나。
달이돋아서 월광단
해가돋아서 일광단
조자룡의 와룡단
덤뻑되되여 말굽장단
물밀었다 조개문단이요
입버렸다 통해단

동라주의(綾羅綢衣)…릉라로 만든 옷。

금거북자믈쇠…주석으로 거북 모양으로 만든 자믈쇠。

월광단…月光緞。
일광단…日光緞。
조자룡…(趙子龍)。
와룡단…臥龍緞。
말굽장단…馬蹄長緞。
물밀었다…밀물이 되였당。물이 찼다。
문단…紋緞。
통해단…通海緞。

입기좋기는　도리불소
밤에잤다　야경사요
낮에잤다　해도주라。
가는벼며　굵은벼
경상도　경주목
황해도　해주목
전라도　라주목
가득소북이　통을채워서
들어있구나。
아모부인의　노리개
치장을　불작시면
룡잠이며　봉잠이며
화잠이라　금비나를
밀화산호　주실황제
죽을채여서　놀으소사。
대활례로

도리불소…桃李佛手。
야경사…夜更紗。
해도주…해돋이주。日昇紬。
벼…베。
경주목…慶州木。경주·무명베。
해주목…海州木。
라주목…羅州木。
통…피륙의 단위。二○필、四○필의 두가지가 있다。
노리개…패물。
룡잠(龍簪)…비녀 머리에 룡을 새긴 큰 비녀。
봉잠(鳳簪)…비녀 머리를 봉새로 꾸민 것。
화잠(花簪)…비녀 머리를 꽃으로 꾸민 것。국화잠 매화잠 서복잠 등이 있다。
밀화산호(蜜花珊瑚)비나…밀화와 산호 가지로 만든 비녀。

동래실굽

가진기명이며　　다리반상
밀화불수　　　　산호가지
보물각씨가　　　은금보패
놀으소사。　　　대활레로

마루보　　　　　내달어
마루치장을　　　불작시면
찬장탁자가　　　쌍으로
놓였구나。

그위를　　　　　바라보니
함지박　　　　　목관이
쌍으로　　　　　였했구나
부솟방　　　　　열고보니
가진반상　　　　가견목판이
가득소북이　　　들었구나。
부엌으로　　　　나리달어

실굽다리반상(飯床)…경상도 동래(東萊)서 나는 반상。굽을 가늘게만든 것。
기명(器皿)…그릇。
밀화불수(蜜花佛手)…누른 호박(琥珀)의 일종인 밀화로 만든 주갈은 노티개의 하나。
은금보패…銀金寶貝。

찬장탁자…饌欌卓子。

함지박…통나무 속을 파서 만든 바가지。
목판…널판으로 만든 함지。
부솟방…付小房。
반상(盤床)…밥상과 소반。

八四八

적은솥에   큰솥에
적노구   통노구라
곱돌솥이   줄비하다
물두멍은   어루쇠바쳐
놓았으니
청류리라   황류리라
룡왕각씨가 대활례로
놀으소사。
사롱장에는 대경각씨가
춤을추고
장독간에는 전꿀주실황제
대활례로
김치광에는 생과의
놀으소사。
뒷간에는   칠목각씨가
수침받어
낮이면은   천자머리물

전노구…전을 붙인 노구솥。노구는 맵밥을 짓는 작은 솥。
통노구…통노구。놋쇠로 만든 노구솥。
곱돌솥…곱돌로써 만든 작은 솥。
줄비(櫛比)…빽빽한 것。벌려져 있는 것。
물두멍…물독。
어루쇠…어 듸쇠。

룡왕각씨…龍王閣氏。
사롱장(紗籠欌)…사(紗)를 바른 찬장。
대경각씨…각씨신(閣氏神)의 하나。
전꿀…청밀(淸蜜)。
쉬집…범새。
칠목각씨(七目閣氏)…각씨신(閣氏神)의 하나。
천자머리…五十자나 되는 머리。

길게 늘이고
부출우에 놀으시고
남녀자손 배위장에
리질곱질 복통없이
대활례로 놀으소사。
굴둑을 놀으소사。
굴대장군이 시여노니
대문을 놀으시고
수문장이 지여노니
앞뜰에는 놀으신당
뒷뜰에는 계견이요
생매잡어 비닭이요
무메로 길들여
보내놓고 꽝산양
사랑으로 내리달아
사랑치장 더욱좋다。

부출…변소의 발판。
배위장…腹胃臟。
시여노니…세워노닝。
굴대장군…연롱에 붙은 귀신。
수문장(守門將)…대문을 지키는 귀신。
계견(鷄犬)…닭과 개。
사랑…舍廊。

각장장판
대병풍　소병풍
글자병풍을 둘렀구나。
가진족자
보료담뇨 걸어놓고
문갑벼룻집 깔었구나。
샛별같은 매국시계
걸렸구나。
쌍타구
여기저기 짱요강이며
열두마디 쌍재떠리
죽을채여 놓았구나。
대활례로 소상반죽을
한편에는 주실황제
놓았구나。 놓으소상。
한편에는 양금거문고
　　　　　바둑장기

글자병풍…글씨를 붙인 병풍。
족자(簇子)…그림이나 글씨를 꾸며서 붙인 것。
문갑(文匣)…서류、붓、벼루 등을 넣는 궤。
매국시계…시간을 알릴 때 매국새 울음을 내는 시계。

소상반죽(瀟湘斑竹)…무늬가 있는 반죽으로 꾸민 담뱃대。

양금…洋琴。

놓여있고
한편에는 말잘하는
앵무새
춤을추는 학두룸이
걸었구나。
사랑앞을
고석을 내다보니
네모지게 세웠구나
룡배뜨고 련못파고
한가운데
대접같은 룩모정짓고
금붕어는 물을켜고
때를찾어 물을쫓고
삼십여주 어린련꽃
물우에 방설하니
근뜰아니 경일소냥
화초치장 더욱좋다

앵무새…鸚鵡。

고석(古石)…괴석(怪石)。이상한 모양을 한 돌。

룡배(龍舟)…배이몸을 룡으로 아로새긴 배。

룩모정…륙각정(六角亭)。룩각으로 된 정자。

삼십여주…三十餘珠。

방설하니…봉오티가 웃는 듯이 되는 것을 말한다。

경(景)…좋은 경치。

솔을심어 정자삼고
로송심어 취병를고
청포도며 홍매화라。
치자동백 왜석류
모란각약 금사오죽
두견화 맨드램이
봉선화 왜철죽
진달래를 광활한
너른뜰에
여기저기 심엇구나。
앞뜰에는 두루미놓고
뒷뜰에는 황새놓고
청산두루미 짜른목을
길게빼여
두날개를 훨훨치며
이리로가며 뚜루룩

―――――――――――――――――

정자…소나무 정자。
취병(翠屛)…나무 가지나 꽃가지, 넌출을 틀어서 문을 만든 것
치자(梔子)…치자 나무。
동백…冬栢。
금사오죽(金絲烏竹)…줄기가 가늘고 아동진 반점이 있는 대。
광활…廣濶。

저리로가며　뚜루룩울제
아모대주　거동을보소。
학청의입고　게알같은
탕건에다
통영사립
학슬안경
앞뒤를
이집첫던
눈선미도
말매같은　당돌아기
영무같은　있더메랴、
열쇠같은　사나히종
앞들에는　계집종
뒷뜰에는　아해종
　　　　　김별감
　　　　　리별감
금도일고
은도인다。

학청의…학창의(鶴氅衣)。흰 바탕에 가를 혹색으로 선두른 소매
　가 넢은 편의(便衣)의 하나。
게알삼은…게(蟹)의 알처림 잘게 뜬。
탕건(宕巾)…감무。
롱영사립(統營絲笠)…경상도 롱영에서 만든, 명주실로 쌔개물 해
　서 만든 갓。
모모쓰고…비스듬히 쓰고。
학슬안경(鶴膝眼鏡)…꺾어 접을 수 있는 다리를 붙인 안경。
당돌아기…미상(未詳)。주당신을 말함인가。
눈설미…한번 보고 능히 그대로 할 수 있는 재수。
말매…크고 사나운 매。馬鷹。
열쇠…「강남열쇠」에서 오것으로 무엇이든지 요구대로 되는 열쇠。

일고．나오고。

닭이라고 놓거들랑
구수닭이 되여
사오경이 다달으면
두날개를 툭툭치며우니
근들아니 경일소냐.
개를 놓거들랑
청삽사리 반동개
먼산으로 꽁산양가네.
말이라 놓거들랑
천리마 만리마
룡총마가 되였구나.
소를놓거든 왁대소
바둑소가 되여
반달같은 쟁끼에다
삽흘시여 황덕풍덕
나리달어

구수닭…어룩점이 박힌 탉.
사오경(四五更)…오전 무시부터 베시.
반동개…꼬리가 짤막한 개.
꽁·펭.
천리마(千里馬)…하루 천리 가는 말.
룡총마(龍驄馬)…룡마. 걸음이 빠른 말.
왁대소…큰 소.
바둑소…어령소. 斑牛.
시여…불이여 씨워.
황덕풍덕…흙이 설설 뒤집이면서 가는 모양.

높은 델랑　밭을갈고
낮은 델랑　논을갈어
씨로는　만석이요
밭으로는　석달갈이
우걱부걱　실어들여
앞뒤로쳑을　쌓아주세.
그위에　싹이나고
그아래　움이생겨
부엉덕새　날어들고
한펀날개를　치니
천만석이　쏟아전다.
또한펀을　치니
만만석이　쏟아전다.
업구렁이　굼을치고
업족재비는　면울내고
식신각씨가　대활레로

만석…萬石.
석달갈이…소 한필로 석달 갈만한 밭.
로적…露積.
덕새…소디개.
업구렁이 : 집이나 곳집을 지키는 구렁이.
굼 : 둥글게 감는 것.
업족제비…그집에 좋은 인연으로 해서 그집이나 그집 곳집에 사는 족제비.
면（面）…얼굴.
식신각씨（食神閣氏）…각씨신（閣氏神）의 하나.

놀오소상

아모대주 거동을보소
친구대접 하려하고
좌우에 기생이
양금거문고 친다
고마선녀 천일주
삼오주요
뚝떨어졌다 락화주요
대양푼에는 갈비찜이요
소양푼에는 연계찜
생치다리
접어노면 준시로다
깎어노면 생율이랑
일광왕신 마누라
월광왕신 마누라
깊은궁 왕신마누라

대주…坐主。

고마선녀…마고선녀(麻姑仙女)。옛선녀 마고할미。
천일주(千日酒)…한번 마시면 천일이나 취한다는 선주명(仙 酒名)。
삼오주…(三五酒)。
락화주…落花酒。
생치(生雉) 다리…쩜 다리。
준시(樽枾)…감을 꼭지채 달린 것。
생률(生栗)…생 밤。
일광왕신(日光王神) 마누라…일광왕신님。마누라는 호칭의 존 대。

八五七

알은궁 왕신마누라
전라라주 겸성왕신
마누라
나라애기 세자왕신
마누라
물건녀
마누라 화주당에
매당왕신 마누라
자하문께 굴레방다리
자하왕신 마누라
아모가중 부리왕신
마누라
군웅왕신 마누라
성주왕신 마누라

전라라주…전라도 라주(羅州)。
겸성왕신…錦城王神。
화주당(化主堂)…좌주승이 있는 집。
매당왕신…鷹堂王神。
자하문(紫霞門)께…서울 자하문 근처에。
자하왕신…紫霞王神。
부리왕신…미상(未詳)
군웅왕신…(軍雄王神)。
성주왕신…成造王神。

【김삼불】

제 三 부

目次

수 심 가

『수심가(愁心歌)』의 주제도 애인과 리별한 녀인의 슬픔이며 련모의 감정이다. 이 노래에서 특히 주목을 끄으는 것은 『노랑대가리』에 대한 원망이다. 『노랑대가리』는 초립을 쓴 어린 남편을 의미한다. 봉건 시대의 가부장적 전형은 어린 아들을 나이 찬 녀자에게 장가들여 젊은이들의 결혼 생활의 비극을 도외시하고 며느리를 부려 먹기로만 일을 삼았다.

『수심가』에는 또한 『바람불어 눕은낭기 눈비와서 일어나리. 눈비와서 눕은낭기 바람불어 일어나리……무당불러 굿을한들 굿발이나 받을소냐. 의원들여 약을쓴들 약발이나 받을소냐…』와 같은 민요의 상투구가 흩어진 형태로 인입되여 있다.

【고 정 옥】

이몸이 번뇌하여
설상가상에 매화꽃이오
무릉도원에 범나비로구나.
전전사사로
임그며 못살겠다.

약사몽혼으로 행유적이면
문전석로가 반성사라.
창망한 구름밖에
임의소식이 망연이로다.

금수강산이 하좋다고 할지라도
임곧없으면 적막이로다.
차마
가로막혀 나못살겠네.

번루(煩累)…번거로운 것. 근심이 많은 것.
설상가상(雪上加霜)…눈 우에 또 서리가 덮인다는 뜻. 여기서는 눈 속에 피도운 매화꽃이라는 뜻이다.
무릉도원(武陵桃源)…복숭아 꽃으로 덮인 공상의 땅.
전전사사(件件事事)…일마다.
약사몽혼행유적(若使夢魂行有跡)…만약 꿈에 다니는 길이 자리를 남길 수 있다면.
문전석로반성사(門前石路半成沙)…꿈에 많이 다녀서 문 앞에 석길이 절반 모래가 된다는 것.
창망(蒼茫)…아득히 먼 것.
망연(茫然)…아득한 모양.
금수강산…金繡江山.
하좋다…매우 좋다.
가산정주(嘉山定州)…평안도의 땅 이름. 가산은 가삽에 접었다.

따라라 따라라

날따라 오며므나。

수화 사지라도

날따라 오며므나。

차마

네화용 진정·

나못살겠네。 그리워서

오르며 나리며

조르는 경상에

말쑥한 랭수가

이내목 메는구나。

차마

가직로 진정

나못살겠네。 기가막혀

수과사지(水火死地)… 물과 불 속의 죽을 곳。

화용(花容)… 꽃같은 얼굴。

경상(景狀)… 딱한 사정。

랭수… 冷水。

가지르… 갈수록。

임이　날생각하고
오르며나리며　대성통곡에
얼마나　울었는지
큰길로변에　한강수로구나.
차마로
임의생각이　간절하여서
나못살겠네.

보란봉　꼭대기에
칠성단　무어놓고
노랑대가리　쥐물어가라고
기도만　하노나.
차마
가지로　설어서
못살겠네.

대성통곡…大聲痛哭。
로변（路邊）…길가.
차마로…참으로.
노랑대가티…초립을 쓴 어린 남편.
칠성단（七星壇）…북두칠성（北斗七星）에게 비는 단.
무어놓고…만들어 놓고.

잘살아라　잘살아라
고정을　잊고
신정을　고야서
부대평안히　잘살아라.
차마
가지로　설어서
못살겠네.

남산이　고와서
바라다　불가.
정든님　계시게
바라다　보지오.
차마
임의화용　진정
나못살겠네.　그리워

고정(故情)…옛 정.
신정(新情)…새 정.
고야서…피아서、사랑하여.

남산…南山.

게시게…게시기에.

쑤로구나 쑤로구나
천지중에도 대원쑤로구나
남의 임에게
정들인것이 대원쑤로구나.
사로구나 난사로구나.
난사중에도 겹난사로구나.
남의 임에게
정들여 놓고
사자고하기도 겹난사로구나.
차마 진정
가지로 설어서
나못살겠네.

나룰 조르다
병나신 몸이

쑤…원수.
대원쑤…大怨讐.
사(事)…일, 탈.
난사(難事)…어려운 일
겹난사…겹친 난사

六六六

제 명에　　죽어도
내 탓이라는구나.
차마　　　　진정
나 못살겠네.

임의 집을　　격장해두고,
보지 못하니　심불안하고
통사정　　　못하니
나 죽겠구나.

임이　　　　가실제
오마구　　　하더니
가구나　　　영절의
무소식　　　이로구나.
차마　　　　진정
나 죽겠구나.

명(命)…타고난 수.

격장(隔墻)…담으로 사이가 된 것. 아주 가까운 것.
심불안…心不安.
통사정…通事情.
영절(永絕)…아주 소식이 끊어진 것.
무소식…無消息.

밤중마다 임의생각 날적에
임의생각 어느다정한 친구님전에다
어느다정한 설분설한을 하잔말가
설분설한을

남산을 바라보니
진달화초는 다만발하였는데
옷동 잡고
아랫동 광과짐한
아이야 날살려라。
태산이 가로막힌것은
천지간 조작이오
임의소식 가로막힌것은
인간조작 이로구나。
차마 진정
못살겠네。

다정…多情。
설분설한 (雪憤雪恨)…분과 원한을 푸는 것。
진달화초…진달래 꽃。
옷동…웃등, 상체。
조작…造作。

남산　송죽에
홀로앉아우는　뻐꾹새야.
임죽은　혼령이어든
배아니　불상탄말가
차마　가지록
임의생각　간절하여
못살겠구나.

우수
대동강　경첩에
정든님　풀리더니
요내속　말슴에
차마　풀리누냐.
임의생각이　진정
나못살겠구나.　그리워

송죽…松竹.

혼령(魂靈)이어든…넋이거든.

우수경첩(雨水驚蟄)…둘 다 정월에 드는 二十四절후의 하나다. 우수에는 비가 내리고, 경첩에는 땅 속에 동면하던 김질승이 나온당.

풀리더니…얼음이 녹아 풀리더니.

강초일일환생수하니
갓풀만 푸르러도
임생각이라
차마 견정
임생각 간절하여
나못살겠구나.

비나이다 비나이다
하느님전에 비는수로구나
간곳마다
임생겨달라고
비는수로구나.
심사가 울울하여
나못살겠네.

불친이면 무별이오

강초일일환생수(江草日日喚生愁)…강가의 풀이 날로 푸를수록 수심이 생긴다는 뜻。원래는 강초일일환수생이다。

심사(心事)…마음。
울울…답답。

불친(不親)…친하지 않는 것。

무별이면 불상사라.
상사부지로 하시자든
랑군이
간곳이 없구나.
참으로
베모양 그리워
나못살겠구나
나못살겠네.
차마 진정
무전이면 적막강산이로구나.
유전이면 금수강산이오
돈풍년 질적에
임사태 나더니
돈떨어저자

무별(無別)…디별이 없는 것.
불상사(不相思)…서로 그리워 하지 않는것.
상사부지(相思不知)…서로 멀어져서 그리워 할줄을 모르는 것.

유전(有錢)이면…돈이 있으면.
무전…無錢.
적막강산(寂寞江山)…쓸쓸한 강산.
풍년…豊年.
임사태…님이 생기기를 빗물에 사태가 지못 많이 생기는 것.

임조차 말라서
나어찌 산단말인가
차마 진정
나못살겠네。

인생이 늙는것은
년세가 눈아서
늙는것 아니오
정든님 리별에
나백수 지는구나
차마 가지로
나못살겠구나。

일생일사는 만승천자
왕후장상
무목지 소동파

년세…年歲。

리별…離別。

백수(白首)…머리털이 흰것。

일생일사(一生一死)…사람이 한번 나고 죽는 것。
만승천자(萬乘天子)…황제。옛날 황제는 수레 만대를 가졌다。
왕후장상…王矦將相。
무목지(杜牧之)…당(唐)나라의 유명한 시인。
소동파(蘇東坡)…송(宋)나라의 시인으로 당송팔대가의 한사람。

리적선 동방삭일지라도
막무가내로구나.

젊어 청춘에
마음대로 노자는구나.
무정한 세월이
덧없이 가더니
무심한 백발이
날침로 하는구나.
청춘지년을 허송치말고
마음대로 노자.

바람불어서 누운낡이
여수빌 만난단들
제일어서러란말가.
임으로하여 얻은병은
백약이 무효로구나.

리적선(李謫仙)…리태백(李太白)의 별명.
동방삭(東方朔)…한(漢)나라 때 사람으로 장수와 익살로써 유
명하였다.
막무가내(莫無可奈)…어찌할 수 없는 것.

청춘지년…靑春之年.
침로하다…쳐들어 오다.
덧없이…하염없이, 무상힘.
낡이…나무가.
역수빌…마구 쏟아지는 소낙비물.
서티…백발.
백약…百藥.
무효…無效.

공산야월에
우는 너는무삼
　슬피 회포있어
나도 우나。
　엊그제
잎을잃고서
　슬퍼하노랑。

청초 우거진곳에
누었느냐 잠들었느냐
향혼은 어대가고
백골만 남았단말이냐
잔들고
　권할이없으니
슬퍼하노랑

자규야 울지마라。
울거든 너혼자울지

공산야월…空山夜月。
회포…懷抱。

청초(靑草)…푸른 풀。

향혼(香魂)…꽃다운 나이로 죽은 혼백。
백골(白骨)…흰뼈。이대목은 선조(宣祖)때 시인 림백호(林白湖)가 황진이(黃眞伊)의 무덤을 지나다가 지은 「청초 우거진 곳에 자냐 누었느냐 홍안은 어메가고 백골만 묻혔는다。 잔잡어 권할이 없으니 그를 슬허하노라」라는 시조를 인용 했다。

자규(子規)…접동새。

八七四

랑군 리별하고
잠든 날 깨우니
원쑤로다.

【정렬모】

엮음수심가

『엮음수심가』는 『살아 생전에 놀아보자』는 사상과 리별한 애인을 그리는 감정이 그 주요 내용이다.

여기에서는 창극에서 특히 많이 쓰이는, 류사한 물명의 라렬 수법이 두드러지게 나타나 있다.

『섶리절반의 오리나무、달 가운데 계수나무……』는 그 례다. 또 어희적 서술이 주제와 무관계하게 삽입되여 있다. 『고향나무는 라관에 있어도 고향나무요, 북이라 하는 것은 동서 사방에 걸렸어도 북이 오』는 그 례다.

【 고 정 옥 】

바람광풍아 부지를말아
송풍락엽이 다떨어진다.
명사십리 해당화야

광풍(狂風)…모진 바람.
송풍락엽…松風落葉.

잎이진다 　설어말며
풋긴다 　설어말아
동삼석달을 　다죽었다.
명년삼월 　다시오면
전각에 　양미생하고
훈풍이 　자남래할제
류상앵비는 　편편금하고
화간접무는 　분분설할제
온갖화초라 　하는물건은
다살아 　오는데
인생한번 　죽어지면
다시올길 　만무로구나.
황천이라 　하는곳은
사람사는 　인품범절이
정좋은가 　보더라.
기공불러 　노래도시키며

동삼석달…겨울 삼개월.
전각양미생(殿角陽微生)…집에서 따뜻한 양기가 돌기 시작한고.
훈풍자남래(薰風自南來)…여름 바람이 남쪽으로부터 불어온다.
류상앵비편편금(柳上鶯飛片片金)…버들가지에서 괴꼬리가 나니 조각조각 금조각 갈고.
화간접무분분설(花間蝶舞紛紛雪)…꽃밭에 나비가 나니 흰눈이 분분히 내리는 듯하다.
만무…萬無.
황천(黃泉)…저승.
인품범절(人品凡節)…사람됨과 모든 행동.
정좋은가…정말로 좋은가.
기공(妓工)…기녀와 악공.

미동다려 다리도치며
미색불러 술부어먹으며
로류장화가 막많은곳인지
한번가면 영절이로구낭
청춘소년을 허송치말고
마음대로만 놉세다.

산은적적
무견이 울어도
밤은침침
월사시에
접동이 울어도
임생각이라。
침상편시
벼개우에 빈꿈잠을
계명축시 놀라깨니
임의혼적은 간곳없고

월황혼에
춘몽중하야

미동(美童)…남색아이。
미색(美色)…노는 계집。
로류장화(路柳墻花)…화류계의 녀자。
영절(永絶)…아주 소식이 끊어지는 것。
월황혼(月黃昏)…달이 뜬 저녁。
무견…杜鵑。
월사시(月斜時)…달이 서쪽으로 기울 무렵。
접몽이…접동새, 자규, 두견。
침상편시춘몽중(枕上片時春夢重)…베개 우에 잠들어 잠간 꾸는 봄꿈이 중하여。
계명축시(鷄鳴丑時)…닭이 우는 새벽 두시경。

다만 동불이로다.
그러므로 식불감미하야
밥못먹고
침불안석하야 잠못자니
장장지야를 허송이
보내며
독대등화로 벗을삼으니
뉘탓을 삼아야
설분을 하잔말가
주야장천에 믿을곳없어서
못살겠구나.

공도라니 백발이오
못면할손 주검이랑
천황지황 인황후에
요순우탕 문무주공

식불감미 (食不甘味)…음식을 먹어도 재맛을 모르는 것.
침불안석 (寢不安席)…잠을 편히 자지 못하는 것.
장장지야 (長長之夜)…길고 긴 밤.
허송 (虛送)이…허수하게.
독대등화 (獨對燈火)…벗이 없이 홀로 등잔불을 맞보고 앉은 것.
설분 (雪憤)…분풀이 하는 것.

공도 (公道)…누구나 다 가는 길.
천황지황인황 (天皇地皇人皇)…중국 고대의 삼황 (三皇).
요순우탕 (堯舜禹湯)…중국 고대의 오제 (五帝)에 드는 임금들.
문무주공 (文武周公)…주나라의 문왕과 무왕.

성덕없어 봉하시며
어리도다 진시황은
만리장성 굳이쌓고
아방궁에 높이누어
실이목지 소호하고
궁심지지 소락하야
장생불사 하겠더니
려산에 고혼되고
독행천리 자사하고
여몽간제 관공님도
화타 약명몰라 죽었으며
왕개석승 의돈이가
재물없어 죽었겠나。
하물며 초로인생이야
무엇하랴。

성덕(聖德)업어진덕。
봉(崩)하시며：임금이 죽는 것을 말함。
어리도다：어리석도다。
진시황…秦始皇。
아방궁…阿房宮。
실이목지소호(悉耳目之所好)…눈으로 보고 귀로써 들어서 좋을 대로 욕심을 다 채우는 것。
궁심지지소락(窮心志之所樂)…하고싶은 일을 제마음껏 하는 것。
장생불사(長生不死)…오래 살고 죽지 않는 것。
려산(驪山)…진시황의 무덤이 있는 곳。
고혼(孤魂)…외로운 혼백。
독행천리(獨行千里)…판운장이 결어 류현덕(劉玄德)에게 간 것을 말한다。
판공(關公)…중국 삼국사대의 판운장(關雲長)。
여몽간제(呂蒙奸計)…판운장이 손권(孫權)에게 잡혀 형주(荊州)에서 려몽의 개 계(奇計)에 빠져 죽었다。판운장의 부하 편작(華佗扁鵲)…파타는 중국 삼국 때의 명의이며、편작은 중국 고대의 명의。
약명(藥名)…자기 병을 고칠 약 이름。
왕개석숭 의돈(王愷石崇猗頓)…옛날 중국의 유명한 부자들。
초로인생…草露人生。

차마설어 못살겠구나.
삼국적 와룡선생이
도라가시면
사륜거 백우선
남양초당을 뉘를
말기시며
한수정후 관공님이
도라가시면
적토마 청룡도를
뉘게
우람하신 장장군이
도라가시면 뉘를
말기시며
장팔사모
전시황제 아방궁을
만리장성 도라가시면

와룡선생(臥龍先生)…제갈공명(諸葛孔明).
사륜거…四輪車.
백우선…白羽扇.
남양초당(南陽草堂)…제갈공명이 벼슬에 나가기 전에 남양에서 밭을 갈았다.
한수정후(漢壽亭侯)…관운장(關雲長).
적토마…赤兎馬.
우람하신 우뢰찬.
장장군(張將軍)…장비(張飛).
장팔사모(丈八蛇矛)…일장 팔척이나 되는 긴 창.

뉘게　전하며

틔태백이　기경비상쳔

후에

강남풍월　뉘게

말기시며

장자방이

계명산

뉘게

도연명이

오류촌을　뉘게

말기며

소자첨이

말기시며

적벽강수를

태공이　도라가신후

위수변　조대를

말기시며

도라가시면

옥동소

도라가시면

도라가시면

기경비상쳔(騎鯨飛上天)…고래를 타고 하늘에 올라가는 것. 즉
틔태백이 채석강에서 물에 빠져 죽은 것을 말한다.

장자방…張子房.

계명산(鷄鳴山)…장자방이 달밤에 계명산에서 퉁소를 불어 항우
의 군사를 꺾었다.

도연명…陶淵明.

오류촌(五柳村)…도연명이 살던 마을.

소자첨(蘇子瞻)…소동파(蘇東坡).

적벽강(赤壁江)…소동파가 적벽강에 놀고 적벽부(賦)를 지은
것을 말한다.

태공(太公)…강태공, 려상(呂尙).

위수변조대(渭水邊釣臺)…강태공이 주문왕을 만나기 전 고기를
낚던 위숫가의 낚시 터.

뉘게 말기겠나.
우리인생이 이런모양으로
놀다가
북망산 도라가면
알뜰한 정관을
뉘게다 말기잔말가
전할곳없고 말길곳없어
나어찌하리

저건너 높고낮은
저산밑에
영웅 호결이며
청춘 홍안들이
다뭇혔구나。
루루총총 북망산을
뉘힘으로 뽑아내며

―――――――――――――

북망산…北邙山。
정관(情款)…사랑하는 마음。애뜻한 심정。
무루총총(壘壘塚塚)…무덤이 많은 모양
북망산…北邙山。

흘러가는	장류수를

뉘재조로	막아내며

엣적엣적	진시황은

만리장성	둘러놓고

아방궁을	높이지어

장생불사	하랴하고

불사약을	구하랴다가

그도또한	못되여서

려산황릉	깊은곳에

축절없이	누어있고

천하장사	초패왕도

오강에서	자문하고

륙국재상	소진이도

말이모자라	죽었으며

멱라수、	깊은물에

굴삼며라도	장어가되고

장류수⋯長流水。

진시황⋯秦始皇。

아방궁⋯阿房宮。

불사약⋯不死藥。

려산황릉⋯驪山荒陵。

초패왕(楚覇王)⋯항우(項羽)。

오강⋯烏江。

자문(自刎)⋯자살。

륙국재상⋯六國宰相。

소진(蘇秦)⋯중국 전국때 변사。여섯 나라의 정승을 지냈다。

멱라수⋯汨羅水。

굴삼며(屈三閭)⋯굴원(屈原)。

장어(鱆魚)⋯굴원이가 멱라수에 빠저 죽어 고기밥이 되였다.는 못이다。

시중천자 리태백은
채석강 달밝은데
국화주 취케먹고
달을 사랑하다가
기경상천 하야있고

진처사 도연명은
추강상 배를무어
명월시에 흘리저어
오류촌 들어가서
장취불성 하였것만

우리같은 인생들은
가만히 곰곰 생각하니
풀끝의 이슬이오
단불의 나비로다
금조 일석이라도

실수되여

채석강…朱石江。

기경상천…騎鯨上天。

진처사…晉處士。
추강상…秋江上。
배를무어…배를 만들어。

오류촌…五柳村。

장취불성(長醉不醒)…늘 술에 취하여 깨지 않는 것。

단불…벌겋게 달은 불。

금조일석(今朝一夕)…당장 오늘 아침 저녁이라도。

북망산천 도라가면
살은색어 물이되고
뼈는썩어 진로되고
삼혼칠백이 흩어질적에
어느귀천 타인이
날불상타 하겠나
차마긴정코 설어하노라
살아생전에 마음대로나
놀아볼가 하노랑

동정에 걸린달도
그믐되면 무광이오
무릉도원도 모춘되면
쓸곳없네。
자네같은 월태화용도
늙어지면 허사로다。

진로(塵土)…흙。
삼혼칠백(三魂七魄)…사람의 혼백。
동정(洞庭)…동정 호수。
무광(無光)…빛이 없는 것。
무릉도원…武陵桃源。
월태화용(月態花容)…달같이 뚜렷한 태도와 꽃같이 아름다운 얼굴。

청춘홍안을　애연타
말고서
마음대로　놀세。

임이　가실적에
이내오시마　하더니
무삼약수가　막혔는지
소식조차　돈절이로구낭
춘수는　만사택하니
물이많아　못오시드냥
하운이　다기봉하니
봉이높아　못오시드냥
봉이높거든　쉬어넘고
물이　깊거든　오며므나。
일엽선타고　임의생각
주야장천

청춘홍안…靑春紅顔。
애연(靄然)타…뭉게뭉게 피여 오른다。즉 젊음이 한창인 것。
약수…弱水。
돈절(頓絕)…아주 끊어지는 것。
춘수만사택…春水滿四澤。
하운다기봉…夏雲多奇峰。
일엽선…一葉船。

八八七

그머 못살겠네.

목수공방이 심란하기로
임을따라서 갈가보구나.
오늘가고 래일가고
모래가며 글피가며
나흘을 곱집어
여드레 팔십리
석달열흘에 단천리를
좌르르 끌면서
천창만검지 중이라도
임을따라서 아니갈수없네.
해가고 달가고
날가고 시가고
임까지 망종가면
요세상 백년을

목수공방…獨守空房.

천창만검지중(千槍萬劒之中)…창과 칼이 빽빽한 싸움터.

망종…마지막.

눈 감고 살잔말가.
석신이라고 돌에다
지접하며
목신이라고 고목에다
접을 하며
어영도 갈메기라고
창파에다 지접을할가
접할곳 없고
속내맞는 친구없어
나못살겠네.

오리나무란 것은
집리밖에 섰어도
오리나무요.
고향목이라 하는것은
타관에 섰어도

석신…石神.
지접(支接)하며…의지하여 살며.
목신…木神.

속내…마음속.

타관(他官)…다른 지방.

고향나무요.
숯섬이라 하는것은
저무내 있다가도
숯섬이오.
북이라 하는것은
동서사방에 걸렸어도
북이오.
새장구라 하는것은
억만년 묵었어도
새장구로구나.
산진인가 수진인가
해동청 별보라매가
노각단당에 긴상모 달고
흑운심천에 높이떠
놀적에
어떤남녀 친구가

저무내…오래.

새장구…장구의 방언.

산진(山陳)…산에서 자란 매.
수진(手陳)…집에서 걸드린 매.
해동청(海東靑)…털빛이 푸른 매.
별보라매…달빛이 보라빛이며 당년생을 잡아 걸드린 매.
노각단장…단장은 단장고라는 방울. 노각은 미상.
상모…붉은 술.
흑운심천(黑雲深天)…구름 속 높은 하늘.

솔개미로 본단말가.
생각하며는 암상이
사므라와서 못살겠네.

세거에 인두백이오
추래에 목엽황이라.
장차 가을이 오면
나무잎에 단풍들고
해가가면 사람의머리
되누나.
백일이 부재래하니
청춘이 막혀도하랴.
백일을 애다를손
청춘이 알드면은
가실줄 결박하고
청사로 백발이
원쑤

암상…질투하는 마음.
사므라와서…심악스러워, 독기가 치밀어서…
세거인두백(歲去人頭白)…세월이 흐르니 머리가 희여진다.
추래목엽황(秋來木葉黃)…가을이 들자 나무잎이 단풍 든다.
부재래(不再來)…다시 오지 않는 것.
백일막허도(白日莫虛度)…세월을 허속하지 말당.
청사(靑絲)…푸른 실.

오실줄을 알드면
만리 장성으로나
가로 막을절
애다른 청춘이
가고오고 하더니
월쑤의 백발이와서
날 침로하는구나。
월무족이 보천이오
풍무수이 요수로다。
동정에 걸린달은
동정을 응하야
월락함지 서산에지고
손없는 모진광풍은
만수장림을 뒤흔드는데
우리련련하고 살뜰하고

월무족보천（月無足步天）…달은 발이 없이 하늘을 걷는다。
풍무수요수（風無手搖樹）…바람은 손이 없이 나무를 흔든다」
월락함지（月落咸池）…달이 함지 속에 진다。 함지는 있어 해와 달이 그속에 진다고 믿어진 못。
만수장림（萬樹長林）…큰 숲。

야속한　임은
세류같이　가늘은
섬섬옥수가　있것마는
주소로　이내편신을
어루만질줄　왜모르노。
임으로하야　지는눈물이
대동강
백은탄이　되리로다。
의주하구두　룡군정
불불는불은　시재로구나,
압록강이　강선루
성천하구두
불불는불은　곁이로구나。
비류강수가
삼등하구두　황학루

세류…細柳。
섬섬옥수(纖纖玉手)…희고 부드러운 손。
주소(晝宵)…밤과 낮。
편신(片身)…한 몸。
백은탄(白銀灘)…능라도 옆에 있는 여울。
의주룡군정…義州統軍亭。
시재(時在)로구나…바로 그 자리에 있구나。
성천강선루…成川降仙樓。
비류강…沸流江。
삼등황학루…三登黃鶴樓。

불불는불은
앵무주강이 시재로구나.
불는불은
황주하구두 월파루
불는불은
적벽강수로 당겨고며니와
강계하구두 인풍루
불는불은
랑강합수로 당겨고며니와
평양에 부벽루
련광정
불는불은
대동강수로 고며니와
이내가슴에 시시때때로
불는불은
어느정관이 다끼
주리란말가.
답답하고 마음둘데없어

앵무주강…鸚鵡洲江。
황주월파루…黃州月波樓(覽心亭)。
적벽강…赤壁江。
강계인풍루…江界仁風樓(石風樓)。
랑강합수(兩江合水)…독로강(禿魯江)의 두 수원이 합하는 것.
부벽루…浮碧樓。
련광정…練光亭.

정판(情懇)…애정, 사랑하는 마음.

나 어찌 사노.

금세상에 못할것은
남의집 님께다
정들여놓고
말못하니 애연하고
사정치 못하니
나죽겠구나.
꽃이라고 뜯어내며
잎이라고 훑어내며
가지라고 휘여내며
해동청 별보라매라고
제밥을 가지고
구격벌가 고개만까딱
눈만깜박
추파여러번에 임후려내여

금세상(今世上)…지금 세상.

애연(哀然)하고…슬프고.

해동청…海東靑.
제밥…미끼.
구격벌가…유인하여 사로잡는 것.

추파(秋波)…눈질.

八九五

아닌 밤중에
짚신에 감발하고
월장도주로 담넘어가니
시아비 귀머거리
잡년석은 남의
알지도 속내는 못하고
아닌밤중에 밤사람
휘날릴적에 왔다고
이내 삼촌간장은
춘설이로구나.
가로막혀 나못살겠네.
차마전정 가산정주가
칠월이라 초칠일은

월장도주(越墻逃走)…담을 넘어 달아나는 것.

휘날릴적에…야단할 때에.

삼촌간장(三寸肝臟)…여기서는 공포에 움추린 속.

춘설(春雪)이 도구나…봄눈처럼 녹는 것을 뜻한다.

견우직녀가
그리워
오작교로 월강하야
일년에 일차를

살다가
흑해바다의 밀물일지라도
하로두때는 조수로구나.
남이라도 상사목은
음양을좇아서 마조서고
돌이라도 망부석은
좌우를 분하야
마조를 서는데
우리련련하고 틀틀한님은
일성중에 같이있어
어이그리 못본단말가.
천리약수에 만리장성이

견우직녀(牽牛織女)…견우성과 직녀성.
오작교…烏鵲橋.
상사목(相思木)…은행나무처럼 열매가 여는 나무와 안여는 나무가 있는 나무를 말함.
음양(陰陽)…암과 수.
망부석…望夫石.
천리약수…千里弱水.

푸른바가 아니오
삼천 구비봉에
촉도지난이 가리웠드냐。
일쌍청조 까자라도
막래전이로다。
자규성단 월사시에
두견이 울어도
임생각이오
월명화락 우황혼에
달이밝아도 임생각이라。
삼척동자야 동방을
내다보아라。
새벽달은 두렷이
기울었는데
임은 어데가고
아니 보인단말가。

촉도지난(蜀道之難)…촉으로 가는 험한 산길。
일쌍청조 一雙靑鳥。
막래전(莫來傳)…소식을 전하지 않는 것。
자규성단월사시(子規聲斷月斜時)…소쩍새 소리가 그치고 달이 서쪽으로 기울어질 무렵。
월명화락우황혼(月明花落雨黃昏)…달 밝고 꽃지는 비내리는 저 녁。
삼척동자(三尺童子)…어린 아이。

임으로　인연하여
여광여취 되는마음
잠시라도 잊지못하야
임을따라 갈가보다。

오다가　　가다가
오동나무
십리절반의　오리나무
임의손목은 쥐염나무
하늘중천에 구름나무
열아홉에　스무나무
서른아홉에 사시나무
아흔아홉에 백자나무
물에둥둥　뚝나무
월출동산에 달귈나무
달가운데　계수나무

여광여취(如狂如醉)…미친듯하고 취한듯한 것。

하늘중천(中天)…높은 하늘。

옥도끼로 찍어내여
금도끼로 걸다듬어
삼각산 제일봉에
삼간초당을 지여놓고
한간에는 금녀두고
한간에는 선녀두고
도한간에는 옥녀두고
선녀옥녀 잠들이고
금녀방에를 들어가니
장기판 바독판
쌍륙판 다놓였구나。
쌍륙바독은 저리하고
장기한케 벌일적에
한나라 한짜로
초나라 초짜로

금녀…金女。
선녀…仙女。
옥녀…玉女。

쌍륙(雙六)…주사위 눌음의 하나。

한패공(漢沛公)…한 고조。

초패왕삼고　차짜로
수레나
판운장삼고
코끼리
조자룡삼고　상짜로
말마짜로　마초를삼고
선비사짜로　모사를삼고
꾸릴포짜로　려포를삼고
좌우병졸로　다리놓고
이포저포　넘나둘적에
십만대병이　춘설이로구나。
임이가실제　오시마
하시더니　못오시드냐
어이그리　만사택하니
춘수는

초패왕(楚覇王)…항우(項羽)。
판운장…關雲長。
조자룡…趙子龍。
마초…周超。
모사…謀士。
려포…呂布。
춘설…春雪。
춘수만사택…春水滿四澤。

물이깊어　　　못오시드냐
하운　　　다기봉하니
산이높아　　　못오시드냐
낭중에　　　무일푼하니
로비가없어　　　못오시드냐
시문에　　　전폐하니
주제가　　　람루하여
못오시드냐
일모　　　한산원하니
날이저물어　　　못오시드냐
와병에　　　인사절하니
병이나서　　　못오시드냐
로중에　　　로무궁하니
길이멀어　　　못오시드냐
산외에　　　산무진하니
산이많아서　　　못오시드냐

하운다기봉…夏雲多奇峰.
낭중(囊中)…주머니 속.
시문(柴門)
견폐(犬吠)…사립문.
견폐(犬吠)…개가 짖는 것.
주제…몸차림.
일모한산원(日暮寒山遠)…해는 저물고 날은 추운데 갈 길이 먼 것.
와병인사절(臥病人事絕)…병석에 누워 벗들과의 교제가 끊어지는 것.
로중로무궁(路中路無窮)…길을 가는데 갈 길이 끝이 없는 것.
산무진(山無盡)…산이 첩첩하여 끝이 없는 것.

아야아차 내가잊었구나.
우리님이 만화방탕하야
청루주사를 좋아하시더니
적벽강 돌아오다
소동과 리적선만나
국화주 취케먹고
달을사랑 하시노라고
못오시든가.
병풍에 그린 황계닭이
꼬끼요 울제 오시랴드냐.
두날개 탕탕치며
목을 길게빼고
차마진정 임의생각이
십리선창에 밀물이로구나.
초당에 춘수족하니

만화방탕(萬花放蕩)‥‥녀색에 미쳐 방탕한 것.
청루주사(靑樓酒肆)‥‥계집과 술을 파는 집.
적벽강(赤壁江)‥‥소동파가 적벽강에서 놀며 적벽부를 지은 것을 엇절었다듯.
황계(黃鷄) 닭‥‥누른 수탉.
십리선창(十里船倉)‥‥십리나 뻗은 부두.
초당춘수족(草堂春睡足)‥‥제갈공명의 싯구의 한구절.

九〇三

초당앞에다 국화를심고
국화속에다 술빚어놓고
기다린다 기다린다.
술이익자 달이뜨고
달이뜨자 임이온다.
목이길다고 황새병이며
목이짤라 자라병이며
청류리병에다 황소주넣고
황류리병에다 청소주넣고
홍류리병에다 죽엽주넣고
백류리병에다 감홍로넣고
뭇.고초 저리김치
문어전복 결질러녀라.
피피우는 연계탕이며
깨께우는 생치탕이며

죽엽주(竹葉酒)…전라도에서 나는 명주.
감홍로(甘紅露)…평양서 나는 명주.
연계탕(軟鷄湯)…닭쩜.
생치탕(生雉湯)…꿩쩜.

포도독나는 피추리찜을
이리저리 벌여놓고
로자작 앵무배에
뚜르르 한잔
술을 가득부어
잡수시오 잡수사오。
시호시호 부재래라
잡숫다가 정싫거든
이내게로 돌리시오。
배행도군에 막정수하라
일배일배 부일배
권할적에
세상만사가 다파제로다。
날뜨자 오신임이
날지니 형용이

앵무배(鸚鵡盃)…앵무조개로 만든 술잔。
로자작(鷺鷀爵)…가마우지 모양으로 된 술잔。
시호시호부재래(時乎時乎不再來)…좋은 때는 다시 오지 않는다。
배행도군막정수(盃行到君莫停手)…술잔이 차례에 오면 쉬지 말고 마셔라。
일배일배부일배…一盃一盃復一盃。
파제(破除)…재쳐 놓는 것。 버리는 것。

간곳없구나.
참말 가지로
설어서 못살겠네.

[정렬모]

단 가 (八 편)

『단가』의 이름으로 부르는 노래도 그 내용과 형식은 다양하다. 『하사월 초파일날』은 달 거리의 형식을 띤 풍경가이고, 『한송정』, 『고고천변』, 『죽장망혜 단포자로』, 『부모생육하야』 기타는 보통 가사체 풍경가이면서도 『고고천변』의 쾌속한 률조, 『여보아라 소년들아』의 인물풀이식 서술 방법들은 특이한 정서를 자아내고 있으며 『금세상 총단말을』은 분장식 가사 채에다가 금강산에 대한 무한한 자부심을 담고 있다.

단가, 별조 단가, 휘몰이 단가 등의 음악상 명칭을 가진 이상의 풍경가들이 량반들의 가사와 기본적으로 구별되는 점은 그것들이 『안빈락도(安貧樂道)』로 분식될 대신 먹고 노는 현실적 육구로 충만되여 있는 데 있으며, 점잖을 때는 체 하다가도 중놈을 불들고 희롱하는 데 있으며, 자기 조국의 명승지에 대한 사랑을 잊지 않는 데 있다.

단가는 보통은 장가에 대응하는 명칭으로서, 대체로는 가사를 장가라고 부르는 데 대해서 시조를 단가라고 불렀다. 그것은 문학으로서의 가사의 형식에 관련된 술어였다. 그런데 여기서 단가라고 하는 것은 음악에 관련된 명칭이다. 그것은 창폭가의 목 푸는 소리를 의미한다.

하사월 초파일날

하사월　　초파일날
남풍지훈혜하고
해오민지온혜로다.
삼각산　제일봉에
봉황이앉아　춤을추고
한강수　깊은물에
하도룡마가　나단말가
백공상화　경성가는
오늘이야　알리로다.
형어목이　암암한띠
몽중에나　만나볼가
타기황앵　아이들아
막교지상　한을마라
피피리탓이　아니로다

남풍지훈혜: 南風之薰兮。解吾民之慍兮。남풍(여름바람)이 향기롭게 불어 내 백성들의 노여움을 푼다는 뜻이다. 「昔者舜彈五弦之琴 造南風之詩 其詩曰 南風之薰兮 可以解吾民之慍兮 南風之時兮 可以阜五民之財兮」(孔子家語 辨樂篇)。

하도룡마: 河圖龍馬。하도는 중국 고대의 전설적 임금 복희(伏羲) 때 황하에서 나타났다는 키가 八척 이상이나 되는 룡마(龍馬)의 등에 섭혀있던 그림으로서 역(易)의 팔괘(八卦)의 연원이 된 것이다.

백공상화 경성가: 百工相和 卿雲歌。경성가는 경운가(卿雲歌)의 잘못이다. 경운가는 순 임금이 팔벽(八伯)과 창회했다는 노래, 「卿雲爛兮 糾縵縵兮 日月光華 旦復旦兮」。

형어목: 形耳目。
암암: 黯黯。눈에 설핀 모양.
타기황앵: 打起黃鶯。
막교지상: 莫敎枝上。

황금갑옷 떨처입고
세류영 넘나드니
환우성 우는소래
겨우든잠 깨울세라.
장안만호 등을달아
산호만세를 부를적에
광풍제월 넓은천지
연비어약 뛰노는다
그달그믐 다지내고
오월이라 단오일은
천중지 가절이오
일지지 창외하야
창창한 수풀속에
백운이 찾았으니
시재마도 성현이오
산연자취가 나는구나.

제류영. 細柳營。 한나다 주아부(周亞夫)가 가는 버들로 군영을
방비했다는 고사에 관련된 말이다. 세류영은 고통 군대의
본영을 의미한다.

장안만호…長安萬戶。

산호만세…山呼萬歲。 임금에 대한 만세.

광풍제월…光風霽月。

연비어약…鳶飛魚躍。

택구야 훨훨   날지마라
너잡을   내아니로당
성상이   바리시매
너를좇아   예왔노랑
강산에   터를닦아
팔을베고   누었으니
구목위소   하여있고
나물먹고   물마시고
대장부   사름사리
요만하면   녀녀하징
일촌간장   몇인서름
부모님생각 뿐이로당
송백수양   푸른가지
눈다라께   그네매고
목의홍상   미인들은
오락가락   노니는데

택구야…이하 四行 「택구사」의 허두와 같다.

구목위소…構木爲巢. 요임금 때 은사(隱士) 소부(巢父)가 나무가지에다가 새처럼 집을 짓고 살았다는 고사에 의한 말이다.

나물먹고 물마시고…「논어(論語)」의 『飯疏食飲水 曲肱而枕之 樂亦在其中』의 구물 인용한 것이다.

일촌간장…一寸肝臟.

송백수양…松栢垂楊.

목의홍상…綠衣紅裳.

우리벗님은 어대가고
추천시절 웨모르노.
그달그믐 다지내고
유월이라 유두날은
건곤이 유의하야
량진에 삼겨세랑
중넘이 미곤하야
홍로유금이 되단말가
나도미리 피서하야
어드매로 가잔말가
도연명 천추후에
만고강산 무쳐세라.
축장짚고 동월지취하야
애관강산을 하야보세.
폭포도장히 좋다마는
려산이 여기로다.

량진…良辰.

도연명: 陶淵明. 진나라 시인 도잠(陶潛).

려산 廬山. 또는 盧山. 중국의 경치 좋은 산.

비류직하   삼쳔쳑은
옛말삼아   들었드니
의시은하   락구쳔은
과연헷말   아니로다
그물이   유도하야
진금을   쎗츤후에
은하석경   좁은길로
인도한곳   나려가니
저익은이리야밭을갈고
사호선생은   바독두네。
기산   넘어
영수로   나려가니
허유는   어이하야
팔을걸고   귀를쎗고
소부는   무삼인로
소고삐를   거스렸노。

비류직하 삼쳔쳑…폭포가 곧장 삼쳔쳑을 떨어진다는 뜻이다.
「日照香爐生紫煙 遙看瀑布掛長川 飛流直下三千尺 疑是銀河落九天」(李白)。

의시은하 락구쳔…이것이 은하가 하늘에서 떨어진 것이 아닌가 하고 의심된다는 뜻이다.

은하석경…銀河石徑。

저익…춘추시대의 두 은사, 즉 장저(長沮)와 걸익(桀溺)。

사호선생…四皓先生。 한나라 고조때 버슬하기를 싫이하고 상산(商山)에 숨어 있던 동원공(東園公) 이하의 네 로인。

창랑가 꼭조좇아
금롱탄을 나려가니
한가한 저어옹은
낚시대를 비끼었다
오호라 세상이
기군평하니 역기세랑
미재군평이 돌아드니
황산곡 다몰였다
죽림칠현 소를타고
영척은 고래타고
리적선 학을타고
적송자 나귀랐네
맹호연 보려하고
두목지 나려가니
백락천변 택락이랑
려동빈이

창랑가…滄浪歌。「독락당」의 「탁영」의 주 참조。

죽림칠현…竹林七賢。진(晉)나라 초기에 로장(老莊)의 허무주의 사상의 영향으로 항상 대밭에 모여 『청담(淸談)』을 일삼던, 원적(阮籍) 이외의 일곱 사람。
리적선…李謫仙。당나라 시인 리백(李白)。
적송자…赤松子。중국의 옛날 신선 이름。
맹호연…孟浩然。당나라 시인。
두목지…杜牧之。당나라 시인 두목(杜牧)。목지는 그 자다。
려동빈…呂洞賓。당나라 때 도사(道士) 려암(呂嵒)。

명동야   넓은천지
와룡강변   나려가니
학창의   혹대로다.
팔전도   축지법은
흉장만갑   하여있고
초당에   깊이든잠
대몽시만   음비그며.
그산광야   넓고넓은대
금잔디좌르르깔렸는대
이러뛰고   저리뛰고
흐느적거리고놀아보세.
강산   구경을
다하려고   들면
몇날이될줄을모르리라.

팔진도…八陣圖。삼국시대의촉(蜀)나라재상 제갈량(諸葛亮)이 안출한 동당(洞當)、중황(中黃) 등 여덟 종류의 진(陣)치 는법.

축지법: 縮地法。천리를 순식간에 걸으며 천리를 눈 앞에 보는 등 초인간적 선술(仙術)。

초당에 깊이든잠 제갈량이 잠든 룡(臥龍)과 같이 초당(草堂)에 슬물력있다가 나중에 류비(劉備)에게 고빙되여 출자한 사실 가티킴.

【고정옥】

한 송 정

한송정 솔을비여
조고마케 배를모아
한강에 띄여놓고
술이며안주 많이실고
거문고 가야금
생황양금 세피리젓대
북장구 너젓실고
장안의 일등명기
좌우로 늘어앉어
소리명창 가객이며
풍류낭 호걸남자
한배에 너짓실고
밤이면 별색따라

한송정…寒松亭。 고려 초부터 전해내려 오는 노래 「한송정 달 밝은 밤에 경포대(鏡浦臺)에 물결 잔 재 유신(有信)한 백구 는 오락가락하건마는 어떻다 우리 왕손은 가고 아니 오나 고」와 관련된 서술이다.
모아: 무어。지여。
생황: 笙簧。 아악(雅樂)에 쓰는 관악기의 일종。
양금: 洋琴。
젓대: 저。 당적(唐笛)。
새피리 가는 피리。
풍뉴낭…風流娘。 풍류를 아는 처녀。 일등명기나 같은 말이다.

동자야
　예
노를 자주저어
술렁술렁 배띄어라。
강릉 경포대로
달마중 가자。
다만앞에 섰든산이
보아알든 못하야도
문득뒤로 옮아가니
원포귀범 이아니냐
등장가자 등장가자
하느님전 등장가자。
무삼연유로 등장가리。
늙으신어른 구끼지말고
젊은홍안 늙지말자
그만연유로 등장가자。
아서라

원포귀범…遠浦歸帆。
등장…等狀。 인민들이 련명으로 관청에 요구 조건을 제출하던 것。등소(等訴)。
구끼지말고…죽지 말고。

모두다 취담일다。
멀고먼 황천길을
어이하야 가만말가
사랏을적 쓰고놀고
먹고쓰고 놀아보자
거드러거려 꺾어들고
로류장화를 놀아보세。
청풍명월에

취담: 醉談。
황천: 黃泉。 저승。
로류장화: 路柳墻花。 유녀(遊女)의 상징。

【고 정 옥】

고고천변
부상에둥실 일륜홍
　　　　　 높이떠

고고천변: 高皐天邊。 높은 산우, 하늘 가。
일륜홍: 一輪紅。 한 둥글고 붉은 것。
부상…뜨는곳: 扶桑。 동해에 바다에 있다고 믿어진 신목(神木)。 해와 달이 뜨는곳。 또는 동해。

九一七

량곡에　잦인안개

월봉으로　돌고

어정촌　개짖고

호연봉　구름이떴다.

로화는　단운되고

부평물에　동실며

어룡은　잠자고

잘새는　날아든다.

동정여천의　파시추

금사추파가　이아니냐

알발로　벽파물

뒷발로　척어당기며

적어당기며　창랑을탕탕.

요리조리　조리요리

앙금당실　눈이며

동남을　바라봐

월봉…月峯.
로화…蘆花.
단운…短雲.
부평물에…부평초(浮萍草)처럼 물에.

지광은　칠백리
파광은　천일색
천외무산　십이봉은
구름밖으로　멀고
해외소상　일천리
안하의　경개로다
악양루　높은집에
두자미앉아　지은글은
동남으로　보이고
북방소식　저기러기는
소상강으로　돌고
천봉만학을　바라봐
만경대　구름속에
학선이　울어있고
철보산　검은구름
허공에둥실　높이며

파광은　천일색…波廣은 天一色。 물결의 넓이는 하늘과 맛밭 하닭。

천외무산…天外巫山。 선경인 무산。 무산은 중국 사천성에 있는 산이름。 경치가 좋으며 선녀가 나타난다는 전설로 유명하닭。

해외소상…海外瀟湘。 바다 저편의 소상。 소상은 중국 소수와 상수가 합하는 명승지。

악양루…岳陽樓。

두자미…杜子美。 당나라 시인 두보(杜甫)。 그의 악양루에 올라 지은 시는 『昔聞洞庭水 今上岳陽樓 吳楚東南坼 乾坤日夜浮 親朋無一字 老病有孤舟 戎馬關山北 憑軒涕泗流』등

게산과무에　울차아
산은층층　　높고
경수무풍에　야자과
물은출렁　　깊었는데
이골물이　　쭈루룩
저골물이　　쫄쫄
열에열골　　물이
한대　　　　합수처
천방져　　　지방져
방울져　　　언덕저
언덕져　　　방울져
사주불러　　두둥그러져
건너편　　　언덕에
마주쾅쾅　　흐르는물은
사모령굴굴
산양수로　　돌아든다。

울차아…鬱嵯峨。『故園不可見 巫岫鬱嵯峨』（杜甫 江梅）。

천방져 지방져…여기서는 물이 급하게 흘덕가는 모양을 말한다。

천방지축（天方地軸）。천방지방（天方地方）。

만산은 　우루룩
국화는 　점점
벽수는 　뚝뚝
장송은 　락락
해월이무광에록수전경
남난무루미 　날아든다.
치어다 　보느냐
만학은 　천봉
나리굽어 　보느냐
백사지땅이람.
허리굽고 　늙은장송
광풍을 　못이겨
우줄우줄 　반춤춘다.
목유은 　우거지고
만초는 　숙어저
앞내 　버들은.

류록장 두르고
뒷내 버들은 늘어져
청포장 늘어져
한가지 찌어져
춘비춘흥을 늘어져
흔들흔들 못이겨
삼월이라 노닐적에
연자는펄펄 삼진날에
옛집을 날아들어
호접은 다시찾고
나무나무 분분
가지가지 꽃잎난다
아마도 꽃피여
이런경치가 비로구나
아니놀고 또있는가
무엇하리 무엇하리.

류록장…柳綠帳。
청포장…靑布帳。
춘비춘흥。春悲春興。

【고정옥】

죽장망혜 단표자로

죽장망혜　단포자로
천리강산　들어가니
산은첩첩　천봉이오
물은출렁　백호로다
기암은층층　절벽간에
폭포청파　나며오고
산간운심　적막처에
보라매 수진매 종달새가
흑운을　무릅쓰고
벽공을　툭툭차며
시루룩　시루룩
날아들고
꽃이라　봉선화며

죽장망혜…竹杖芒鞋。
단포자…簞瓢子。
백호…百湖。
산간운심…山間雲深。
보라매…조선 동부 지방의 매。해동청(海東靑)。
수진매…手陳。집에서 기른 매。수진이。

명사십리 해당화는
아침이슬 먹어있고
화중왕 모란화는
나를보고 반기는듯.
양류 천만사에
환우새 날아드니
삼천우족 다모였다.
그가운대
청학백학 앵무공작
춤잘추는 학두루미
춘산에 흥이잦어
너울너울 춤을춘다.
조고마한 따짜구리
크나큰 황장목을
한아람 더뻑안고
이리가며 뚜들박따

천만사…千萬絲.

삼천우족…三千羽族. 三천 종류의 깃을 가진 족속. 많은 새들이라는 뜻.

황장목…黃腸木. 품질이 좋은 소나무 이름.

뚜들박따
소리한다.
저리가며

풍년새가 바라보니
또한편   날아든다

시화년풍하고
국태민안한데
그흥을
이기지 못하여서
저산에가도 숫적
이산에가도 숫적
우름을고
또한편
귀촉도 날아든다
파촉강산 바라보니
못돌아간 원혼으로
이기지 한을
못하야

시화년풍·時和年豊·

귀촉도…歸蜀道。 무젼새의 별명이다。 무젼새는 옥나라 망제(望帝)가 왕위에서 쫓겨나서 억울하게 죽은 넋이라는 전설에서 생긴 말이다.

파촉강산 원혼…巴蜀江山 寃魂。

이 산에 가도
귀촉도
저 산에 가도
귀촉도
귀촉도 불여귀
귀촉도 불여귀
슲이운다.
또 한편
뻐꾹새가
이 산에 가도 뻐꾹
저 산에 가도 뻐꾹
뻐꾹뻐꾹 울음운다.
또 한편
원산은 바라보니
중중
근산은 첩첩.
절로 전 장목이며
늙어진 고목이며

불여귀…不如歸。 두견새의 별명。

장목…長木。 건축 재목。

상수리 참나무와
절절 로송은
울울 침침하다
예가 어도매냥
명승이 아니냥

부모생육하야

부모 생육하야
내몸이 자라나서
평생에 원하기를
명산승경 보랴하니
무엇후엇 좋다드냥
정이삼사월이면

상수리…떡깔나무의 한 종류。櫟木。
절절 로송…節節 老松。마디 많은 늙은 솔。

정이삼사월…正二三四月。

【고 정 옥】

두견화   보기좋고
오뉴월이면   더욱좋고
록음방초
동지섯달이면   설중매
화미춘광
더욱좋다.
이러한   사시경에
아니노든   못하리라.
초옥설찰에   한잎퍼고
짚자리   누었으니
청풍에   흰구름은
만학에   장장하고
울알에
홍련화
지당에   붉어있다.

화미춘광 花未春光。일반 꽃은 아직 피지 않은 이른 봄.

만학…萬壑。

지당…池塘。

아침낫 밤아오매
밤줏는 아희로다。
이삼척 동자들아
어제밤 춘풍세우에
앞내물 맑았드냐。
황독을 비껴타고
냇놀음 가자서라。

헌원씨 모은배와
복희씨 맺인그물
만경창파 너른물에
여울여울 놓아놓고
고기 걸린고기
잔놈을랑 소팔치고
굵은놈은 회를쳐서
연잎에 던져놓고

───────────────

춘풍세우…春風細雨。

황독. 黃犢。 황소。

헌원씨…軒轅氏。 옛날 중국의 전설적 제왕인 황제(黃帝)。
복희씨…伏羲氏。 옛날 중국의 전설적 제왕들인 삼황(三皇)의 하나。 처음으로 백성들에게 농경, 어업, 목축을 가르쳤다고 전한다。

소팔치고… 국 끓이고。

화준에　멸편술을
박잔에　가득부어
일배일배　또마시니
강호청흥　이아니냐

공도난건

공도난건　　백발이요
못면할손　　죽엄이랴
천황지황　　인황이며
신농황제　　복희씨며
요순우탕　　문무주공
덕행없어　　붕하시며
어리도다　　진시황은
만리성　　　에운담안에

화준…花樽
박잔…바가지 잔

[고정옥]

공도난건…公道難拒인가
천황…天皇
신농 복희…神農, 伏羲
요순우탕 문무주공…堯舜禹湯文武周公. 모두 중국 고대의 전설적 임금들
붕…崩. 임금이 죽는 것을 말함
에운…둘러싼

아방궁을   사랑삼고
실이묵직   소호하며
궁심지지   소락을하랴고
동남동녀   오백인을
허송삼산   하였으니
우리같은   일개소장부야
일리   무엇하리요.

진시황의 만리장성

진시황의   만리장성
역만세나   믿었더니
려산이   평지되고
아방궁이   간데없다
초패왕의   영웅으로

【고 정 옥】

아방궁: 阿房宮. 진(秦)나라 시황(始皇)의 궁전 이름.
실이묵직 소호…惡其目之所好. 듣기 좋고 보기 좋은 것을 원대모 다하는 것.
동남동녀 오백인을…진시황이 장생불사약을 얻기 위해서 동남 동녀 三천명을 서시(徐市)로 하여금 거느리게 하고, 동해에 있다는 삼신산(三神山)으로 가게 하였으나 종래 돌아 오지 않았다는 허황한 이야기에 유래한 서술이다.

려산: 驪山. 섬서성에 있는 산 이름. 진시황의 무덤이 있는 곳이며 항나라 현종은 여기에 청화궁(清華宮)을 지었다.
초패왕: 楚覇王. 초나라 장수 항적(項籍), 즉 항우(項羽). 서초(西楚)의 패왕으로 자립한데서 일컫는 칭호다.

九三一

오강가애 자문하고
비가일곡 지어내니
력발산도 가이없다。
안연이   조사하고
렴과도   늙었으니
이아니   가련한가
인간공도 할수없네
예로부터 갱소년은
인생이   일렀으니
일생이   춘몽이요
부생이   조로로다。
벽공에   걸린달은
리태백의 애월이라。
만리장공 밝았으니
이아니   선경인가
이름이   허황하야

오강가에 자문하고…그는 마지막에 인민들과 리탈되여 오강(烏江) 가에서 한(漢) 나라 군대의 추격을 받아 자문(自刎=스스로 목을 베는 것)하고 말았다。 이견
벽발산…力拔山。 힘이 새기를 산도 뺀만 하다는 뜻이다。 이것은 항우가 해하(垓下)의 전투에서 한군에게 포위되여 멸망의 위기에 도달했을 때 애첩 우미인(虞美人)과 사랑하던 말 추(騅)를 향해서 부른 『비가(悲歌) 일곡(一曲)』, 즉 『力拔山兮 氣蓋世兮 時不利兮 騅不逝 騅不逝 可奈何 虞兮虞兮 奈若何』에서 인용한 문구다。
안연…顏淵。 공자의 제자。
렴파…廉頗。 전국시대의 조(趙) 나라의 장수。

부생이 조로…浮生이 朝露。

애월…愛月。 사랑하던 달。

강호에 노닐면서
물의에 불힌정을 전혀없다.
비할데 전혀없다.
부귀를 다바리고
빈천오로 락을삼아
일간초옥 적은집에
한가이 앉았으니
시문에 문견폐는
풍설에 행인일세.
애내성 읊으면서
강으로 나려가니
호르느니 청파요
뛰노느니 은린이라.
도화뮤수 살진고기
자미있게 낚아내여
제류에 꿰여들고

물의 : 物外。 속세 밖。

시문 : 柴門。
문견폐 : 聞犬吠。 개 짖는 것을 듣는 것。
애내성 : 欸乃聲。 뱃노래。

유교번 돌아들어
뭇노라 목동들아
술파는집 어드매뇨
향화촌 운심처에
청렴이 표불하다
고기주고 술을받아
몽롱히 취한후에
석양천 져문날에
벽파에 걸어앉아
청강을 굽어보니
향기로운 연화로다
다시금 몸을일어
무릉을 찾아가니
도화행화 만발하야
점점이 붉어있고
객사청청 유색신은

몸노라…「借問酒家何處有 牧童遙指杏花村」(杜牧).

무릉…武陵。 진(晉)나라 도잠(陶潛)의 「도화원기(桃花源記)」에
그린 미상향。

객사청청…客舍靑靑柳色新。 왕유(王維)의 『送元二使西安』詩의
문구。

가지마다 봄빛이라.

록양방초는

세우에 잠겼으니

선원의 맑은경치

심신이 상연하다.

명승을 구경코자

표연이 봄을일어

봉황대 올라가니

봉황은 간데없고

천애에 뜬구름은

밝은달을 가리웠다.

풍교에 배를매고

한산사 찾아가니

처량한 쇠북소래

저기수십 도드겼다.

적벽강 돌아드니

봉황대…리백(李白)의 시구에서 인용된 말이다.『鳳凰臺上鳳凰遊 鳳去臺空江自流…總爲浮雲能蔽日 長安不見使人愁』(登金陵鳳凰臺).

풍교에…망나마 장계(張繼)의 시구에서 인용된 말이다.『…姑蘇城外寒山寺 夜半鍾聲到客船』(楓橋夜泊).

적벽강…赤壁江.

고인자취 간대없고
멱라수 깊은물은
굴삼려의 종적이요
채석강 돌아드니
리적선의 풍월이랑
산수를 굽어보니
만학천봉 운심처에
창송은 울울하고
계수는 잔잔하다.
청강에 맑은물은
추천과 한빛이랑
양류청청 석양천에
벳부르는 피리오
도화작작 운무중에
춤을추는 호접이랑
세월을 헤아리매

고인: 故人。『적벽부(赤壁賦)』의 작자 소식(蘇軾)을 가리킴。
멱라수: 汨羅水。
굴삼려: 屈三閭。 초(楚)나라 삼려대부(三閭大夫)였던 굴원(屈原)。 굴원은 애국자이며 시인으로 명망이 높았음에도 불구하고 회왕(懷王)은 암둔해서 간신의 참언에 속아서 그를 물리쳤다。 굴원은 드디어 멱라에 몸을 던져 죽었다。
채석강: 采石江。 리적선(李謫仙), 즉 리백(李白)이 술에 취해서 강에 비친 달을 잡으려 했다는 강。
추천: 秋天。
도화작작: 桃花灼灼。

억만갑자 무궁하니
아마도 이천지는
국막세계 이아닌가

여보아라 소년들아

여보아라 소년들아
이내말을 들어보소
어제청춘 오늘백발
그아니 가련한가
장내의 일등미색
곱다곱다 자랑마소
서산에 지는해는
뉘라서 금지하며
창해유수 흐르는물

억만갑자…億萬甲子。

장내∶長內。장안(長安―서울)。

【 고 정 옥 】

다시오기 어려워라

요순우탕 문무주공

공맹안증 정주자

도덕이 관천하야

만고성현 일렀건만

미미한 인생들이

제어이 알아보리

강태공과 황석공과

사마양주 손빈오기

전필승 공필취는

만고명장 일렀건만

한번죽음 못면하고

멱라수 맑은물은

굴삼려의 충혼이오

상강수 성긴비는

오자서의 정령이랑

요순우탕…堯舜禹湯 文武周公 孔孟顔曾 程朱子。중국의 옛날 전
설적 제왕들과 유교 창시자 및 유학자들。

강태공…姜太公。주나라 문왕(文王)에게 등용된 은사 려상(呂
尙)

황석공…黃石公。진(秦) 나라 말기에 장량(張良)에게 병서(兵
書)를 주었다고 전하는 도인。

사마양주…司馬楊朱。사마는 삼국시대 위(魏) 나라 장수。양주
는 전국 시대의 학자。

손빈오기…孫臏吳起。손빈은 동시대의 제(齊) 나라 장수。오기
는 동시대의 유명한 병법가(兵法家)。

전필승 공필취…戰必勝 功必取。

멱라수…汨羅水。앞 노태인 『진시황의 만리장성』의 『굴삼려』
의 주 참조。

오자서…伍子胥。춘추시대 초 나라 사람 오원(伍員)。아버지와
형이 초나라 평왕에게 살해되자 오나라로 도망간 그는 오
나라 왕을 도와 초나라를 정복하고、이미 죽은 평왕의 묘를
매질을 했다。그 뒤 월나라를 쳐서 부차가 구천의 강화를
요서 했다。 부차가 그것을 접수하려는 것을 강경히 반대
대구 했다。 부차가 그를 도리어 오자서의 부대에 넣어 강물에
도서 월나라에게 먹히오 나라가 말았다。후일 오자서의 의견을 듣지 않은 탓으
로서 월나라에게 먹히오 말았다。

채미하든 백이숙제
천추명절 일렀건만
수양산에 아사하고
말잘하든 소진장의도
염라왕은 못달래여
춘풍세우 두견성에
슲은혼백 뿐이로다。
맹상군의 계명구폐
신릉군의 절부구조
만고호걸 일렀건만
한산세우 미초중에
일부로만 가련하당。
아방궁을 높이짓고
만리장성 싼연후에

채미하는 백이숙제: 採薇하는 伯夷叔齊。 백이숙제 형제는 殷나라 孤竹君의 아들로서 무왕(武王)이 은을 치고 주(周)나라를 세웠을때 절개를 지키는 수양산(陽山)에 들어가서 사티를 꺾어먹고 연명하다가 마침내 어죽었다고 전한다。

소진장의: 蘇秦 張儀。 전국 시대의 유명한 유세가(遊說家)들。

염라대왕: 閻羅大王。 저승의 임금。

맹상군의 계명구폐: 孟嘗君의 鷄鳴狗吠。 맹상군은 전국시대의 제(齊)나라 재상으로서 인재를 모으기 위해서 식객을 항상 수천명씩 거느리고 있었다。진(秦)나라에 가서 소왕(昭王)의 모략에 빠져서 축게 되였을 때 식객중에 도적질이 있는 자와 닭을음 소리를 흉내내는 재간이 있는 자의 모략으로 목숨을 전정다고 전한다。맹상군의 성명은 전문(田文)이다。

신릉군의 절부구조: 信陵君의 竊符救助。 신릉군은 주대(周代)의 위(魏)나라 소왕(昭王)의 아들로서, 진(秦)나라가 조(趙)나라를 쳤을 때 조나라 혜문왕(惠文王)의 누이의 간청에 의해서 조나라를 구하려 원군(原君)에게 시집간 다. 우희(虞姬) 출진한 사실을 지적한 것이다。

일부로: 一墳土。 한 무덤。

육국제후　조공받고
삼천궁녀　시위할제
동남동녀　오백인을
삼신산에　불사약을
구하라고　보낸후에
소식도　돈절하고
사구평대　저믄날에
려산황초　뿐이로다
력발산　기개세하는
초패왕도　추불서라.
시불리혜　우미인의　손목잡고
눈물들녀　리별할제
오강　풍랑중에
칠십삼전　가소롭다.
동남제풍　목우류마

조공…朝貢。
동남동녀…「선상탄」의「서시」의 주 참조。
력발산…力拔山。이하 七행 바로 앞노래의「력발산」의 주 참
　조。
목우류마…木牛流馬。제갈량이 창안한 자동운수기계。소와 말의
　형체로 만든 수페로서 병량을 운반하는데 썼다。

상통천문	하달지리
전무후무	제갈공명
란세간웅	위왕조조
모연추초	처량하고
사마천과	한퇴지와
리태백과	두목지는
시부중의	문장이오
월서시와	우미인과
왕소군과	양귀비는
만고절색	일렀건만
황량고총	되여있고
팔백장수	팽조수며
삼천갑자	동방삭도
차일시며	피일시라
안기생과	적송자는
동해상의	신선이라

상통천문 하달지리: 上通天文 下達地理.

전무후무 제갈공명: 前無後無 諸葛孔明. 제갈공명은 삼국시대 촉(蜀)나라 재상. 특히 전략 전술에 능했으므로 이렇게 서술된 것이다.

란세간웅 위왕조조: 亂世奸雄 魏王曹操.

사마천: 司馬遷. 전한(前漢)의 력사가.

한퇴지: 韓退之. 송나라 문장가.

리태백과 두목지: 李太白, 杜牧之. 모두 당나라의 유명한 시인.

월서시: 越西施. 월왕 구천(勾踐)이 오왕(吳王) 부차(夫差)에게 바친 미인.

우미인: 虞美人. 초(楚)나라 장수 항우(項羽)의 애첩.

왕소군: 王昭君. 전한(前漢) 원제(元帝)의 궁녀.

양귀비: 楊貴妃. 당나라 현종(玄宗)의 비(妃).

황량고총: 荒凉古塚.

팔백장수 팽조수: 八百長壽 彭祖壽. 옛날의 이름난 장수자(長壽者).

삼천갑자 동방삭: 三千甲子 東方朔.

안기생: 安期生. 진(秦)나라 때 도사(道士).
적송자: 赤松子. 신선 이름.

포박자(抱朴子).

九四一

일렀건만 못보았네.
말만듣고
아서라
풍백에 불힌몸이
아니놀고 무엇하리.

금세상 좋단말을

금세상 좋단말을
풍편에 잠간듣고
천원지방 살펴보니
전세념 간대없당
인생백년 얼마전대
아니놀고 무엇하리.

풍백 風伯. 바람을 주재하는 신.

【 고 정 옥 】

금세상… 今世上. 이승. 현세.
천원지방… 天圓地方. 하늘은 둥글고 땅은 네모진 것.
전세념… 前世念.

가자가자 가잔말고.
게어대 가잔말고.
악양루 구경가자.
아서라 게못가겠다.
어이하야 못갈소냐.
무자미 높은집에
악양루 지은글은
동정호로 쟁웅하고
오초는 동남탁이오
건곤은 일야부라
동정호 칠백리에
황래선 없었으니
배없어 못가겠네.
그러면 어대로
어대로 가잔말고.

───────

악양루: 岳陽樓。 이하 十一행은 당나라 시인 두보(杜甫)의 시에 판련된 문구이다. 「昔閒洞庭水 今上岳陽樓 吳楚東南坼 乾坤日夜浮 親朋無一字 老病有孤舟 我馬關山北 憑軒涕泗流」

동정호로 쟁웅하고…: 정호(鼎雄)은 어느 편이 더 훌륭한가를 다루는 것。 동정호(洞庭湖)는 두보와 동시대 사람인 이백(李白)의 다음 시를 지적한 것이다. 즉 「洞庭西望楚江分 水盡南天不見雲 日落長沙秋色遠 不知何處弔湘君」(陪族叔刑部侍郎曄及中書舍人賈至遊洞庭湖)。

왕래선: 往來船。

봉황대
놀러가자。

아서라
게도못가겠다。

어이하야
못갈소냐。

봉황대상에
봉황유러니

봉거대공
강자류랑。

남은것이
풀뿐이랑。

게를어이
가잔말고。

그러면
가잔말고。

어대로
놀러가자。

황학루
게도못가겠다。

아서라
못갈소냐。

어이하야
승황학거하니

석인은
공여황학루랴。

차지에

봉황대…鳳凰臺。「鳳凰臺上鳳凰遊 鳳去臺空江自流 吳宮花草埋
幽徑 晉代衣冠成古丘 三山半落靑天外 二水中分白鷺洲 總爲
浮雲能蔽日 長安不見使人愁」(李白 登金陵鳳凰臺)。

황학루…黃鶴樓。「昔人已乘白雲去 此地空餘黃鶴樓 黃鶴一去不復
返……」(崔顥 黃鶴樓)。

사람가고 학도가고
남은것이 무뿐이랑
게를어이 가잔말고.

그러면
어대로 가잔말고。
고소대 놀러가자。
아서라 게도못가겠다。
어이하야 못갈소냐。
고소성의 한산사에
야반종성 도객선이랑
게를어이 가잔말고。

그러면
어대로 가잔말고。
채석강 노자하니

고소대…姑蘇臺。『…姑蘇城外寒山寺 夜半鐘聲到客船』(張繼 楓橋夜泊)。

채석강…采石江。리적선(李謫仙—李白)이 술에 취하여 채석강에 비친 달 그림자를 잡으려 했다는 이야기를 지적한 것이다。

九四五

리적선 간대없고
부춘산 가자하니
엄자릉 간대없고
적벽강 가자하니
소동파 간대없고
련화봉 노자하니
팔선녀 간곳없고
화운루 노자하니
당명황 간대없다.

그러면
어대로 가잔말고
팔도명산 금강산이라.
그리모 놀러가자.
늙은이 앞세우고
젊은이 뒤세우고

부춘산…富春山. 엄자릉(嚴子陵—嚴光)이 한나라 광무제(光武帝)와 대학 동창생이었던 관계로 광무제가 즉위하자 높은 벼슬로 그를 고빙했음에도 불구하고 거절하고 부춘산에서 발을 갈고 고기를 낚으면서 유유 자적했다는 이야기에서 유래한 서술이다.

적벽강…赤壁江. 송나라 소동파(蘇東坡—蘇軾)의 「적벽부(赤壁賦)」에 관련된 서술이다.

련화봉…蓮花峰. 륙판대사(六觀大師)의 제자 성진(性眞)이와 여덟 선녀와의 관계를 그린 十七세기의 김만중(金萬重)의 작품 「구운몽(九雲夢)」에 관련된 서술이다.

당명황…唐明皇. 현종(玄宗).

九四六

옷벗어 걸머지고
갓벗어 물러메고
탄탄대로,
우중충·
소로 굽은길로
중하나 들어가니
저중놈 나려온다。
얼골은 거뭉보아랑
두리두리 얽고도검고 뭉친저중놈。」
청암절벽에 구을터도
아니깨질 저중년석。
한손에는 죽피들고
한손에는 목닥들고
금영가사 후리처입고
귀으지러진 송낙
양모에 곤을달아

피죽…皮竹。 대 지팽이。」

금영가사…金纓裟裟。 몸빛 곤을 단 중의 옷

송낙…중의 모장 소나무 저우살이(기생목)로 엮어서 만든 것。

엄지손가락에 힘을주어
두귀를흠뻑 눌러쓰고
백팔념주 목에절고
아미타불 념불한다.

중아.

네.

소승 절합네다.

중아네성이 무엇이냐.

저중놈 거동보라.

짚었든 륙환장을

폭포수 나려짚고

쪘든 굴갓을

흠뻑 써우면서

소승성은 이러하오.

오나중아 내알았다.

백팔념주…百八念珠.

소승…小僧.

륙환장…六環杖.

폭포수 나려짚고…폭포수는 내려 짚고를 유모하는 장식어.

굴갓…중의 모자의 일종.

갓머리밑에 나무목하니
송나라송짜가아니냐。
네성이 송가로다。

네일홈은 무엇이냥。
저중놈 거동보랑
짚엇든 륙환장을
열픈들어
서짝을 가르치고
땅을팍 짚으면서
이러하오。
소승일홈은 내알앗다。
오나중아
서녁서밑에 나무목하니
밤률짜가 아니냥。
네일홈은 률이로다。

네절일홈은　무엇이냐。
소승　젼일홈은
이십일젼팔이오
텁월복이삼
토츈이로소이다
오나즁아　내알앗다。
이십일젼팔은누르황짜요
텁월복이三은용룡짜요
로츈은　졀사짜라。
네졀일홈이
황룡사가　아니냐。
네졀경치　어떠하냐。
져즁놈　대답하되
소승졀구경　좃소이다。
놉은대는　법당것고

이십일젼팔…廿一田八。
텁월복이삼…立月卜巳三。
로츈…土앙。

낡은대는 종각짓고
좌우에 익파지어
사모에 풍경달아
순풍이 건들불면
풍경소리 요란하오.

오나중아 종단말을
네절경치 좋았구나
풍편에잠간 들었보장
네절구경 하여보장
저중놈 뒤딸아
나는 숨겨
행색을 들어가니
가만가만 잠든나비
꽃속에 잠든나비
자취마장 춤을추고

행색…行色。

[익파…翼跛 본재 이외의 보조 전물。]

암상에 앉은학은
일없어 한가하야
백운산 상상봉에
때때로 날아드니
음릉이 어느곳고
도원풍경 이아니냐.
화발춘성 만화방창
뫼마다 봄빛든당
앞내의 버들가지
초록장을 둘러있고
뒷내의 버들가지
류록장을 둘렀는데
피피리펄펄 날아들고.

오동동백

음릉…무릉(武陵)의 와전인듯.
도원…桃源.
화발춘성…花發春城. 화란(爛) 춘성의 와전.
만화방창…萬花芳暢.

오동동백…梧桐冬栢.

지끈둥 부러지고
벽해상 갈매기둥둥
방울새 떨렁
호반새 뚜루룩
장끼 꿀꿀떡
까치 추두무
날아든다.
청강록수 기암폭포수
이골물 저골물
양골물 합수되여
폭포에 뚝떨어져서
물결은 출렁
거품은 북저글
흘러가니 이뿐이다.
천하명산

———————————————

장끼…수꿩.

[고 정 옥]

난봉가 (六편)

『난봉가』는 잡가의 특질을 여지 없이 돌어낸 노래들이다. 『난봉가』의 주제들은 대체로 향락적인 남녀 관계에 귀착한다. 그러면서 그 노래들은 일정한 초점이 없이 산만하게 구성되여 있는 것을 본다. 또 언어도 와전이 심하고 어법상으로 란잡하다.

그러나 이러한 노래들도 많은 부분의 사설시조와 같이 봉건 말기의 시정인들의 문학으로서의 의의를 가지고 있는 것을 인정하지 않을 수 없다.

이하에 『난봉가』의 이름으로 불려지고 있는 『난봉가』, 『숙천난봉가』, 『개성난봉가』, 『잦인난봉가』, 『신난봉가』 및 『사설난봉가』를 싣는다.

난 봉 가

술술　　동풍에
궂인비는　오고요

시화나 년풍에
임 쉬여 노잔다.
아 에헤야
어루나둥둥
내사랑 어로구낭.

장산곳 마루에
북소래둥둥 나더니
금일에 상봉에
임만나 보리라.
아에헤요
어루나둥둥
내사랑 이로구낭.

난봉이 났네
난봉이 났네.
남의 집 외아들
설난봉 났구나.

시화…時和.
년풍 年豐.

장산곳…長山串. 이하 몇장은 「몽금포타령」 또는 「장산곳타령」으로 불려지는 노래 문구와 합치한다.

에헤
　어루나
　　둥둥
내사랑
　　　이로다.
　에헤야

나는좋데
　나는좋데
사면십리가
　　나는좋더라.
　에헤
　에헤야
　어루나
　　둥둥
내사랑
　　이로다.

주렁백성을
　　배에실고
건너를간다
　　풍선이로구낭.
　에헤
　에헤야
　어루나
　　둥둥
내사랑
　　이로다.

앞강에 뜬배는
임실은 배요
뒷강에 뜬배는
낚시질 배랑
에헤 에헤야
어루나 둥둥
내사랑 이로다

수야 모야
다모인 곳에
정가는 곳은
한곳 이로다
에헤 에헤야
어루나 둥둥
내사랑 이로다

수야 모야…誰야 某야。 누구 누구。

걸라라비 훨훨날아가고
주렴주렴 내사랑아。
에헤 에헤야
어루나 둥둥
내사랑 이로다。

걸라막비…짐탈아비。허수아비와 갈은 탈。

숙천난봄가

인생백년이 여주마모다
아니나놀진 못하리라。
남기라도 고목되면
오든새도 아니오고
꽃이라도 십일홍되면
오든나비도 아니오고
펏이라도 늙어지면은

여주마…如走馬。
남기…나무。
십일홍…十日紅。화무십일홍(花無十日紅)에서 온 말로서 꽃이지면의 뜻이다。

【고정욱】

오 든 청년도 아니온다.
우물두틀 저남산보게
우리죽으면 저모양이랴.
살은썩어 물이되고
뼈는썩어 황토되고
삼혼칠백이 흘어질제
어떤친구가 날불상타할가.
에헤 에헤야
어라마둥둥 내사랑아.

우물두틀…무덤이 눌어 앉은 모양.
삼혼칠백…三魂七魄.

개 성 난 봉 가

박연폭포 흘러가는물은
범사정으로 감돌아든다.

범사정…泛射亭. 또는 泛榭亭.

[고 정 옥]

에헤에 에화좋고좋다
어루마둥둥 내사랑아。

건곤이불로 월장재하니
적막강산이 금백년이랑。
에헤에 엘화좋고좋다
어루마둥둥 내사랑아。

길말아비 훨훨
다날아가고
주렴주렴 내사랑아。
에헤에 엘화좋고좋다
어루마둥둥 내사랑아。

간다간다 내가돌아간다
며멀멀거리고

건곤이…乾坤不老月長在 寂寞江山今百年。

내가 돌아간다.
에헤에 엘화좋고좋다
어루마둥둥 내사랑아.

월백설백 천지백하니
산심야심이 객수심이라.
에헤에 엘화좋고좋다
엘라마둥둥 내사랑아.

산도설고 물도선데
누구를 바라고
여기를 왔나.
에헤에 엘화좋고좋다
엘라마둥둥 내사랑아.

노자노자 젊어서노자

월백설백 · 月白雪白天地白 山深夜深客愁深.

늙고병들면　내가못노리라.
에헤에　엘화좋고좋다
엘라마둥둥　내사랑아.

장인난둥가

노가지　향남계다
오색은　당사실로
쌍그네　매고
임하고　나하고
단두리　뛰자.
에헤이　에헤이오
어루마둥둥　내사랑아.

노가지…솜삼과(松杉科)에 속하는 상록 교목(喬木). 노가주.
간자.
당사…唐絲.

[고정옥]

왜생겨 왜생겨 나왔나。
왜생겨 사람의 간장
다녹여낸당。
어루마둥둥 내사랑아。
에헤이오
우릿임따라, 나는간다
간다간다 나는간다
어루마둥둥 내사랑아。
에헤이
인생이살면 한백년가
아니나노전 못하리랑
에헤이오
어루마둥둥 내사랑아。

노자노자 젊어노자
늙어지면 못놀겠다.
에헤이 에헤이오
어루마둥둥 내사랑아

잘살아라 잘살아라
네나를 바리고
네잘살아랑
에헤이 에헤이오
어루마둥둥 내사랑아

원쑤로구나 원쑤로구나
노랑대가리 원쑤로구낭
에헤이 에헤이오
어루마둥둥 내사랑아。

노랑대가리…초립 쓴 어린 신랑을 의미한다。

시집을 못살면
본가집 살지
난봉가 못하군
나못살겠네
에헤이 에헤이오
어루마둥둥 내사랑아

신 난 봉 가

아하아 에헤요
에에에헤에 에헤요
어루마둥둥 내사랑아

간다간다
다 나는돌아간다

[고 정 옥]

우릿임따라　나돌아간다.
아하아　에헤요
에엥에헤이　에헤요
어루마둥둥　내사랑아
연분홍　저고리
남길　소매
죽으면　죽었지
나못놓겠구나
아하아　에헤요
에엥에헤이　에헤요
어루마둥둥　내사랑아
사면도십리　창룡과속에
임가는　종적이
망연하구나

아하아 에헤요
에엥에헤이 에헤요
어루마둥둥 내사랑아

어루마둥둥 내사랑아
에엥에헤이 에헤요
아하아 에헤요
입이라고 생긴것은 백년원쑤로다.

오르며 나리며
보채는 경상에
충신집 멸녀가
막무가내로다
아하아 에헤요
에엥에헤이 에헤요

———

경상··景狀。 좋지 않은 상태。 광경。

막무가내··莫無可奈何。 무가나하와 갈다。 어떻게도 할 수 없는 뜻。

어루마둥둥　내사랑아。

어루마둥둥　내사랑아。
에헹에헤이　에헤요
아하아　에헤요
바라다　보지요。
정든님　게시게
바라나　불가요
남산이　고와서
애이히　에헤로구나
흥기당기당기
늬일늬리리　말녀므냥
어루마둥둥　내사랑아

[고 정 욱]

사 설 난 봉 가

개야개야 개야
감정알룩에 수캐야.
두귀가 축처졌다.
옌화 청삽살이냥
에헤이 에헤야
밤사람 보고
짖지를 마라.
이가이 앙앙
밤사람 보고
새로 짖다가는,
산톡끼 덮고
노루에 다고탕을하리라.
그 홍둥
사랑앙 개야

청삽살이… 접고 꼬리가 긴 개.

앵도나무 아래
병아리 한쌍 노는 겻
총각의 랑군의
몸보선 감이라.
에헤이 에헤야
수리휘이 다채갔다.
채가다니 무엇이
채갔단 다채갔다.
저우방산 말인가
다차갔다. 수리가

한놈은 어쩌했니.
한놈은 쥐가
똥구멍을 뺐기에
술안주해 먹었다.
윷지그렇지 두뭉뭉
개야 내사랑아.

노랑의 대가리

배추밑둥이 사달라고
상루옥동곳 매린다.
발버둥이만 매린다.
에헤이 에헤야
에헤이 에헤야
멋드렀구나.
멋드렀게 옥동곳
옥동곳 사내라지.
어디서 샀니.
저동대문통에서
얼마작살넣 주었구나.
두둥둥둥 개야
내사랑아.
노랑의 대가리

물레줄 삼두
언제나 길러서
서방님 사마를불고,
에헤이 에헤야
에헤이 에헤야.
나는 가겠소.
이애간단말이 웬말이냐.
잔말말고
꼭삼년만 래일모렌가요.
잠년이 놓소.
아이고
아따 닥채는바람에
코떠러 지겠다.
두둥둥둥
내사랑아 개야

여보나 　어머니
이내말슴 　들어를보소.
돈닷돈 　벌며다
무집세간이 　한세간
한세간 　뒷번하였소。
에헤이 　에헤야
에헤이 　에헤야。
이애 　잔말마라.
이야기만 　들어도
주둥이 　시당
무둥무둥 　개야
내사랑아
정월이라 　초하룻날
개탁문복을 　하니
쉬수앗끝로 　길패수

개탁문복： 開坼問卜。 새해 첫날 일년간의 운수를 점치는 것。

만나로낭.
에헤이 에헤야
에헤이 에헤야
콩까지 포단에
수수때 이불에
깽꽁깽꽁 깨놀아절제
아희가 들든지
영감이 들든지
그지렁 작신
눌러만 다고
아이고 저며.
이애왜소금에저렸는지
이마가 벗어졌다.
절커덕
두둥둥둥 개야
내사랑아.

장지문　소리가
더러나덜컥　나더니
큰아기　숨소리
결결이　높아가누낭
에헤이　에헤야
에헤이　에헤야
원앙금침은　동소슴하고
아청이불은　꿈정춤출제
양다리　잠에서
호란이　일어났다
호병대　불러다
봉초를　세우고
발뒤축에다　드리고
횐당기
반고수머리에다
과망을　씨우고

─────────────────────

　　　　　　호란… 胡亂。 병자 전쟁。
파망… 破網。 젖어진 망건。

맛상제 불러다
발상을 시켜랑
아이고 아이고
너는 왜우닝
나는 설어서 울거니와
너어찌해서 우니。
나는 부조로운당
울다 그렇지。
무둥뭉둥 개야
내사랑아
서웃달이라 그믐날
시집장가를 가더니
정월이라 초하롯날
맹간이 한죽을 낭았구낭
에헤이 에헤야

발상…發喪。 초혼(招魂) 뒤에 머리를 풀고 울어서 초상을 발표함 는 즛。

맹간이…청맹판이。 눈뜬 장넘。

에헤이 에헤야

이애
도야지새끼와같이
죽낭단말은 딴말이로다
요렇게둘 옳다그렇지
두둥둥둥 개야
내사랑아

새벽에 동자를하라면
바가지 태껸만불혀
물길러 가라면
양댕이란 빼뱅뱅두른다
에헤이 에헤야
아따 이년아
작작 둘러라

―――――――――――――――

동자 밥짓는 것

양댕이…엉뎅이

엉덩이 　바람에
코떨어지고

오뉴월에 　목휘양쓰고
매상개 　불여서
숭어탕만 　드린다
두둥둥 　개야
내사랑아

새문밖에 　걸린것은
백지한장 　랑군의
총각의 　혼백상이로다
엘화 　에헤야
에헤이 　에헤야
에헤이 　직구가
열남는 　죽어도
다굶어

목휘양…휘항(揮項). 치울 때 머리에 쓰는 방한구.

혼백상은 똥집을
터처라.
두둥둥 개야
내사랑아.

시집사리논 에루화
다툴며 가누낭
시아범 다리고
술추렴이나 가잔당
에헤이 에헤야
에헤이 에헤야
집안온 다되였당
시아범 먹고
며누리 볶으고
지지고 또루룩
먹자

개야

두둥둥둥 내사랑아

모여라 우리나
삼동세 모여랑
시아범 잡아다
홀롤롤 빼뱅
돌며랑
애헤이 에헤야
에헤이 에헤양
그놈의 아희가
크기도 크당
물레쫄 열두를이
다난봉 났당
두둥둥둥
내사랑아 개야

집동개 석경은
내담당 할머니
이마나
여덟의 괄짜로
지어랑
에헤이 에헤야
에헤이 에헤야
이마나 눈섭을
지을줄 몰라서
속눈섭을 다뽑아놓고
물독을 안고서
빼배맹 돈당
두둥둥 개야
내사랑아

영감의 잡놈을보며는

생골이 멀커덕올라도
총각의아재를 보며는
앙당이춤만 나간다
에헤이 에헤야
에헤이 에헤야
영감년석의 짠질랑
무이발대로 두어도
총각의아재 짠질랑
세숙수로 가며서
망에다 박박같아당
두둥둥둥 개야
내사랑앙

물동의눈 금정물
댓돌에 놓고
드레줄 쥐고

롱사정만 한다.
에헤이 에헤야
에헤이 에헤야
서답줄 걸박에
물방치 점이랑.
두둥둥 개야
내사랑아

【고정옥】

제 전

『제전(祭奠)』은 북도 잡가의 하나다. 『립신양명』하라고 『자손만세영』하라고 고이 양육된 주인공이 우연히 병이 들어 『인삼 록용으로 집을 지어도』 효과를 보지 못하고 마침내 죽고 만다. 그 안해는 남편의 무덤을 찾아가 갖은 음식을 벌려 놓고 제사를 지내면서 『귀신이라도 나오고 정령이라도 베 나오며므나』하고 슬퍼한다. ―이것이 그 내용이다.

『제전』에는 량반 가사들에 상투적으로 씌이는 언어들이 거의 없다. 그 대신 여기에는 민요 자장가의 문구가 인입되여 있으며, 서정 서사 민요의 상투구의 일종인 『무당 불러 굿을 한들 굿발이나 받을소냐……』가 인용되여 있으며, 또 황해도, 평안도, 함경도와 그리고 서울 등 각지방의 산물과 음식들이 쏟아져 나온다. 그러면서 주고 받는 말들이나 전편의 문체에 잡가로서의 특징들이 여지 없이 로출하고 있는 것을 본다.

『제전』에서 우리는 인민들의 문학적 기호가 정말 어디 있었는가를 잘 알게 된다.

세상백년　생겨날제
열시왕전　명을빌고
제석님전　복을빌며
아부님전　뼈를빌고
어머님전　살을빌러
열달　배서러
이세상백년　생겨나니
우리부모　날기루실제
은자동아　금자동아하며
오색비단에　채색동이
금을주고　너를사랴
은주기로　너를사랴。
쥐면　꺼질세라
불면　날가하야
곱게곱게　기를적에
글배우고　활쏘아

열시왕전 十王. 저승에 있다는 진광왕(秦廣王)이하 열 왕。
제석: 帝釋. 부처。
배서머 배서림. 즉 배, 뱃속의 뜻인가。 또는 배 서리다여의 의미인가。

문무　　　겸전하야
입신　　　양명하여
어진가저　맞아다가
당상학발　천년수요
슬하자손　만세영하랏더니
우연히　　득병하야
백약이　　무효로다.
다만
부르나니　어머니요
찾나니　　냉수로다.
무녀불러　굿을한들
굿덕이나　입을시며
소경불러　송경한들
경덕인들　입을소냐.
성천에　　리경화와
화타편작이

어진가저…가저(家姐)는 머느리.
당상…堂上。정三품 머선대부(明善大夫)
학발…鶴髮。수한 로인。년로한 부모.
슬하자손 만세영…膝下子孫萬世榮。이상의 판원。망상판.
송경…誦經.
무녀…巫女。무당.
성천에 리경화…成川 李敬華.
화타…華陀。삼국시대의 명의.
편작…扁鵲。중국 춘추 전국 시대의 명의。이름은 진월인(秦越人).

다시갱소년 할지라도

이내병고치기 만무로다.

형방 패독산과

곽향 정기산이며

환약탕약이 다부질없다.

인삼 록용으로

집을 지으며

당사향으로 벽을바르고

우황 청심환으로

불요를 하여덮고

불로초로 불을때인들

이내병 고치기난

만무로구나.

여보 마누라

나죽어

북망산천 돌아갈게

곽향…藿香。 순형과(脣形科)에 속하는 약초。

정기산…精氣散。

록용…鹿茸。 사슴의 뿔이 새로 나시 아직 굳지 않은 것을 말한다。

당사향…唐麝香。 중국에서 나는 우수한 사향。

우황…牛黃。 쇠 쓸개에 병으로 생긴 뭉친 것。 보양의 일종이다。
청심환…淸心丸。

불요…이불 요。

북망산천: 北邙山川。 북망산은 중국 락양(洛陽)에 있는 유명한
묘지。

서양   청국비단

오룡초배기며
삼수갑산 희령종성령
맹포도   다그만두고
마누라입면 단속옷벗겨
이내일신 면목악수를
눌러씨우고
룩진장포 열두매끼
아조꽝꽝 묶어내여
젓나무   장광틀에
스물네명 상두군은
어열녀열 발맞우며
연반군아 불밝혀라
봄은   명정은
종로   대로상에
표불하고

오룡초배기: 오룡초(五龍草)의 무늬있는 비단. 오동초는 포도와 (葡萄科)에 속하는 숙근초. 이 대목의 대본에는 「오동축백이」로 되여 있다.

룩진장포…六鎭長布。룩진에서 나는 베. 룩진은 전 함경북도 경원(慶源)、경흥(慶興)、부령(富寧)、온성(穩城)、경성 및 회령에 있던 진(鎭)。

장광틀…長廣틀。큰 상여틀을 의미함。

어열녀열…상여소리의 첩구。너화홍。

연반군…延燔軍。장사 때 등을 들고 가는 인부。

명정…銘旌。사망자의 직위、본판、성명 등을 쓴 깃발。보통 붉은 천에 흰 글씨로 쓴다。

표불…漂沸。떠 흐르는 것。

남문밖 사십리
보통송객 리별할제
풍취광야에 지전비하니
고묘루루 춘초록이라。
당리화영 백양수난
젼시사생리별처라。
명막즁턴 곡불문에
소소모우 인귀거할제
이모루 저모루
저모루 열른지나고
력꼴 잔명에
혹하나 돔힌후에
홍안박명에 청춘애처가
이모루 찾아갈제
남의분묘를 저모루
다지나가니

보통송객∴普通送客。
풍취광야에 지전비하니∴風吹曠野紙錢飛。지전은 관 속에 돈 모양으로 오려서 넣던 종이。
진시사생리별처∴眞是死生離別處。
소소모우∴潚潚暮雨。
인귀거∴人歸去。
홍안박명∴紅顔薄命。

우리 님의　　분묘가
여기로구나.
분묘앞에난　금잔디로다.
금잔듸
제석을　우에다
퍼며
조조반　우에다
놓고
백유지　우에다
펴고
그우에다　온갖음식을
다버려　놓는다.
염통
양복기
살치점이며　인삼록용에
도라지나물　고비고사리
두릅채　왕십리미나리며

제석… 祭席.

백유지… 白油紙.

살치… 소의 갈비 웃머리에 붙은 고기.

왕십리… 往十里. 서울 교외 마을.

먹기좋은　녹두나물
쪼개조개　콩나물이며
신계곡산　무인처에
멀구다래　다따다놓고
함종에　　양률이며
평양　　　북촌에
왕밤　　　대초며
전라도　　대건시며
연안　　　백천에
청실리　　황실리며
수원　　　홍감참우
룽라도　　썩건너서서
둥굴둥굴　청수박을
대모장도　드난칼로
옷꼭지를　스르루돌녀
강릉　　　생청을

신계곡산 무인처…新溪 谷山 無人處。
함종…咸從。
연안 백천…延安 白川。
청실리…靑實梨。푸른 배。
홍감참우…紅甘참의
대모장도…玳瑁粧刀。대모자루 달닌 칼。

또루루 부은후에

은동거리 수복저로

써만송송 끌나놓고

좌청우면에 홍동백서로

즈르르 버린후에

한그릇매와 한그릇갱에

리래백 포도주

도연명의 국화주

마고선녀 천일주

빛좋은 감홍로

맛좋은 황쇼주

이슬저슬 다바리고

청명한 백소주를

은잔금잔 다그만두고

로자잔 앵무배에

한잔은부어 퇴잔하고

은동거리 수복저…은과 동을 이어 붙여 만든 수복(壽福) 글짜를 박은 수저.

마고선녀…麻姑仙女.

감홍로…甘紅露. 붉고 단 소주의 일종.

로자잔…鸕鶿盞. 로자는 가마우지, 또는 더풀새. 물 속에 들어 고기 잡는 새다.

두잔은부어 침작을하고
석잔을 부어
삼배주 드린후에
두다리를 활신펴고
잔디 한우큼을
으드득 뜯어
모진 광풍에
휘날린 후에
왜죽었나니 왜죽었나니
옷밥이 그리워
네죽었느냐
세상 천지에
제일 보배를
내버리고 너왜죽었지。
망종 왔든길에
한번 불러나보고

망종…마지막。

가잣구나.
나오나라   나오나라
귀신이라도   네나오고
정령이라도   네나오려무나.
시시때때로   네생각못잊어
나못살겠구나.

정령…精靈. 넋(魂魄).

[고정옥]

매 화 가

『매화가(梅花歌)』는 四부분의 노래의 잡연한 집성이다. 그 첫 부분은 대체로 기생 매화(梅花)가 지었다는 시조 그대로이다.

『매화가』는 기생과 역관과의 교섭으로 뚜렷하듯이 봉건 말기의 하부 계층들에 의해서 창작되였으며 결합된 노래다. 여기에는 조선 인민들의 향토에 대한 사랑이 표현되여 있다.

매화 옛등걸에
봄철이 도돌아온다.
넷피던 가가지마다
피염즉도 하다마는
춘설이 란분분하니
필지말지 하다마는.

란분분…亂紛紛. 어지럽게 휘날리는 모양.

북경가는　　　역역관들아
당사실한테　　부불임하세。
그물맺세　　　그그물맺세。
당사실로　　　그그물맺세。

그물치세　　　그그물치세。
련광정에　　　그그물치세。
거절리소서　　걸리소서。
잔처녀란　　　다빠지고
술술　　　　　걸리소서。
굵은처녀만　　걸리소서。

성천이라　　　동의주를
이리로접첩　　저리로접첩
접첩접첩　　　개야놓고

―――――――――――――――――

역판…譯官。번역과 롱역에 종사하던 판원。사역원(司譯院)에 속해 있었으며 그 신분은 중인(中人)이었다。
당사실…唐絲。중국에서 수입되던 실。주로 색실이었다。그래서 「오색당사(五色唐絲)」는 옛날 노래들에서 한개의 아름다운 한해…떼는 실떼, 즉 물떼 얼태에 일정하지 같은 실의 분량을 의미한다。한 타래。
불임…부탁。

성천…成川。
몽의주…멱주 이름。

한손에는 방추 들고
도 한손에 물바들고
출렁출렁.

안남산에 밧남산에
개얌을 심거심거
개개얌을 못따먹는 저다람아.

개얌…가얌. 榛子.
다람…다람쥐.

【고정옥】

흥 타 령

『흥타령』도 『사발가』, 『신고산타령』 등과 같은 계렬에 속하는 근대 잡가의 하나이다. 지배 계급의 노래가 결코 아니면서, 그 남녀 애정 관계의 주제는 이미 봉건 말기의 잡가가 가졌던 인민성에서 벗어나 류행가의 퇴폐적 반동성으로 넘어가고 있다. 그러나 여기에는 의연히 『황금 만능』의 부르죠아 생활 감정에 반발하려는 인민들의 진실성이 반영되여 있다.

무정 방초난
년년이 오난대
청춘은 한번가면
다시올줄을 모르난고
아이고대고 어어어어
성화가 났네흥。

방초…芳草。

정의선

철도야

함경남도 명원선아
너남무삼 사무가없어서
우리지중 우리님을
부질없이 태여다가
각분동서가 웬일이냥
아이고대고 으으으으
성화가 났네홍.

꽃이 고와도
춘추 단절이요
우리인생이 청춘이라도
청춘일시 뿐이로구나
아이고대고 성화가났네홍.

박랑사중 쓰고남은철퇴를

지중…至重.

각분동서…各分東西.

춘추단절…春秋單節.

박랑사중…박랑사(博浪沙)는 중국 하남성의 지명이다. 장량(張良)이 력사를 시켜 진시황을 저격한 곳으로 유명하다. 그 철퇴를 항우에게 주어 디벌 두자를 깨뜨리게 했으면 하는 것은, 항우가 한군(漢軍)에게 포위되여 우미인(虞美人)을 위해서 디벌의 노래를 부른 사실과 결부된 것이다.

九九九

천하장사 항우를주어
이별두자를 깨치고젼.
아이고대고 성화가났네홍.

천하천지 모진사람아
정싫으며는 날바리고
너잘살아랑.
아이고대고 흥흥흥흥
성화가 났네흥.

우연이든정이 골에잠기여
생각사쨔가 병들병짜랑.
아이고대고 흥흥흥흥
성화가 났네흥.

불파 또이

────────────────────

로이: 略이. 걸이.

얼마머지 않은대
그리고못보낸 님을
어이유정타 할수가있나
아이고대고 흥흥흥흥
정화가 났네홍.

사람못나면 돈보고살고
천하 전달이라도
전멋지고 알심있고
정들면 못잇난당
아이고대고 흥흥흥흥
성화가 났네홍.

돈많이두고 쓸줄모르면
평생을살아도 살아도
정이짚들 못하리랑.

진멋…진짜 멋. 무뚝뚝인 멋.
알심…실력. 진짜 힘.

아이고대고 흥흥흥흥
셩화가 낫네흥。

뗬다보와라 죵다리새낫
텬쟝만쟝 구만쟝며
너울너울이 춤을춘다。
아이고대고 흥흥흥흥
셩화가 낫네흥。

뗬난뎌륜션아
너난무삼 사무가없어서
우리지즁 우리님을
부질없이 실어다가
각분동셔가 웬이란말이냐。
아이고대고 흥흥흥흥
셩화가 낫네흥。

―――――――――――――

륜션…輪船。火輪船。기션。

유정 무정은
사람사랠 탓이요
정들고 못살기난
화류계 , 남자라.
아이고대고 흥흥흥흥
성화가 났네흥.

사람이죽으면 어느곳을가느냥
저생과이생이 인심이부동이나
님게신곳 보내주면
우리님을 다시만나
만난정회나 풀어볼거나
아이고대고 흥흥흥흥
성화가 났네흥.

사람이 못나면

돈보고 살아도
평생 동거나
속정이 깊지못하단다。
아이고대고 흥흥흥흥
성화가 났네흥。

녀는 누구며
나는 누구냐
상사하드으는
그사람 이로다。
아이고대고 흥흥흥흥
성화가 났네흥。

천안삼거리

「천안삼거리」는 민요로도 불 수 있으나 그 언어와 정서는 역시 가사의 전통에 립각하고 있는 점으로 보아 잡가의 한 종류다. 이 노래는 반드시 무용을 수반하는 노래로서 특징적이다.

천안두 삼거리흥
능수나 버들은흥
제멋에 겨워서
축느러 졌구나흥.
에루화 좋다흥
성화가 났구나흥.
량산   통도사흥

능수버들 : 수사류(垂絲柳). 위성류(渭城柳).

성화…成火.

량산 통도사…梁山 通度寺.

중이나 되여서흥
님을 위하여흥
불공을 할거나흥。
에루화 좋다흥
성화가 났구나흥。

계변 양류는흥
사사 록이요흥
그버들 가지가흥
류색신 이로다흥
에루화 좋다흥
성화가 났구나흥。

사사록…絲絲綠。
류색신…柳色新。「渭城朝雨浥輕塵
客舍靑靑柳色新…」(王維 送
元二使西安)。

一〇〇六

【고정옥】

닐 리 야

『닐리리야』는 민요적 잡가의 일종이다. 『강강수월래』처럼 합창되는 반복구 사이에 두 구의 독창구가 삽입되는 형식이다. 그 내용은 『아리랑』이나 『애원성』같이 자본주의 사회의 퇴폐상과 아울러 사회적 모순을 반영하고 있다.
수집된 재료대로 게재한다.

───────

닐리리야 닐리리야
니나누나니
알뜰살뜰 그리든님을
언제나만나서 싫도록보나.
닐리리야 닐리리야
니나누나니 닐리리야.

양복쟁이 　거동보게
아사히꽁지가 　웬일인가
닐리리야 　닐리리야
니나누나니 　닐리리야。

양복쟁이 　거동보게
양발뒷꿈치 　빵구났네。
닐리리야 　닐리리야
니나누나니 　닐리리야。

청사초롱에 　불밝혀라
잊었든랑군이 　또다시온다。
닐리리야 　닐리리야
니나누나니 　닐리리야。

왜왔든고 　왜왔든고

쇼집고갈길을 왜왓든고.
닐리리야
니나누나니 닐리리야。

왜왓든고
최즈르고갈길을 왜왓든고。
닐리리야
니나누나니 닐리리야。

왜왓든고
울고갈길을 왜왓든고。
닐리리야
니나누나니 닐리리야。

왜왓든고
할퀴고갈길을 왜왓든고。

———————————————

닐리리야 닐리리야
니나누나니 닐리리야。

왜왔든고 왜왔든고
왔거들랑 웃목잠이나 자고가렴。
닐리리야 닐리리야
니나누나니 닐리리야。

기생아씨 자든방에
무명주수건이 웬일인가
닐리리야 닐리리야
니나누나니 닐리리야。

간다간다 나는간다
훨훨버리고 내가돌아간다오
닐리리야 닐리리야

너나누나니 닐리리야.

어쓴사람은   팔자좋와
고대광실   높은집에
금화줄을   느렸건만
우리는   팔자험해
이런꼴을   보았고나.

맥고모자   쓰든머리
시무방석이   웬일인가
새루양복   입든몸이
홍바지저고리 웬일인가
깃도구쓰   신든발에
와라지집신이 웬일인가
우데마끼   두르든손에
쳐수갑이   웬일인가.

금시계줄 차든몸이
석사술이 웬일인가
각장장판 자든몸이
마루방이 웬일인가
널리리야 널리리야
니나누나니 널리리야

각장장판…角壯壯版。기름먹인 두터운 종이로 바른 장판.

【고정옥】

이 팔 청 춘 가

『이팔청춘가(二八靑春歌)』의 의의는 봉건 귀족들의 한가로운 자연 례찬과 『은일사상(隱逸思想)』의 표현 양식으로 출발한 리조 가사가 개인에 의해서 창작되는 인민 가요에까지 발전한 경로를 천명하는 한개의 도표로 되는 데 있다.

『이팔청춘가』는 잡가의 멜로디에 『창가』의 시 형식을 준 노래다. 1910년대에 와서는 봉건 말기에 있어 인민 문학적 의의를 가졌던 잡가의 적극적인 생활 향락의 사상은 이미 부정적이며 낡은 것으로 되고 말았다. 계몽 작가들은 잡가에서 이러한 낡은 사상 감정을 물아 내고 그 대신 력사를 앞으로 전진시킬 수 있는 건설적인 사상을 잡가의 멜로디에다가 없었던 것이다.

『20년대 이후 가요 전통은 민족적 형식에 전연 무관심한채 퇴폐적인 도시 류행가에 빠졌다. 해방후 공화국의 민주기지에는 계몽기의 교양적 가요 전통이 새로운 면모를 떠고 힘차게 다시 두했다. 전통적 멜로데에 당과 정부의 시책을 인민 대중 속에 침투시키기 위한 가사들을 담은 수많은 노래들이, 일제 시대의 도시 류행가를 구축한 창작 인민 가요들과 함께 인민들의 지극한 사랑 속에서 자라가고 있다.

이 팔은 청춘의
소년몸 되여서
문명의 학문을
닦아를 봅시다。

세월이 가기는
흐르는 물같고
사람이 늙기는
바람결 같고나。

진나라 시황도
막을수 없었고
한나라 무제도
어쩔수 있었나。
천금을 주어도

진나라 시황…秦始皇。
한나라 무제…漢武帝。

세월은 못사네.
못사는 세월을
허송을 할가나.

노지를 말아요.
젊어서 청춘에
노지를 말아랑.
노지를 말아라

우리가 젊어서
늙어서 말아야
자연히 행복이
이르네.

청춘에 할일이
무엇이 없어서

주사
종사를 청루로
하느냐.

바람이 맑아서
정신이 쾌커든
좋은글 보면은
지식이 늘고요.

월색이 명랑해
회포가 있거든
옛일을 공부코
새일을 배호소.

근근코 자자히
공부를 하면은
덕윤신 하고요

주사 청루… 酒肆 靑樓.

회포… 懷抱.

근근… 勤勤.
자자히… 孜孜. 부지런히.

덕윤신… 德潤身.

부윤옥 하리라.

우리가 살면은
몇백년 사느냐.
살아서 생전에
사업을 이루세.

정신을 개치고
마음을 닦아서
이팔의 청춘을
허송치 말아랑.

부윤옥…富潤屋.

개치고…깨우치고. 경성(警醒)시키고.

【고정옥】

배따래기

이 노래는 대동강에서 서해 바다로 래왕하던 뱃사공의 생활 감정을 담은 잡가다. 위험한 로 동 가운데서 일생을 마치는 뱃사공인지라 여기에는 잡가로서의 특징이 아주 희박하다. 그러나 이것을 민요로 볼 수는 없다. 『배따래기』에는 의연히 가사 특유의 언어가 풍부히 구사되여 있 다. 이와 동시에 이 노래는 지배계급들의 『어부가』와는 전연히 구별된다. 『먹는 밥은 사자 밥』이며 자는 곳은 칠성판인 뱃사공의 생활은 바다의 풍경을 감상할 여유를 허용하지 않는다. 그들의 전 신경은 암초에 부딪치지나 않을가 하는데 집중되여 있으며 그들의 마음 속에는 언제 나 향수가 깃들어 있는 것이다.

윤삭…潤朔

이래 윤삭은 다지나가고
황국단풍이 되돌아 오구나.
에지화자자좋다.

천생만민이　　필수직업이
다각각　　　　달라
우리는구타여　선인이되여
먹난밥은　　　사자밥이요
자난잠은　　　철성판이라
녯날로인에　　하시든말삼을
속언속담으로　알어를떠니
금일금일　　　당도하여
우리도
때년을　　　　다진토록
내가어,이　　　살가나。
에지화자자　　좋다。
이럭저럭　　　행선하여
나아가다가
좌우산천을　　바라보니

필수직업::必須職業。

사자밥: 사람이 죽어시 초혼(招魂)할 때 저승에서 온 사자를먹이는 밥.

칠성판::七星板。 관속 바탁에 까는 널。 북두칠선의 형상으로 일곱 구멍을 뚫었다。

행선::行船。

운무는 동서사방을 자옥하여 알수없고나。
령자님아 보아라。
쇠노와 평양에 대동강이 불였나。
여메로 불결은
애지화자자 좋다。
연과만리 수로창파
불러물 갈적에
뱃전은 너홀너훌
물결은 출넝
해도중에 당도하니
바다에 초라는것은
돌이로구나 만났드니
뱃쌈은 갈라지고

운무… 雲霧。

령자… 領子。선장。도사공。

쇠… 지남쇠(指南鐵)을 가디킴。다침반。

연과만리 수로창파… 煙波萬里 水路蒼波。

해도… 海道。

초… 礁。암초(暗礁)。

뱃쌈・뱃전인가。

용천·용촌을·돛대에 맨 줄.

촉고향…還故鄉.

용천
끊어져
돛대는
부러져
삼절에
나고
기빨은
찢어져
환고향
할제
검은물은
머물머물하여
죽난자난
부지기여수라。
돛대차고
만경창파에
뛰여드니
갈메기란놈은
이내배를
타고
상어란놈은
발을물고
지근지근
제당길적에
우리도
세상에
인생이라고
생겨들났다가
강호에

어복중   장사를
내가   어이할가나。
애지화자자   좋다。

이리저리   불녀가다가
천렝으로   고향섬에만나
건져주어   살아를나서
고향으로   도라을적에
원포   귀범에다
돗을달고

애내일성에   치먼서
북을두리등실   바라를보니
좌우산천을   바보든산이요
산이라도   배보든물이다。
물이타도
해지고   저근날에

어복중 장사…魚腹中 葬事。

원포 귀범…遠浦 歸帆。

애내일성…欸乃一聲。 배따래기 한 소리。

잘새는　깃을찾어
무리무리　다날아들고
야새은　창망한데
먼남기　흐미하구나。
때는마참　어니때냐。
충추팔월　십오일야에
광명좋은　달은
두렷두둥실　밝아를있고
황룡묘상에　두견이울고
찬파록림에　갈메기울고
원체객산에
잔내비　휘파람소래
갓다가나　심란한중에
새북강남의　기럭이난
안성으로　짝을불러
한수로　떼떼떼

깃…보금자리。
야색…夜色。
창망…蒼茫。

황룡묘…皇陵墓。(임금의 무덤)
원체객산…猿啼客散。
새북강남…塞北江南。
안성…雁聲。
한수…漢水。

울면서 감돌아들제
다른생각은 아니나고
동동식식 식숙하시든
동모에생각이 눈물나누나
헤지화자자 좋다.

동동식식 식숙…同同食食 食宿。

【고정옥】

기 나 리

『기나리』는 원래 평안남도 지방, 특히 룡강 부근의 민요다. 민요가 농촌을 떠나고 로동에서 유리되여 널리 대중에게 가창될 때 그것은 민요의 정서를 완전히는 상실하지 않으면서 잡가의 성격을 띠게 된다. 『아리랑』, 『도라지타령』 등과 같이 『기나리』도 그러한 종류의 잡가다.

조개는 잡아 첫저리고
가는 님 잡아 정들이자.

바람세좋다고 돛달지말아
몽금이포구 들렀다가렴.

뒷문도밖에 실아리태래

몽금이포구…夢金浦. 황해도에 있는 포구 이름.
뒷문도밖에…뒷문 밖의.
실아리태래…시래기를 묶어 매여 단 것.

바람만불어도 날숙이누나.

세월잊자고 산곡에갔드니

역시나대신에 단풍닢지누나.

네오려무나 네오려무나

날불래머는 너오려무나.

―――――――

역시…戱畵.

【고정옥】

도라지타령

『도라지타령』은 원래 농민들의 도라지 캐는 로동 과정에서 창조된 민요일 것이다. 그러던 것이 도시에 흘러 들어와서 춤과 결부되면서 그 사상과 언어에 잡가적 영향이 가해진 것이다.

도라지도라지　백도라지
강원도금강산　백도라지
한두뿌리만　캐여도
대바구니가　스리살살넘는다.
에헤요에헤요
에야라난다　지화자좋다
내가내사랑이로다.

도라지도라지　　도라지
심하산천의　　백도라지
안개이슬에　　첫인뿌더기
나도나는　　캐기만좋와요。
에헤요에헤요　　에헤야
에야라난다　　지화자좋다。
네가내사랑이로다。

새벽뜨는　　종달새야
왜요리　　좋촐우느냐。
무명도산천에　　날저므니
달이야달맞어　　달넘어간다。
에헤요에헤요　　에헤야
어야라난다　　지화자좋다
네가내사랑이로다。

심하산천…深邃山川。

무명도산천…無名山川。

도라지도라지   도라지
은률금산포   백도라지
한두뿌리만   캐여도
대바구니가   스리살살넘는다。
에헤요에헤요   에헤야
에야라난다   지화자좋다
내가내사랑이로다。

도라지캐러   간다고
핑게핑게를   하더니
대동강뗏목만   타고서
어야라소리만   부른다。
에헤요에헤요   에헤야
어야라난다   지화자좋다
내가내사랑이로다。

【 고 정 옥 】

담 방 구 타 령

『담방구타령』은 동물, 생산 도구, 기타의 물건을 노래한 타령류의 하나당. 담배가 일본서 수입되던 당시에 된 잡가로 전한다. 여기에는 담배에 대한 호기심과 아울러, 일제가 조선을 상품 시장화하려는 식민지 정책에 대한 인민들의 반발적 정신이 반영되여 있다.

구야구야 담방구야
동래울산 담방구야
너의국이 어떻길래
조선대국 나왔느냐
우리국도 좋으니와
조선대국 유람올나와

담방구…담배.
동래울산…東萊 蔚山.

담배씨한줌 가지고와서
건너펴 밭대기
이리저리 숨어놓고
낮이면 찬랭수주고
밤이면 찬이슬맛어
전잎이점점 자라나서
숙잎이 숫아나서
은장두 드는칼로
어석어석 베여내니
총각의쌈지 한쌈지요
처녀의쌈지 한쌈지라
청동화로 백탄숯을
이글이글 피아놓고
미상반죽 열두마디
동래부죽 길기맞차
담배를한대 먹고나니

은장두…銀粧刀。

청동화로…靑銅火爐。

비상반죽…소상(瀟湘)의 반죽(斑竹)。

부죽…釜竹。부산(釜山)서 나는 대。

목구녕안에 설안개치고
또한대를 먹고나니
배구미밑에 요란이난다。

【고정옥】

사 발 가

자본주의 사회의 도시 유한계급들의 향락의 대상인 기녀층은 그 사회의 사회적 모순이 빚어 낸 한개의 사회층이다. 진실하게 살려는 그들의 노력은 통하지 않는다. 막다른 골목에서 헤매는 이 계층은 착취계급을 반대하는 투쟁에서만 자기를 해방할 수 있다. 『사발가』에도 여러가지 가사가 있으나 여기 실은 『사발가』는 자기의 존재의 모순에 고민하면서도 아직 길을 찾지 못한 이 계층의 비애를 노래한 것이다.

여기에 실은 『사발가』는 국립 고전 예술 극장에서 채취한 것인데 일반적으로 『사발가』의 후렴은, 조선 작곡가 동맹에서 출판한 『조선 민요곡집』의 『사발가』에서 보는 것과 같이 『에 헤야 에헤야 에헤야 여라 난다 지여라 허송세월을 말어라』로 되여 있다. 『사발가』의 가사는 『어랑타령』의 가사와 교착되여 있는 것이 보통이다.

　　　————

석탄백탄　타는데
연기나 펄펄　나구요

（대탄·화력이 강한. 숯. 참나무 숯.）

요내가삼   타는데
연기도김도 없고나.
에헤야   지야자
허송세월을 말어랑.

무정세월   약류파
흘러흘러 가는데
인간칠십   고락인데
꿈같이사러진 이청춘.
에헤야   지야자
허송세월을 말어랑.

옥빈홍안   다늙기로
알아줄사람 거누구요。
세상천지가 넓다해도
나의갈길은 전혀없네。

무정세월약류파…: 無情歲月若流波。

인간칠십고락…: 인생칠십고래희(人生七十古來稀)의 와전이다。

옥빈홍안: 玉鬢紅顏。

에헤야　지야자
허송세월을　말어랑

장래없난　기생몸
죽으나살으나　일반이요
님자있난　남의님께
정은들어서　무엇하링
에헤야　지야자
허송세월을　말어랑

무정도　하더라
참으로　야속하구낭
아무개　그사람
무정야속　하고나.
에헤야　지야자
허송세월을　말어랑

어랑타령

『어랑타령』(일명 『신고산타령』)은 자본주의 시대에 형성된 민요적 잡가의 하나다. 민요적 요소가 다분히 있으면서 의연히 잡가의 멜로디에 의거하고 있으며 잡가에 특유한 언어와 정서에서 벗어나지 않고 있다. 자본주의 시대의 민요적 잡가는 『류행가』와 많은 공통성을 가지고 있다. 『어랑타령』에도 그러한 퇴폐적인 엘레멘트들이 기여들고 있다. 그러나 잡가들에는 로동자와 농민의 울분이 반영되여 있으며, 사회적 모순에 대한 풍자가 깃들어 있는 점으로 류행가의 반동성과는 구별된다.

『어랑타령』도 자본주의 시기의 다른 민요적 잡가와 같이 애정 관계를 그 중심 제마로 삼으면서 여러가지 잡다한 요소들을 포섭하고 있으며, 또 다른 노래의 문구들을 꺼리낌없이 받아들이고 있다.

신고산이 우루루
함흥차 떠나는소래

구고산 큰애기
반봇짐만 쌌다。
어랑어랑어야어허난다
더여라 내사랑아。

어랑어랑어야어허난다
더여라 내사랑아。

변도밥만 쌌다。
고무공장 큰애기
함흥차 가는소래
꽌다리 우루루

산나물을 갈가나
개구정나무를 갈가나。
총각낭군 다리고
덤불놀이를 갈가。

어랑어랑어허야어허난다
듸여라 내사랑아.

일기가 좋와서
빨내질을 갔더니
어떤놈 만나서
돌베개만 비였네.
어랑어랑어허야어허난다
듸여라 내사랑아.

청진가는 배를타랴면
육원각수가 들어도
요내배를 타랴면
님자수단에 달녓다.
어랑어랑어허야어허난다
듸여라 내사랑아.

네가   잘났나
내가   잘났나
량인이   정들면   잘났지
우리둘이   잘났지
어랑어랑어허야어허난다
디여라   내사랑아

섭오야   밝은달은
운무중에서   놀고
우리같은   무산자는
초방중에서   논다
어랑어랑어허야어허난다
디여라   내사랑아

장진물은   넘쳐서
수력전기가   되고

너고 나구는 볼가낭
동무가
어랑어랑어허야어러럼마
더여라 몽탕내사랑앙
청류벽이 변하야
수병풍이 되고
능라도는 변하야
꽃방석이 되누냥
어랑어랑어허야어러럼마
더여라 몽탕내사랑앙
우수 경첩에
대동강 풀리고
당신의 말삼에
나의가삼이 풀린당

어랑어랑어허야어허난다
더여라   내사랑아

어랑어랑어허야어허난다
더여라   내사랑아

양산도만 하누나。
영감님은 술먹고
발버둥만 치는데
어린아해 밥달나고

어랑어랑어허야어허난다
더여라   내사랑아

벙거지를 씨우나。
언제나 깍어서
물레줄 상투
노랑   대구리

상계꼴

큰아기는 님오기만 기다리고
푸룻푸룻 봄배추는 봄비오기만 기다린당
어랑어랑어허야어허난다 더여라 내사랑앙

총모바닥이 우루루
전차가 놀고
자동차가 뚜루루
녀학생이 논당
어랑어랑어허야어허난다 더여라 내사랑앙

산중에 귀물은
머루나 다래

인간에 귀물은
너하나 뿐이로당
어랑어랑어허야어허난다
더여라 내사랑아

어랑어랑어허야어허난다
더여라 내사랑아
탈발 떤다
문고리 잡고
큰맘 먹고
담넘어 갈제는

내가 간다고
네가롱꼭 탈고
나다녀 울동안
군것절말 탈아

어랑어랑어허야어허난다
디여라   내사랑아

청천강수   흐르는물은
대동강으로   돌고
평양에   기생은
한양으로   돈다.
어랑어랑어허야어허난다
디여라   내사랑아.

부령청진   가신님
돈벌면   오고
공동묘지   가신님
언제나   오나.
어랑어랑어허야어허난다
디여라   내사랑아.

갈길이　　멀어서
다구시를　　탔더니
하이칼라　　운전수가
연애만　　하잔당
어랑어랑어허야어러럼마
디여라네가　　내사랑이로구낭

[고정옥]

연 분 홍 저 고 리

『타령』의 일종이다. 가사의 률조는 『기나리』와 같으며 후렴구는 『아이고 대고흥 성화가 났네』와 같은 의미를 가졌다. 『조선 민요곡집』(조선작곡가동맹, 1954년 출판)에 『하령』이란 이름으로 수록된 이 노래의 후렴구는 『아이꽁 아이꽁 성화로구나』로 되여 있으며, 그 내용에 농경 생활이 반영되여 있다

연분홍저고리   남길소매
너 입기좋고   나 보기좋구나。
아꽁아꽁   송화로다。
여울에차돌은   부대껴희고
이내몸부대껴   머리털셈니다。

송화…성과(成火)。 화가 나는 것。 몹시 고민하는 것。

아꽁아꽁 송화로다.

시집살이는 할지말지한데
호박에박녀출 지붕을넘누나.
아꽁아꽁 송화로다.

갈밭에달뜬건 기러기알지요
내속에달뜬건 거누가알까.
아꽁아꽁 송화로다.

와돌아라 풀돌아라
만나도록 남돌아랑.
아꽁아꽁 송화로다.

고정욱

십 장 가

『십장가(十杖歌)』는 창극 춘향가의 일부분이다. 이런 종류의 잡가들은 물론 창극의 일부분 그대로가 아닌 경우가 많으나 청중이 창극 전편의 이야기를 잘 알고 있는 것을 전제로 하기 때문에 독립적으로 가창되면서도 그것만으로 슈제트를 갖추려고는 하지 않는다.

이 종류의 노래를 잡가의 일부분으로서 갖는다는 것은, 창극과 잡가가 공통적인 여러가지 성격을 가졌다는 것을 의미한다.

『십장가』는 봉건 말기의 창극가와 인민들의 공동의 의지로써 창조된 세기적 전형, 춘향의 봉건 관료의 포압에 대한 치렬한 반항과 불요불굴의 강의한 성격과, 어떠한 힘으로도 굽힐 수 없는 고결한 지조를 단적으로 나타내고 있다.

『십장가』의 형식은 『언문풀이』와 같은 가사적 민요의 형식에 의거하고 있다.

전라좌도   남원남문밖의
월매딸   춘향이가

전라하도…全羅左道. 전라북도.

불상하고　　가련하다.

　　　하는말이
하나맞고　　춘향이가
일편단심
일종지심　　먹은마음
일부종사　　하잣더니
일각일시　　락미지액에
일일칠형이　　웬일이요
　　　하는말이
물을맞고　　이내몸이
이부불경　　본을받아
이군불사　　백모주갈소.
이수중분　　아니어든
일구이언　　못하겠네.

일종지심…一嶺之心. 심상치않은(굳은) 마음. 또는 一編丹心.
從至心으로도 볼 수 있다.

일일칠형…一日七刑.

락미지액…落眉之厄. (급한) 재난.

이군불사…二君不事.

이부불경…二夫不敬.

이수중분…티백(李白)의 『登金陵鳳凰坮』중의 문구 『二水中分 鷺鵷洲』의 인용이다. 이것은 강을 두 갈래로 가르는 모래섬을 의미한다. 춘향이 자기의 처지를 그런 섬에 비긴 것은 덜 떼마에 빠졌다는 것이다.

이부지자…二쏫之子.

쳣을맞고 하는말이
삼한갑족 우리랑군
삼강에도 제일이요。
삼춘화류 승화시에
춘향이가 리도령만나
삼배주 난혼후에
삼생연분 맺었기로
사또거행은 못하겠소。
넷을맞고 하는말이
사면차지 우리사또
사서삼경 모르시나
사시장춘 푸른송죽
풍설이잦어도 변치않소
사지를 찢어다가
사면으로 두르셔도

삼한갑족…三韓甲族。 삼한시대부터 내려오는 지극히 지체가 높은 량반。대대로 문벌이 높은 집안。갑오(甲午)짝 같은 량반。
삼강…三綱。
삼춘화류 승화시…三春花柳 勝花時。
거행…擧行。 명령에 복종하는 것。
사면차지…四面次知인가。
사시장춘…四時長春。

사도거행은　못하겠소.

다섯맞고　하는말이

오매불망　우리랑군

오륜에도　제일이요.

오늘올가　내일올가

오관참장　관운장같이

날랜장수　자룡같이

우리랑군만　보고지고.

여섯맞고　하는말이

륙국유세　소진이도

나를달래지　못하리라.

륙례연분　훼절하랴할제

륙진광포　질끈동여

륙리청산에　버리셔도

오매불망…寤寐不忘. 자나 깨나 잊지 않는것.

관운장…關雲長. 삼국시대 촉나라 용장 관우(關羽).

자룡…子龍. 삼국 시대 한나라 장수 조운(趙雲).

륙국유세 소진…六國遊說蘇秦. 중국 전국 시대에 한(韓)、위(魏)、조(趙)、연(燕)、제(齊)、초(楚)의 여섯 나라가 동맹을 맺아 진(秦)나라에 대항하도록 륙국의 왕들에게 권유한 『合從』론자인 소진.

륙례연분…六禮綠分. 륙례는 혼인의 여섯 례설. 즉, 납재、문명、납길、납폐、청기、친영(納采、聞名、納吉、納幣、請期、親迎)나라. 륙례을 갖추어 맺은 연분.

훼절…毁節. 절조를 깨뜨리는 것.

륙진광포…六鎭廣布. 륙진은 전 함경북도 경원、부령、온성、경성、회령에 있던 진(鎭). 륙진에서 나는 베.

륙리청산…六里靑山.

[一○五]

룩례연분 못잊겠소.

일곱맞고　하는말이
칠리청탄　흐르는물
풍덩실　넣으셔도
칠월칠석　오작교에
견우직녀　상봉같이
우리랑군만　보고지고.

여덟맞고　하는말이
팔자도　기박하다.
팔십로모　어이하리.
팔팔결이　다틀렸구나.
팔년풍진　초한시에
팔진도를　풀어내는
와룡선생이　이에와게신가.
애를쓴들　무엇하리.

칠리청탄…七里淸灘。 칠리청탄(七里淸灘)의 와전인듯。

칠월칠석 오작교에…칠월 칠석날 견우성과 직녀성이 은하 오작교
에서 만난다는 전설에 관련된 서술이다.

기박…奇薄。

팔팔결이…한결 같이。 처음부터 끝까지。
초한시…楚漢時。
팔년풍진…八年風塵。
팔진도…八陣圖。 제갈량(諸葛亮)의 창안으로 된 병법.
와룡선생…臥龍先生、 제갈량을 가리킴.

아홉맞고　하는말이
구차한　춘향에게
구비구비　맺힌시름
구곡지수　아니어든
구관자제만　보고지고.

열을맞고　하는말이
십악대죄　오늘인가
십생구사　할지라도
십왕전에　매인목슴
십륙세에　나죽겠소
비나이다
하느님전　비나이다.
서울사시는　구관자제
남원어사　출도하샤
요내춘향을　살려주소서.

구관자제…舊官子弟。 즉 리몽룡.

십악대죄…十惡大罪。 중국 수당(隋唐)시대에 제정한 열가지 죄。 즉, 모반, 부도, 대불경, 불효(謀反、不道、大不敬、不孝) 기타。 또는 불교에서 밝히는 신구의(身、口、意)의 열가지 죄악。 즉 살생, 투도, 사음, 망어, 탐욕(殺生、偸盜、邪淫、妄語、貪慾)기타。

십생구사…十生九死。 십사구생 또는 구사일생의 와전인듯.

십왕전…十王前。 불교에서 저승에 있다고하는 진광왕(秦廣王)이하 열왕.

어사출도…御使出道。

【고정옥】

새 타 령

새타령은 우선 잡가라는 명칭 아래 통괄되는 가단가요(歌團歌謠)의 하나다. 일반적으로 리조 문학사에서 잡가로 불리우는 가사는 가단(歌團)들이 부르던 가사이므로 그 형식과 내용의 특성은 곧 가단이 가진 성격의 제약성에서 이루어진 것이다.

가단(歌團)이란 한마디로 말한다면 광범한 인민대중을 대상으로 하는 직업적인 가수들의 조직체, 즉 조합을 말한다. 그러므로 궁중이나 량반 상부층의 향유물이던 가사 가곡의 가단(歌壇)과도 다르며, 개별적인 시조 창수나 재인청(才人廳)의 광대와도 구별되며 주로 사당 남사당 가무 무들이 집결 조직한 인민 가수들의 단체를 말한다.

가단의 형성은 문헌에서 一五세기 초로부터 볼 수 있으며 一八, 一九세기에 와서 왕성하였음을 볼 수 있고, 一九세기에 들어서서는 가단은 일층 확장되였으며, 가단의 존재는 지역적으로 제한된 것이 아니라 전국적인 범위에서 운영되었다.

가단으로 불리우는 일부 가사들이 내용의 일관성이 없는 여러개의 가사의 조립으로 된 것은 가단의 연주양식에서 오는 것으로, 한 가사를 二, 三인이 륜번으로 주고 받는 대창의 양식에서와, 노래의 한 바탕을 일정한 여러 가사로써 구성된 규정된 프로로써 했기 때문이며, 물론 내용적으로 일관된 작품도 있어 복잡한 형식을 가졌다. 그러므로 잡가는 가사로부터 변형된 장르가 될 수 없다.

새타령은 서경가사의 하나로 동물을 통하여 인간생활을 반영한 작품이다. 개타령, 맹꽁이타령, 날개타령 등은 이와 같은 계렬에 속하면서도 풍자의 정신이 농후하게 발동되여 있다. 식물을 주제로 한 것에는 화초사거리 등이 있다.

새타령은 판소리 적벽가 흥부전 등의 새타령 장면과 긴밀히 련결된 것으로, 새타령이 판소리의 일부분으로 떨어져 나왔거나 또는 민요에서 발전하였거나 간에 가단가요로서 독자적으로 발전한 것은 一九세기 후엽의 사실인 것같다. 전하는 말에는 一九세기 철종 때 『화초사거리』를 지었다는 『신방초』의 손자 『신갑도』가 현전의 가단음악으로서의 새타령을 지었다 한다.

새타령과 같은 일부 가단가요(문학)는 그것의 기원이 판소리에 있지 않고 민요에 두었다 하더라도 판소리와의 상호제약성이 긴밀하였으며, 판소리 사설중 서경대목에서 새를 그릴 때는 새타령이 곧 적용될 수 있는 삽입가요(揷人歌謠)의 기능을 가지고 있다. 이것은 새타령 뿐만 아니라 일부 가단가요에서 보는 공통적인 기능으로 되며, 이는 가단과 광대와의 적업적인 련계성을 또한 방증하는 것이다.

【 김 삼 불 】

온갖새가   날아든다
온갖새가   날아든다

남풍쫓아   멸쳐나니
구만장천의   대붕새.
문왕이   나계시니
기산조양의   봉황새.
무한기우   깊은회포
울고가는   공작새.
소상적벽   칠월야에
알연장명   백학이.
글자들   뉘전하리
가인상사   기러기.
생중장액   수고란하니
어여뿔사   채란새.
약수삼천리   먼먼길에
서왕모의   청조새.
유복귀인   서거산에
소식전튼   앵무새.

남풍(南風)쫓아…남풍을 따라. 남풍은 남명(南冥)의 와전. 장자(莊子) 소요편(逍遙篇)에 『북쪽 끝에 한 고기가 있으니 이름을 곤(鯤)이라 한다. 화하여 새가 되니 이름을 붕(鵬)이라 하는데 이 새가 북쪽 끝에서 남쪽 끝으로 날아 간다』 하였다.
문왕(文王)이…문왕은 주(周)나라의 임금. 주나라는 기산(岐山)에 도읍하였다. 조양(朝陽)은 산의 동편을 일컫는 말이다.『시전(詩傳)』대아(大雅) 권아편(卷阿篇)『鳳凰鳴矣 于彼高岡 梧桐生矣 于彼朝陽』.
소상 적벽…소상동정(瀟湘洞庭) 적벽(赤壁).
알연장명(戛然長鳴)…학이 길게 우는 소리. 적벽부(赤壁賦)에서
온 것.
백학…白鶴.
가인상사(佳人相思)…편지를 전한다.
기러기…기러기가 편지를 전한다는 전설에 걸부시켰다.
생중장액수고란(生中橵掖受苦難)…새장 속에 갇혀 살며 고난을 받는다는 말.
어여쁠사…가엽구나.
채란…彩鸞.
약수삼천리(弱水三千里)…먼 곳에 있는 약수. 약수는 건너가지 못한다는 강으로 짚이나 나무 잎사귀도 갈아앉는다 한다.
서왕모…西王母.
청조(靑鳥)…선녀 서왕모의 편지를 전하던 파랑새.
유복귀인서거산…위보가인사기서(爲報家人數寄書)의 뜻. 당(唐)금삼(쏚
參)시『집안 사람들에 자주 기별을 전하라는 뜻』와 음한 것이다.『西間輪轉萬里餘 也知鄕信日懸車 隴山鸚鵡能言語 爲報家人數寄書』가 있다.

성성제혈　염화지
귀촉도　불여귀。
묘서몽율　놀라깨니
막교지상　피피리。
만경창과　목수상에
원불상리　원앙새。
주란동정　돌아들어
관명우질　황새。
비입심상　백성가
왕사당전　저제비。
양류지당　담담풍에
락하는　진경이。
둥둥떴는　여고목제비하고
추수는　꽁장따오기
팔월번풍　높이며

성성제혈(猩猩啼血): 염화지(染花枝) 猩猩啼血染花枝)…울음마다 피를 로하여 두견화를 붉게 물드리는 것.
귀촉도 불여귀(歸蜀道 不如歸)…두견새가 우는 모양이 전하여 두견새의 딴 이름.
묘서몽(猫鼠夢)…묘서는 지명. 막교지상…묘서의 꿈. 이주가(伊州歌) 또는 김창서(金昌緖)의 춘원(春怨)이라는 시에 『打起黃鶯兒 莫敎枝上啼 啼時驚妾 夢不得到遼西』가 춘 것으로『가지 우에서 울게 하지 말다』는 뜻. 이를 시로 미빌하지 말자.
원불상리(願不相離)…원앙새는 부부의 파숙선(管叔鮮)과 채숙도(蔡叔度)가 반란하니 주공이 이를 정벌하였다라. 이를 동정이라 한다.
판명우질(鸛鳴于垤)…우공의 동정하는 모양을 옲은 것이 시전(詩傳), 빈풍(豳風) 동산편(東山篇)인데, 몽정 싸움터에 나간 남편을 기다리는 부인의 비을 근심한 시다.
황새가 개미록에 운다하니 비을 징조를 말한다.
비입심상백성가(飛入尋常百姓家)…제비가 집을 짓는다는 뜻이나 빈천한 집을 가리지 않고 날아들어 집을 짓는다는 못이다. 류우석(劉禹錫)시에『朱雀橋邊野艸花 烏衣巷口夕陽斜 舊時王謝堂前燕 飛入尋常百姓家』다 했나.
왕사당전(王謝堂前)…량진(兩晋) 때의 귀족 왕씨와 사씨의 집 처마.
양류지당…楊柳池塘。
담담풍…淡淡風。
진경이…비오리.
락하여고목제비(落霞與孤鶩齊飛)…마오기를 왕발(王勃)의 등왕각(滕王閣)시와 결부시켰다.
추수공장(秋水共長)…왕발의 등왕각 시의 일절인 추수공장천일색(秋水共長天一色)…것. 춘.
팔월번풍…팔월의 분풍(奔風)의 와음.

백리추호	보라매。
금차하민	수감모
연비려천	소리개
쌍비총구	안에
쌍거쌍래	비둘기。
춘산무반	목쓱구
벌목정정	떠쩌구리。
어사부중	밤이들어
울고가는	가마귀。
정위문전에	깃돌였다
작지강강	가치。
만천소우	몽강남온
한가하다	해오리。
우후청강	맑은흥
문노라	갈메기。
추래전원	다귀사하야

백리추호(百里秋毫)⋯백리 밖에 있는 머리터럭을 해아릴만치 뚜렷 하다는 것。 리백(李白) 방응시(放鷹詩)에, 『八月西風高胡鷹 白羽毛 孤飛一片雪, 百里見秋毫』라 했고, 장문찬(張文讚)의 동응시(彤鷹詩)에 『六月櫻黍霜野窄⋯毛迩奔風血濺距』가 있다.
보라매⋯털빛이 보라빛인 당년생을 길드린 매。
금차하민수감모(今此下民誰敢侮)⋯시전(詩傳)에서 인용한 말로 서 『밤에 새끼를 고고 낮이니 비가 와도 누구나 지붕을 덮어 비를 맞지 않는다는 소리에 결부시켰다. 다음 절의 소리개가 운다는 것은 시전(詩傳)에서 나온 구로서, 소리개가 하늘에 남다는, 즉 만물이 제 위치를 찾은 것을 말한다.
쌍비총구(雙飛叢裏)⋯일본에는 『상마백디 추우하』(秦颰百里秋雨下)도 되여 있다가。⋯미상。
쌍거쌍래(雙去雙來)⋯쌍으로 날아 가고 날아 오는 것。
춘산무반독상구(春山無伴獨相求)⋯봄 산에 벗이 없어 홀로 벗을 한다 라는 뜻。 두보(杜甫) 시에 『春山無伴獨相求, 伐木丁丁山頭幽』이다。
벌목정정(伐木丁丁)⋯벌목정전을 딱따구리의 나무 쪼는 소리에 비하 였다。
어사부중(御史府中)⋯어사가 있는 마을 안。 모조린(盧照鄰)의 장 안고의(長安古意)시의 『御史府中烏夜啼, 延尉門前崔欲捿』물 결부시켰다。 작(鵲)이 작(鵲)과 같음이므로 까치를 끝에 대였다。
작지강강(鵲之疆疆)⋯까치의 암 수가 서로 떠나지 않고 다정한 모양임。
만천소우몽강남(滿天疎雨夢江南)⋯성진 비가 내리는데 강남을 생 각한다는 뜻。
추래전월과귀사(秋來見月多歸思)⋯가을 달을 보니 고향으로 돌아 갈 생각이 간절하다。

열고놓으니 두루머.

산림비조 못새들은
룡춘화답 짝을지여
쌍거쌍래 날아든다.
꽁기적동 꽁기뚜루룩
수궁소명 가가삽수리
날아든다.
야월공산 깊은밤에
두견새는 슬피운다.
오색채의를 떨쳐입고
아홉아들 열두딸을
좌우로 거느리고
상평전 하평전으로
아주펄펄 날아든다.
장끼까토리가 울음운다.
꺽꺽꾸루룩 울음운다.

열고놓으니…당(唐) 웅도(雍陶) 시의 「五柳先生本在山　偶然作客落人間　秋來見月多歸思　自起開籠放白鷳」을 인용했다. 때한은 곧 두루미이다.
산림비조…山林飛鳥.
롱춘화답…弄春和答.
꽁기적동…새가 우는 소리의 모양
야월공산(夜月空山)…달빛이 밝은 빈 산.
오색채의(五色彩衣)…오색으로 된 까치 옷.
상평전(上坪田)…산을 헐어서 만든 웃봉우리의 높은 밭.

一〇五九

저무슨새가　울음우는고
저버국새가　울음운다。
풋피여서　만발하고
잎피여서　우거진데
청계변으로　날아든다。
이산으로가도　버꾹
저산으로가도　버꾹
벅버꾹
좌우로날아　울음운다。
저무슨새　우는고。
야월공산　저믄날에
저두견이　울음운다。
이산으로오며　귀촉도
저산으로가며　울음운다。
작을지여서
저피피리　울음운다。

청계변…清溪邊。

두견…杜鵑。

귀촉도…歸蜀道。

황금갑옷　떨쳐입고
양류청청　버드나무
제일홈을　제가불러
이리로가며　피피리루
저리로가며　피피리루.
머리　　　　고이빗고
시집　　　　가고지고.
계알가가감실　날아든다.
저할미새　　울음운다.
무곡통한섬에　철분오리해도
오리가없어　　못팔아먹고
저방정맞은　　할미새
경술년　　　　대풍시절에
쌀을량에　　　열두말씩해
굶어죽게생긴　저할미새.
이리가며　　　팽당그르

황금갑옷…노란 털빛을 말한다.

양류청청…楊柳靑靑.

무곡통(貿穀桶)…팔기 위하여 가을에 미리 쌀을 많이 살 때 쓰는 가마니. 예사 것보다 크다.

못팔아먹고…못사먹고.

경술년…庚戌年. 대풍시절…大豊時節.

량…한 량.

저리로가며　팽당그르
가가감실　　날아든다。
초경이경　　삼사오경
사람의간장　녹이며고
이리로가며　붓붓
저리로가며　붓붓
이리한참　　날아든다。
저비둘기　　울음운다。
나의춘흥　　못이기여
수비둘기　　남에앉고
암비둘기　　땅에앉아
콩한줌을　　훌어주니
수놈온물어　암놈을주고
암놈온물어　수놈을주며
추흥같은　　입을대고
궁굴궁굴　　울음운다。

츤경이경…初更二更。

붓붓…새짖소듸.

나의춘흥(春興)…자기의 춘정。

주홍…朱紅。

저무슨새 우는고.
오색단청 떠짜구리
년년묵은 고목나무
버레하나 얻으며고
오르며 딱다그르
나리며 딱다그르
이리한창 울음울고
아랫녘 갈가마귀
웃녘 갈이며서
거지중천 높이며서
까옥까옥 울음운다.
초상강 떼기러기
장성갈재 넘으려고
백운을 무릅쓰고
우무룩 너울너울 춤을춘다.
저종달새 울음운다.

오색단청…五色丹靑.

거지중천…擧止中天.

소상강…瀟湘江.

장성갈재(長城䕫嶺)…전라도 장성에 있는 큰 재.

춘삼월　호시절에
한길을오르며　종지리
두길을오르며　종지리
아주펄펄　노니는구냐。

춘삼월 호시절…春三月 好時節。

【정렬모】

토끼타령

토끼타령은 새타령과 같이 가단가요(歌團歌謠) 중 이름 있는 작품의 하나다. 토끼타령은 판소리 토끼전중 자라에게 토끼화상을 그려주는 대목이 분리 독립하여 독자적으로 발전한 잡가다. 그러나 새타령과 마찬가지로 토끼전과 긴밀한 련계하에 있는 것이다. 판소리는 여러개의 가단가요의 원천지가 되여, 경기잡가 소춘향가 집장가 형장가의 원천이 춘향전에 있는 것과 같다. 이러한 판소리와 가단가요와의 호상관계는 판소리 가수인 광대가 때로는 가단가요를 부르기도 했고, 가단가수중 우수한 가수는 광대가 되기도 하였던 까닭이며, 가단가수나 광대는 다 구두문학의 창작과 전달의 명수들이였다.

【김 삼 불】

토끼화상을   그린다.
토끼화상을   그린다.

───

화상(畵像)…그림.

화공을 불러라.
화공을 불렀소.
로끼화상을 그린다.
연소왕의 황금대
미인그리든 환쟁이.
리적선
봉그리든 환장이.
남국천자 능허대상
일월그리든 화장이.
동작류리 청홍연
금수파 거북연적
오징어로 먹을갈아
양두화필 덤벅풀어
태룡설화 간지상에
이리저리 그린다.
천하명산 숫지간에

화공(畵工)…화가. 환쟁이.

연소왕(燕昭王)…중국 전국시대의 연나라 소왕(昭王)
황금대(黃金臺)…연소왕이 대를 짓고 그 대우에 천금(千金)을 두
  고 천하의 어진 선비를 구하였다고. 그러므로 세상사람이 황금
  대라 하였다고.
미인그리든…『미인』은 일본에는 『면』으로 되여 할금대와 련
  결시키던 패변인것 같다. 그러므로 련소왕이 다시
  미인으로 변한 것 같다.
리적선…당기 위하여 술책을 모으(圖謀)하였으니 『그리든』도
  재자가 『그리기』의 뜻으로 변한 것 같다.
봉황대…다 태백의 봉황대시가 유명타므로 내여 놓았다.
남국천자:南國天子.
능허대(凌虛臺)…망(魔)나라 때 진회방(陳希亮)이 남산 아래 둔
  허대를 짓고 소풍파에게 통허대기를 청한 일이 있다.
일월:日月.
동작류리(銅雀 琉璃)…둘 다 벼루 이름. 연보(硯譜)에 『魏銅雀遺
  址人掘地得古瓦 以露硯 貯水數日不滲』이라 했다.
청홍연(靑紅硯)…청석으로 만든 벼루와 붉은 마간연.
(馬肝硯).
금수파(金水波)…금사추파(金沙秋波)의 와음인가.
거북연적(硯滴)…거북 모양으로 세간 벼룻물을 담는 그롯.
양두화필(羊頭筆)…토호필(兎毫筆)의 합한 양로 호필을 맨 것.
  또는 붓대 량끝에 붓털을 맨 것.
태룡설자(白波雪花)…종이 이름. 맥동지와 설와지. 무꺼운 백지.
간지(簡紙)…편지지.

경개보든　눈그리고.
탄초지초　온갖화초　입그리고.
꽃따먹든　봉래방장　운무중에　코그리고.
내잘맡든　두견앵무　소리듣든　지저귈제　귀그리고.
뛰여가든　만화방창　화림중에　발그리고.
엄동대한　설한풍에
방풍하든　휘날릴제　털그리고.
백설이펄펄　신농씨　백초야에　꼬리그며
이슬떨든　무거는　쫑긋
무눈은　도리도리

─────────────

경개(景槪)……경치.
지초(芝草)……불로초.
봉래방장(蓬萊方丈)……봉래산, 방장산. 삼신산의 두 산이름.
운무중(雲霧中)……구름과 안개 속.
두견앵무……杜鵑 鸚鵡.
만화방창(萬花芳暢)……온갖 꽃이 피여 한창인 것.
엄동대한……殷冬大寒.
설한풍……雪寒風.
방풍(防風)……바람을 막는 것.
신농씨(神農氏)……중국 고대의 왕으로 농사를 처음 가르치고 의약을 처음 만들었다. 수신기(搜神記)에 「神農以赭鞭鞭百草 盡知 其平毒寒温之性 臭味所主 以體百穀 故天下號神農也」.
백초야(百草野)……신농씨가 뿌린 백곡이 자라는 들판.

꽁지는 모똑
앞발은 잘룩
뒷발은 깡충
허리는 늘씬하고
좌편은 청산이요
우편은 록수로다
록수청산 깊은골에
계수나무 그늘속에
들락날락 오락가락
항금조춤 섰는모양
산중도 화중토
아미산월에 반륜토가
여기서 더할소냐
활활 그려 내던지며
엣다 별주부야 너받아랑
네가가지고 가거라

록수(綠水)…푸른 물.

산중로…山中兎.
화중로…花中兎.
아미산월반륜로…(峨嵋山月半輪兎)…리택시「아미산월반륜추
峨嵋山月半輪秋」의 추를 로와 바꾼 것이다.

별주부(鼈主簿)…자라의 별명 주부는 약방주읠을 말한다.

[정 렬 모]

가 사 집

1955년 12월 25일 인쇄
1955년 12월 30일 발행

(값 四三三 원)

주해자 고정옥、김삼불

발행인 평양시 주필 리상호 국립출판사

인쇄소 평양시 국립종합인쇄소

7—8029 발행부수 5,000부

海外우리語文學硏究叢書 131

고정옥 주해 **가사집 Ⅱ**
김삼불

1996년 11월 20일 인쇄
1996년 11월 30일 발행

발 행 국립출판사
영 인 **한국문화사**
　　　133-112
　　　서울시 성동구 성수1가 2동 13-156
　　　전화 464-7708, 3409-4488
　　　팩스 499-0846
　　　등록 2-1276호

값15,000원

ISBN 89-7735-334-3